陸上競技指導教本
アンダー16・19

レベルアップの陸上競技

上級編

JAAF
Japan Association of Athletics Federations

公益財団法人 **日本陸上競技連盟**=編

大修館書店

まえがき

　陸上競技に限らず、スポーツには「心技体」の充実が求められます。いうまでもなく、心は「精神」、技は「技術」、体は「体力」を指しています。発育・発達の段階や競技のレベル、競技種目などによって、「心技体」それぞれの重要度は異なってきますが、三要素全てを重視してこそよい成果が得られます。

　陸上競技では、しっかりとした体力基盤の上に優れた技術が成立します。例えば、短距離走や跳躍などでみられる俊敏な動作や力強い動作は、筋力・パワーや敏捷性（スピード）に優れていることが条件となり、ハードルなどでみられる大きくリズミカルで正確な動きは、優れた調整力や動的柔軟性にも裏打ちされます。中長距離走などでフィニッシュまで正確な動作を維持しようと思えば、全身持久力や筋持久力が求められます。

　また、体力と技術が高まったとしても、競技会でそれらを発揮できないような精神の状態であれば、期待するような結果を残すことができません。具体的には、競技会で集中することができなかったり、緊張しすぎて自らをコントロールできないような場合には、安定した技術を発揮できず、高めた体力を生かすこともできないでしょう。加えて、「心」は、この範囲だけに留まらず、日々のトレーニングを集中して継続することや、緊張とリラックスをうまく切りかえてストレスに対応していくこと、アンチドーピングやフェアプレイの精神をもつことなどにも影響をおよぼします。

　指導者は、常にこの「心技体」の3つの要素のバランスを考慮に入れながら、コーチングや運動部・クラブのマネジメントに取り組む必要があります。そうすれば、アスリートは、順調なパフォーマンスの高まりはもちろんのこと、健全な精神の発達も示していくことでしょう。

　本書は、シリーズである『陸上競技指導教本アンダー16・19［初級編］基礎から身につく陸上競技』と同様に、発育・発達途中にあるアンダー16（中学生）とアンダー19（高校生）のアスリートを対象としたものであり、アスリートの発育・発達を踏まえて、陸上競技に取り組むことを後押しする内容になっています。初級編に比べると、特に個別種目ごとの技術解説やトレーニング指導といった、より専門的な内容から構成されており、一歩進んだトレーニング、コーチングに役立てることができます。本書を活用していただき、「心技体」のバランスがとれたアスリートを育成していただくことを願っております。

　最後になりましたが、企画から発刊までの労をとっていただきました大修館書店の久保友人氏、編集に際しまして多大なるご協力をいただきました児玉育美氏に心から御礼申し上げます。

公益財団法人 日本陸上競技連盟
専務理事　尾縣　貢

もくじ

- まえがき iii

❖ 実技編 ❖

第1章　短距離、リレー、ハードル

1──短距離 2
- ❶ 短距離の技術ポイント　　　　　　　　2
- ❷ 短距離の技術トレーニング　　　　　　4
- ❸ 短距離のトレーニング計画　　　　　　7
- ❹ 競技会に臨む　　　　　　　　　　　　9

2──リレー 10
- ❶ バトンパスの方法と特徴　　　　　　　10
- ❷ バトンパスの共通のポイント　　　　　10
- ❸ 4×100mリレーで各走者が実際に走る距離　13
- ❹ 全国高校総体にみる4×100mリレーのバトンワーク　13
- ❺ 走順の決め方　　　　　　　　　　　　14
- ❻ リレーの練習方法　　　　　　　　　　15

3──ハードル 17
- ❶ 110（100）mハードルの技術ポイント　17
- ❷ 400mハードルの技術ポイント　　　　18
- ❸ ハードルの技術トレーニング　　　　　19
- ❹ ハードル種目のトレーニング計画　　　21
- ❺ 競技会に臨む　　　　　　　　　　　　23

第2章　中・長距離、競歩

1──中距離 24
- ❶ ランニングフォームからみた技術ポイント　24
- ❷ 技術練習（トゥストライク走法を身につけるために）　25
- ❸ 戦術　　　　　　　　　　　　　　　　27
- ❹ トレーニング計画の立て方　　　　　　28
- ❺ 競技会に臨む　　　　　　　　　　　　29

2──長距離 30
- ❶ 長距離の技術ポイント　　　　　　　　30

❷長距離のトレーニング　　32
　　❸長距離トレーニング実施に際して　　33
　　❹トレーニング計画立案に際しての留意点　　36
3──競　歩 ……………………………………………………………………38
　　❶競歩の定義　　38
　　❷競歩の技術ポイント　　39
　　❸競歩の技術トレーニング（ドリル）　　40
　　❹競歩のトレーニング計画　　41
　　❺競技会に臨む　　44

第3章　跳　躍

1──走幅跳・三段跳 …………………………………………………………46
　　❶正しい動作が身につけば、記録はもっと伸びる　　46
　　❷走幅跳・三段跳に共通するポイント　　46
　　❸走幅跳の技術とトレーニング　　48
　　❹三段跳の技術とトレーニング　　52
2──走高跳 ……………………………………………………………………56
　　❶背面跳びの全体像をつかむ　　56
　　❷走高跳の技術とトレーニング　　57
　　❸走高跳の練習の組み立て方　　62
　　❹走高跳は試合が楽しい！　　63
3──棒高跳 ……………………………………………………………………65
　　❶棒高跳の技術　　65
　　❷棒高跳のトレーニング　　69
　　❸棒高跳のトレーニング計画　　70
　　❹トレーニングの実践にあたって　　70

第4章　投てき

1──砲丸投 ……………………………………………………………………72
　　❶砲丸投の技術ポイント　　72
　　❷砲丸投の技術トレーニング　　73
　　❸砲丸投のトレーニング計画　　76
　　❹回転投法について　　78
2──円盤投 ……………………………………………………………………79
　　❶円盤投の基本的な技術やポイント　　79
　　❷7つの局面別トレーニング　　81
　　❸円盤投の練習計画　　82

❹ 競技会に臨む　　　　　　　　　　　　84
3──ハンマー投　　　　　　　　　　　　　　　　　　　　85
　　❶ ハンマー投を理解する　　　　　　　　85
　　❷ ハンマー投の技術　　　　　　　　　　86
　　❸ ハンマー投の技術トレーニング　　　　88
　　❹ ハンマー投のトレーニング計画　　　　89
　　❺ 競技会に臨む　　　　　　　　　　　　91
4──やり投　　　　　　　　　　　　　　　　　　　　　　92
　　❶ やり投の技術ポイント　　　　　　　　92
　　❷ やり投の技術トレーニング　　　　　　94
　　❸ やり投のトレーニング計画　　　　　　97
　　❹ 競技会に臨む　　　　　　　　　　　　98

第5章　混成競技

　　❶ 混成競技の位置づけ　　　　　　　　　99
　　❷ 競技会に臨む　　　　　　　　　　　100
　　❸ 大会前の調整の留意点　　　　　　　101
　　❹ 年間のトレーニングの進め方　　　　102
　　❺ 基礎体力を向上させる　　　　　　　102
　　■ 動きづくり・補強運動のトレーニング例　　104

第6章　各種トレーニング

　　❶ 筋の持久力を高めるトレーニング　　　109
　　❷ 走の持久力を高めるトレーニング　　　111
　　❸ 体幹の持久力を高めるトレーニング（姿勢保持トレーニング）　111
　　❹ 上肢および体幹捻転の筋力トレーニング　　112

❖ 理 論 編 ❖

第1章　コーチングスタイル

　　❶ 人間力を育てよう　　　　　　　　　116
　　❷ あなたのコーチングスタイルは？　　116
　　❸ 指導者に共通して求められる大切な考え方とは？　　117

第2章　陸上競技の生理学

1. 体内のエネルギー供給システム　119
2. 短距離走　119
3. 中・長距離走　120
4. 筋機能（筋力）と競技力との関係　122

第3章　陸上競技のバイオメカニクス

1. 陸上競技のパフォーマンスとバイオメカニクス　128
2. 走運動のバイオメカニクス　129
3. 跳運動のバイオメカニクス　132
4. 投運動のバイオメカニクス　134

第4章　陸上競技のコンディショニング

1. コンディショニングの基礎は日々のトレーニングと回復　136
2. トレーニング後のケア　136
3. 競技会中のコンディショニング（短時間の回復）　138
4. 競技会前のコンディショニング（試合前調整）　139

第5章　アンチ・ドーピング

1. ドーピングとは　141
2. ドーピングの歴史的背景　141
3. 世界ドーピング防止規程および日本のドーピング防止体制について　141
4. ドーピングコントロールの全体像　143
5. 結果管理　144
6. 制裁、上訴　144
7. 禁止物質と使用可能物質　145
8. スポーツ指導者の役割　147

第6章　知っておきたいルール

1. トラック競技　148
2. フィールド競技　149
3. 混成競技　150
4. リレー競走　151
5. ロードレース・駅伝　152

実技編

第1章
短距離、リレー、ハードル

1──短距離

　短距離走は「自分自身」という物体をいかに速く移動させるかを100m、200m、400mの距離において競い合う種目です。

　速く走るためにはまず、正しい姿勢で立つことができなければなりません。頭の上からひもで引っ張られているイメージでまっすぐに立つことが大切です。そしてその姿勢を意識して重心移動がスムーズにできる歩き方ができなければなりません。

　ジョギングについては地面からの反発（弾む感覚）が確認できるような走り方をします。

　さらに膝を高く上げ、歩幅を大きく、脚の回転を速くしていくと速く走ることにつながっていきます。その際、左右の脚の入れ替えを素早く行うはさみ込み動作を意識するとよいでしょう。

　腕振りについては、走る際のバランスとリズムをとるうえで大切になります。身体の中心（肩甲骨）から振るイメージで肩の力を抜き、無理なく自然に動くことが大切です。

　このような走りの原点となるポイントをまとめると、表1のようになります。ここでは、これらを踏まえながら短距離走の技術について分析していきましょう。

1 短距離の技術ポイント

　短距離走の技術は、①スタート、②加速、③中間疾走、④フィニッシュの4つの局面に分けて考えます（図1）。

1）スタートダッシュ〜加速

　スタートの構えはスタートラインから前足の位置、前足と後ろ足の間隔などで、エロンゲーテッド、ミディアム、バンチの3つに大きく分けることができます（図2）。一般に、エロンゲーテッドは初心者向き、バンチは上級者向き、その中間がミディアムといわれていますが、スタートで最も大切なのは素早く力強い加速ができることです。自分自身が一番やりやすい方法を選ぶとよいでしょう。

〈スタートダッシュおよび加速区間におけるポイント〉
- 「位置について」のときに、地面と腕が垂直になるように構える
- 「用意」の合図で両手・前足の3点で体重を支えるイメージでお尻を真上に上げる。このとき、肩の位置は変わらないように気をつける
- ピストルの合図とともにブロックを蹴るが、腕の振りと前へ突っ込むことも同時に意識し、重心を素早く移動させる
- 上体は地面から45度の角度で飛び出すが、一気に起こすのでなく5〜6歩目あたりまでは低い姿勢を保ち、身体を前へ乗り込んでいく動きで徐々

表1●速く走るために原点となるポイント

- 正しい姿勢で軸をイメージする
- 軸を意識して重心移動のできる歩き方をする
- 膝や足首を接地のときに緩めず、地面からの反発を感じるジョグをする
- 股関節を動かすイメージで膝を大きく前後に動かし、走りにつなげる
- 腕振りは自然に、リズム感を大切に振る

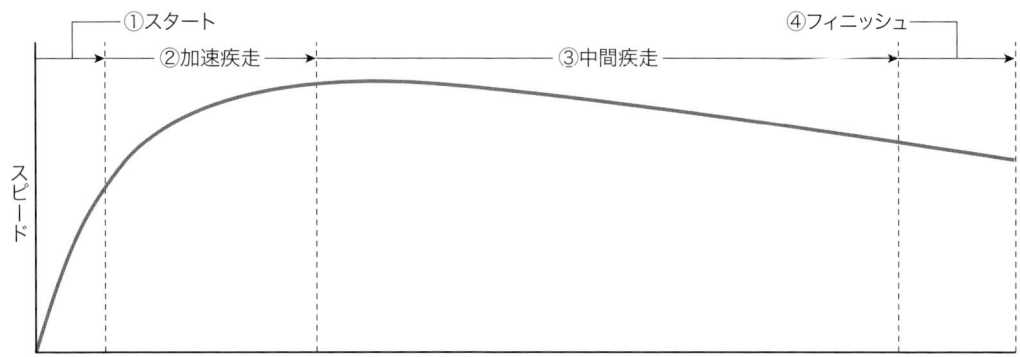

図1●短距離におけるスタートからフィニッシュまでのスピード変化

①エロンゲーテッド　②ミディアム　③バンチ

図2●スタートの構え

に起こしていく
- ピッチを上げるイメージで素早く動くが、ストライドが小さくなりすぎてチョコチョコした動きにならないように気をつける。力まずスムーズに素早く動くことを意識する
- 加速区間は100m走では約30m、200m走では約50m、400m走では約70m付近まで。それぞれに、このあたりまで加速していくイメージで上体を徐々に起こして中間疾走につなげていく

2) 中間疾走

中間疾走での動きは走りの大部分を占める大切な技術となります。高いスピードを出すことができ、それを長く維持できればできるほど記録は向上します。

走動作では、接地は片脚支持となります。支持したときに足首、膝、腰が折れ曲がってしまうと力を吸収して、地面からの反発を得ることができません。このため、しっかりとした軸をつくるイメージが大切です。

〈中間疾走におけるポイント〉
- 接地の瞬間は地面に着いた足に身体ごと乗り込む感じで、目線を前に向け、背が高くなったイメージで身体を支える（足首、膝は曲げ伸ばしせずに固定する）
- 一瞬身体を引き締めて支持したら、その後はリラックスする
- 足首で地面をかいたり、膝から下を意識的に振り出したりせず、自然に脚が回転していくイメージをもって走るようにする
- 腕振りは前後の入れ替えと足の接地のタイミングとが同調するようにリズム感を大切にし、前後方向に力まずに肩甲骨のあたりから振るイメージ

で行う
- 一方の脚が接地を迎えるときに反対側の膝を前に出そうとするはさみ込み動作を意識する。これによって、メリハリのある動きができる

3) レース後半〜フィニッシュ

レース後半は疲労により身体が支えられなくなってきて膝がつぶれたり、上半身のブレが生じたりする区間です。これによってスピード低下を招いてしまいます。また、高いピッチを維持することができなくなると、オーバーストライド気味になり、それによるブレーキング動作も生じてしまいます。

〈レース後半およびフィニッシュにおけるポイント〉
- 体幹をまっすぐに保ち、軸をつぶさない意識をもつとともに、動きをややコンパクトに丁寧に動かす意識をもつと、フォームが大きく崩れることによるスピード低下を防ぐことができる
- フィニッシュは、フィニッシュラインが実際よりも5m向こうにあるつもりで走り抜けることが大切。また、フィニッシュタイマーを見ようと顔を横に向けることは減速につながるのでやめる

2 短距離の技術トレーニング

短距離のトレーニングでは走技術を高めるトレーニングと身体能力を高めるトレーニングに分けて考えることができますが、それぞれ年間を通じて実施します。

走技術にはスタートダッシュの技術、加速する技術、トップスピードを高める技術、スピードを維持する技術などがあります。また、短距離走に必要な身体能力として、パワー、最大筋力、筋持久力、敏捷性などを重点的に強化します。

1) スタートダッシュの技術、加速する技術のトレーニング

音への反応、スムーズな重心移動、力みのない速い動きをしながら、短時間でトップスピードにもっていくための技術を高めます。

①スタンディングダッシュ

軸を意識して立った姿勢から前に倒れ込み、重心移動を意識して20〜30m走る（2〜3本）。

②クラウチングダッシュ

クラウチングスタートからのダッシュ。30〜50mの距離で行うが、レースをイメージして、中間疾走につなげる動きをすることが大切。その距離で終わってしまうような、力んだ全力の動きをしないように注意する（3〜5本）。

③変形ダッシュ

さまざまな静止姿勢から合図に反応して動き出し、20mくらいの距離をダッシュする。音への反応や

敏捷性、瞬発力などを高めることができる。冬期練習やシーズンはじめのトレーニングに取り入れるとよい（10種類×各2本）。

2）トップスピードを高める技術、スピードを維持する技術のトレーニング

力みのない速いピッチを維持し、ブレーキングの生じないストライドで走るためのトレーニングです。

①加速走

20mほどの助走で加速し、全力疾走につなげる（図3）。全力疾走の区間を30〜50mとする場合は、タイム測定することでトップスピードを高めることができる。また、100mや150mの距離では、トップスピードを維持するための練習になる（3〜5本程度）。

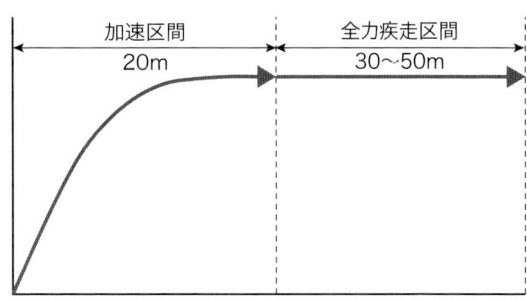

図3●加速走

②ウェーブ走

30mほど加速してから、120〜150mの距離をいくつかに分割し、全力疾走とリラックス走とを交互に組み合わせて走る（図4）。波のようにスピードを上げ下げするが、実際には、努力感は全力疾走とリラックス走とで120〜80％に上げ下げしつつ、走るスピード自体はリラックス走のときも100％に近い状態で走れることが望ましい（3〜5本程度）。

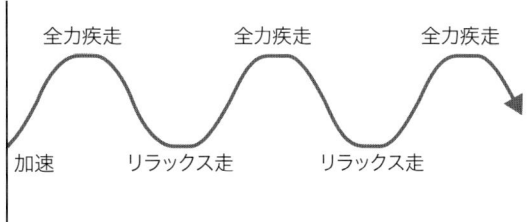

図4●ウェーブ走

③リレーバトン練習

4×100mRの1走→2走、2走→3走、3走→4走の部分練習を全力で行うことにより、バトンを渡す側の選手のトップスピードを高めるトレーニングとして利用できる。ブルーラインに立った受け手の選手の約40m手前より走り出し、テークオーバーゾーン内でバトンを渡し終えるまで気を抜かずに全力で走る（図5）。曲走路がないグラウンドでは直線で行う（3本程度）。

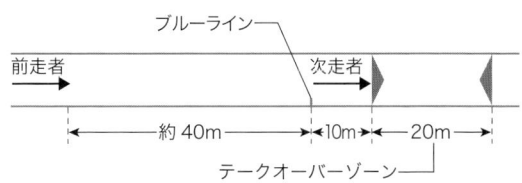

図5●リレーバトン練習

3）フォーム改善も図ることができるトレーニング

無駄のない効率のよい動きを身につけることができるトレーニングです。

①ウインドスプリント

20〜30mであるレベルまでスピードを上げたら、慣性を利用してリラックスして走り、自然に減速する（図6）。全力疾走ではなく、追い風に押される

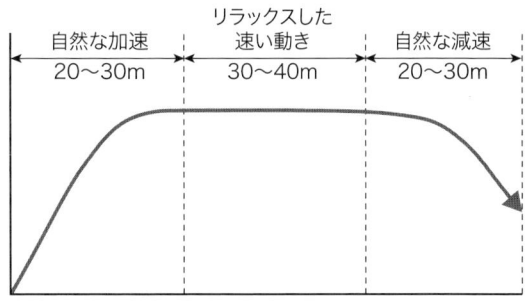

図6●ウインドスプリント

イメージで、余裕をもったスピードで行う（5本程度）。

②テンポ走

タイムや運動強度（全力の何％か）を設定し、そのスピードで繰り返し走る。設定は冬期練習ではス

ピードを低めで本数を多くし、シーズンが近づくと本数を少なくし、スピードを上げる。フォームが崩れる動きでは成果は得られないので本数に気をつける。距離は100〜400m程度で行う。

③ポイント走

技術的なポイント（例えば、腰を高く保つ、腕振りで脇を開かない、ピッチを速くしてみるなど）を意識しながら走る。全力疾走ではコントロールしにくいので、少し余裕をもった90％程度のスピードで走る。ポイントを意識した場合と意識しなかった場合を比較するためには、50m程度の区間のタイムを測定するとめやすにしやすい。

4）身体能力を高めるための走トレーニング

短距離走に必要なパワー、筋力、敏捷性などの身体能力を高めることができる走トレーニングです。

①負荷走

坂上り走、牽引走、砂浜走など、抵抗をかけて走るトレーニング。冬期練習などで多く取り入れるとパワーアップを図ることができる。

〈坂上り走〉

20〜30mの距離を全力で駆け上る場合は、やや急な傾斜でもよいが、50〜200mの長い距離になる場合は、フォームが崩れない程度の傾斜の坂を利用するほうが望ましい。前に腰を折るようなフォームで走ると、短距離に必要な臀部や大腿後面の筋肉が鍛えられないので気をつける。

〈牽引走〉

タイヤやスレッドといわれるそりに重りを載せて引っ張るトレーニング。キックのパワーを高めることができる。負荷の重さにより走る距離を工夫する（20〜200m）。負荷が重すぎると前傾が深くなりすぎるので、腰を高く保って走れる重さに調整する。

〈砂浜走〉

砂浜を利用すると、足をとられないように素早く前に出して走るトレーニングを行うことができる。ピッチを意識して足が後ろに流れないようなフォームを身につけるうえでも効果的である。

②軽減走

下り坂を走ったり身体を引っ張ってもらったりして、自力で出せるスピードより高いスピードで走る。これによってそのスピードに神経を慣れさせる効果がある。

為末大（元400mハードラー）、末續慎吾（ミズノ）

〈坂下り走〉

なだらかな下り坂を利用して、力まずに普段より速いスピードを経験するトレーニング。ストライドを広げるのではなく、ピッチを高めることを意識してスピードを上げていく。傾斜が急すぎたりストライドを広げすぎてブレーキング動作が入ってしまったりするようだと効果は期待できないので注意する。

〈トーイング〉

アクセルバンドと呼ばれるゴムチューブや滑車を用いて、身体を前方に引っ張ってもらうトレーニング。自分では出せないスピードを体感できるので、未知の領域の速さに神経系を慣らすことができる。ただし負荷も高いので、体調のよいときに行い、2～3本程度で終えるようにする。最高速度を出す区間も30m程度に設定するのが望ましい。

❸ 短距離のトレーニング計画

目標とする試合（全日本中学校選手権やインターハイなど）で結果を出すためには、1年間のトレーニング計画の組み立て方を知っておく必要があります。

年間トレーニングの期分けは、一般的には鍛錬期、仕上げ期、試合期、移行期の4つに分けることができます。表2は、それぞれの期間でねらいとする考え、具体的な練習内容、注意点、サンプルメニューなどをまとめたものです。

また、サンプルメニューとして、ショートスプリント（100m、200m）とロングスプリント（400m）に分けて、試合期のメニュー例（試合のある週、試合のない週）と鍛錬期のメニュー例を、それぞれ紹介します（表3）。

表2 ● 年間トレーニングの期分け

期分け	鍛錬期			仕上げ期		試合期						移行期
月	12月	1月	2月	3月	4月	5月	6月	7月	8月	9月	10月	11月
ねらいとする考え	翌シーズンの活躍の原動力となる基礎体力（筋力、パワー、筋持久力）の向上と精神力の向上を図る。			冬期練習の低質多量的なトレーニング内容から試合の動きに近い高質少量なトレーニング内容に切り替える。		目標とする大会に向けて身体的・精神的なピークをつくり上げる。大会までの日程を逆算してトレーニング内容を組み立てる。						1年間の反省と来シーズンに向けての目標を立てる。
具体的な練習内容	サーキットトレーニング、テンポ走、エンドレスリレー、負荷走（坂、タイヤ引き、階段、砂浜など）、ウエイトトレーニングなど。			スプリントドリル、スタートドリル、加速走、ショートスプリントシャトル、レペティション、リレー練習など。		スプリントドリル、スタートダッシュ、加速走、タイムトライアル、レペティション、リレー練習など。						球技各種、コントロールテスト、ハードルや走高跳、走幅跳などの記録会。
注意点	・鍛え上げる筋肉は中心部から動きが生じるように体幹、股関節、肩甲骨周辺を意識した動きのトレーニングを多くする。 ・パワー向上を図るために負荷のかかった状態であっても「速く動く」ことを意識する。			・天候や気温の変動が大きいので、急激なスピード向上は図らず徐々に上げていく。 ・試合のシミュレーションを行うつもりで集中力を高めて取り組む。		・疲労をためないように筋肉をフレッシュな状態に保つ。 ・最大スピードを意識した動きを心がける。 ・記録会などを利用して試合で強くなる。 ・試合日から逆算して身体のコンディションを整える。						・反省に基づき、次なる目標達成までの道筋を明確にする。 ・故障などがある場合は、この時期に集中的に治療しておく。 ・さまざまな種目にチャレンジする。
サンプルメニュー		⑤	⑥	①	③	①		②		③	④	
年間を通しての注意点	・短距離走に結びつく「速い動き」や「動きの方向性」、「重心移動」を意識してトレーニングを行う。 ・集中力を高めた状態でトレーニングを実施し、疲労をためずにケガ予防を図る。												

表3● 100m、200m、400mの試合期と鍛錬期のメニュー例

メニュー① 100m、200mの試合期のトレーニング例(試合のない週)

月	ミニハードル、スタートドリル、加速走（20m＋60m×3、50m＋50m×3）
火	スタートダッシュ（30m×3、50m×3）、加速走（10m＋30m×3、10m＋50m×2、10m＋100m×1）
水	バトン練習3〜4本、牽引走（50m×3）、レースペース（120m×2）
木	積極的休養（マッサージ等）
金	スタートドリル、加速走（10m＋50m×3、10m＋100m×2）
土	スタートダッシュ（30m×3、50m×2、70m×1）、バトン練習3〜4本、タイムトライアル（150m×1または200m×1）
日	休養

メニュー② 100m、200mの試合期のトレーニング例(試合のある週)

月	スタートドリル、テンポ走（150m×3）
火	スタートダッシュ（30m×2、50m×2、70m×1）、バトン練習1〜2本、加速走（10m＋100m×1）
水	スタートドリル、加速走（20m＋50m×2）
木	休養
金	スタートダッシュ（30m×1、50m×1）、バトン練習1〜2本
土	試合（100m、4×100mR）
日	試合（200m）

メニュー③ 400mの試合期のトレーニング例（試合のない週）

月	スタートダッシュ（30m×2、60m×1）、150mウェーブ走×5
火	ミニハードル、加速走（20m＋50m×4、10m＋100m×2）
水	コーナーダッシュ（30m×2、60m×1）、レースペース（200m＋200m）×2
木	積極的休養（マッサージ等）
金	ミニハードル、加速走（10m＋50m×3、10m＋100m×2、10m＋150m×1）
土	スタートダッシュ（30m×3、50m×1）、タイムトライアル（300m＋100m）×2、（200m＋100m）×1
日	休養

メニュー④ 400mの試合期のトレーニング例（試合のある週）

月	テンポ走（300m×2）
火	スタートダッシュ（30m×2、50m×1）、タイムトライアル（300m＋100m）×1
水	ミニハードル、加速走（10m＋50m×2、10m＋100m×1）
木	休養
金	コーナーダッシュ（60m×2）、加速走（10m＋50m×1）
土	試合（400m）
日	試合（200m、4×400mR）

メニュー⑤ 100m、200mの鍛錬期のトレーニング例

月	100m×4×3、メディシンボール投げ
火	補強サーキット12種目×3、坂上り走またはタイヤ引き（50m×10）
水	（50m＋100m＋150m＋200m＋150m＋100m＋50m）×2〜3セット、バウンディング
木	積極的休養（野外走、マッサージ、球技等）
金	ミニハードル、バードリル、シャトルラン（50m×4×5）、メディシンボール投げ
土	補強サーキット12種目×3、テンポ走（200m×3×2〜3）
日	休養

メニュー⑥ 400mの鍛錬期のトレーニング例

月	テンポ走（300m×5）、メディシンボール投げ
火	補強サーキット12種目×3、坂上り走またはタイヤ引き（50m×5、100m×5）
水	（150m＋200m＋250m＋300m＋250m＋200m＋150m）×1〜2セット、バウンディング
木	積極的休養（野外走、マッサージ、球技等）
金	ミニハードル、バードリル、シャトルラン（70m×4×5）、メディシンボール投げ
土	補強サーキット12種目×3、（150m＋150m＋150m）×3〜5
日	休養

❹ 競技会に臨む

　最大の目標とする試合で最高の結果を出すためには、トレーニングを進めていくうえで綿密にスケジュールを立てる必要があります。

　シーズンインから最大目標の大会までに出場する試合は、どのような目的をもって参加するのかを明確にしなければなりません。日々のトレーニングの成果を試合で確認し、いくつかの小さな試合を経験して、より上位の大会に進めるようにしましょう。

　「試合で強くなる」というように試合は最高のトレーニングの場でもあります。自信がもてるような結果を出したいものです。何ごとも段取りが大切です。"準備は緻密に、自信をもってレースは大胆に！"の心構えで取り組むようにしましょう。

　試合に向けて、約1週間前から気をつけるべきポイントをあげてみます。

1) 事前にしておくこと

- 大会1週間前あたりから練習量を少なくし、筋肉に疲労を残さないようにする
- 練習量は減らしてもスピードは試合に近い動きをする。1本1本を集中して、本数は少なめに
- 栄養、睡眠に気をつけ、体調のよい状態を保つ
- 試合用の持ち物は前日までに準備をし、当日は再確認をして出発する
- 食事はラウンドの間に手軽にとれるおにぎりやパン、ゼリー、バナナなどを用意し、ドリンク類はミネラルウォーターやスポーツドリンク（水で倍に薄めたもの）などを準備しておく
- プログラムが入手できた場合は、自分の出場種目の名前、組、レーン、ナンバーカードを確認し、タイムテーブルをチェックする。そして当日の行動計画を作成する

2) 当日にすること

- 競技時間から逆算して余裕をもって行動する。交通事情も考え、家を出発し、競技開始2時間半前には競技場に着くようにする
- メイン競技場、サブトラック、招集所、トイレなどの位置関係を把握し、なるべく効率のよい場所にベンチ（待機場所）を設営する
- 競技場のなかに入り、トラックなどの下見ができる場合は、実際に歩いて、オールウェザーの硬さやスタート地点からの景色、風向きなどを確認する
- ウォーミングアップでは予選を甘く見ず、しっかりと動ける状態をつくる。アップ中は時計でアップの進み具合をチェックしながら、予定の時間に終われるようにする
- 特に短距離選手はドリルなどの動きでも速く動かすことを心がけ、神経系に刺激を入れることを意識する
- リレーを含めて1日の試合のなかでラウンドが多くなる場合は、最初の種目のウォーミングアップにしっかり取り組み、その後はラウンドの空き時間の長さに応じて、アップの量を調整する。アップで疲れないようにすることが大切！
- アップ終了後は更衣、水分補給、トイレなどを効率よくすませ、余裕をもって招集所に移動する
- 招集所で待っている間は、ほかの選手と雑談などはせず自分自身に集中し、小刻みに身体を動かし、体温を維持する
- スタートラインには、周囲を気にすることなく向かう。開き直った気持ち、あるいはすがすがしい気分でレースを楽しむ気持ちになれていたら、よい結果に結びつく
- 予選、準決勝と勝ち上がる場合、シードレーンのこともあるので、丁寧なレース展開を心がける。なるべく上位の順位で通過することを目指す
- ラウンド間にベンチで過ごすときは、体温管理に気を使って衣類を調整する。また、チームメイトのレースの応援は、自分のレースが終了するまでなるべくせず、自分自身のレースに集中する（集中力の維持）
- ベンチで休憩しているときに眠ってしまわないように気をつける。10分程度ウトウトするのはかまわないが、熟睡してしまうと神経の反応が鈍くなってしまう

　　　　　　　　　　　　　　　　（小池弘文）

2 ── リレー

リレー競技は個人競技といわれる陸上競技のなかで、集団で競技できる唯一の種目です。個性を生かしたオーダーの組み方や、バトンパスの方法を工夫することで、4人のパフォーマンス以上の結果を導くこともできます。つまり4人の合計タイムの速いチームが必ず勝つとは限らないということがあり、そんなところにリレー競技の魅力があるといえます。メンバーやそれを見守る応援団も含めて喜びを共有でき、まさにチームが1つになれる競技です。

一般的に実施されている種目としては、4×100mリレー（以下、4×100mR）と4×400mリレー（以下、4×400mR）がありますが、ここでは、特に4×100mRについて、記録を向上させるための技術やトレーニングを紹介します。

❶ バトンパスの方法と特徴

バトンパスの方法にはオーバーハンドパスとアンダーハンドパスがあります。以下のようなそれぞれの特徴を考慮し、どの方法を取り入れるかを決めます。

1) オーバーハンドパス（図1）

利点：3カ所のバトンパスで、アンダーハンドパスよりも、大きな利得距離が期待できる

欠点：パスの瞬間、腕を大きく振り上げるためスプリントフォームが崩れ、アンダーハンドパスよりスピードが低下しがちである

2) アンダーハンドパス（図2）

利点：スプリントフォームを大きく変えることがないので、パスの瞬間のスピード変化が少なく、特に次走者の加速がスムーズにできる

欠点：3カ所のバトンパスで、オーバーハンドパスよりも、利得距離が短くなる

〈注〉利得距離：次走者と前走者の距離、走らなくてもよい距離

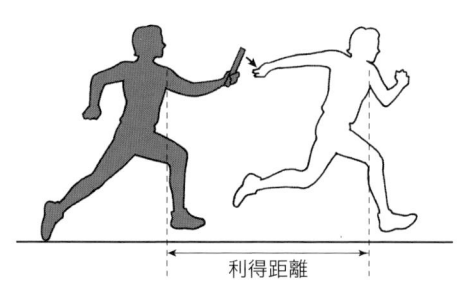

図1●オーバーハンドパス

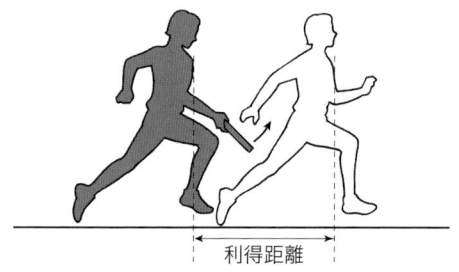

図2●アンダーハンドパス

❷ バトンパスの共通のポイント

次に、バトンパスを行う際に注意するポイントを考えてみましょう。オーバーハンドパスで行う場合もアンダーハンドパスで行う場合も共通するポイントは次の5つです。

1) マーク通りに出る

次走者がマーク通りに出るためには、リラックスした状態で前走者とマークをよく見ることが大切です（図3）。特に第3走者の場合は、直線を走ってくることになる第2走者をほぼ正面から見ることになり、前走者のスピードとマークまでの距離感をつかみにくいため訓練が必要です。

2)「ハイ」の合図─追いつく─手を見る─渡すの手順を踏む

安定して確実なバトンパスを行う一番の秘訣は、前走者・次走者ともに、バトンパスのための決まった手順を踏むということです。

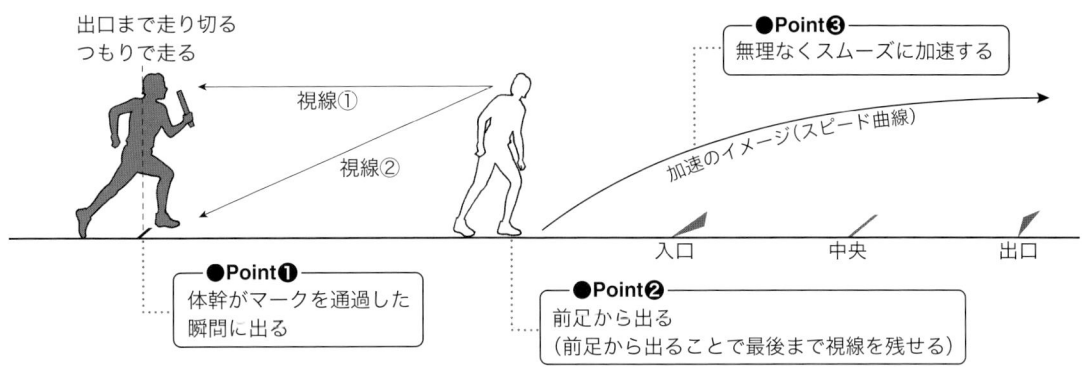

図3●マーク通りに出るためのポイント

〈前走者のポイント〉
①追いつく前に、「ハイ」の合図を大きな声でかける
②バトンを渡せる距離まで追いつく
③次走者の手の位置を正確に把握する
④腕を伸ばし、確実にバトンを渡す

〈次走者のポイント〉
①「ハイ」の合図を聞いたら、走りのリズムを崩さずに手を後方に出す
②腕を揺らさず、前走者が渡しやすい態勢をつくる
③手のひらを大きく開いて、バトンを受けやすいようにする

図4●オーバーハンドパスの受け渡し

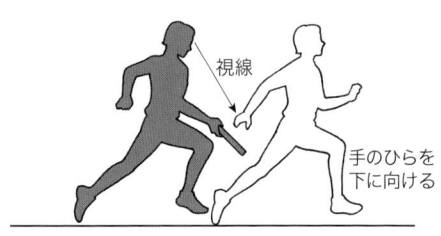

図5●アンダーハンドパスの受け渡し

　図4にはオーバーハンドパスの、図5にはアンダーハンドパスの受け渡しにおけるポイントを示しました。また、どちらの場合も、両者（前走者・次走者）のスピード低下を防ぐために、片腕だけでの腕振り動作で走る距離（歩数）をできる限り短くすることが大切です。できれば2歩（2ステップ）でバトンを受け渡ししたいものです。

3）パスの完了地点を決める

　チーム内では、前走者と次走者のスピードレベルの差が大きいことが数多くあります。こうした場合、前走者のスピードレベルに応じて、パスの完了地点を決めておくとよいでしょう。大きなミスを防ぐことにつながります。
　図6には、3つのレベルに応じたバトンパスの完了地点を示しました。前走者のスピードが高い場合は、できるだけテークオーバーゾーンの出口に近いところでパスを完了させ（a）、2人のスピードレベルが近い場合は、センター付近でパスを完了させます（b）。また、前走者のスピードが低い場合は、テークオーバーゾーンの入口に近いところでパスを完了させるようにします（c）。
　互いのスプリント能力が高くなれば、結果としてパスの完了地点は遠くなります。互いのスプリント能力が低いのに、遠くでパスを完了させることがよいバトンパスとはいえません。互いのスプリント能力に合わせたバトンパスが大切です。

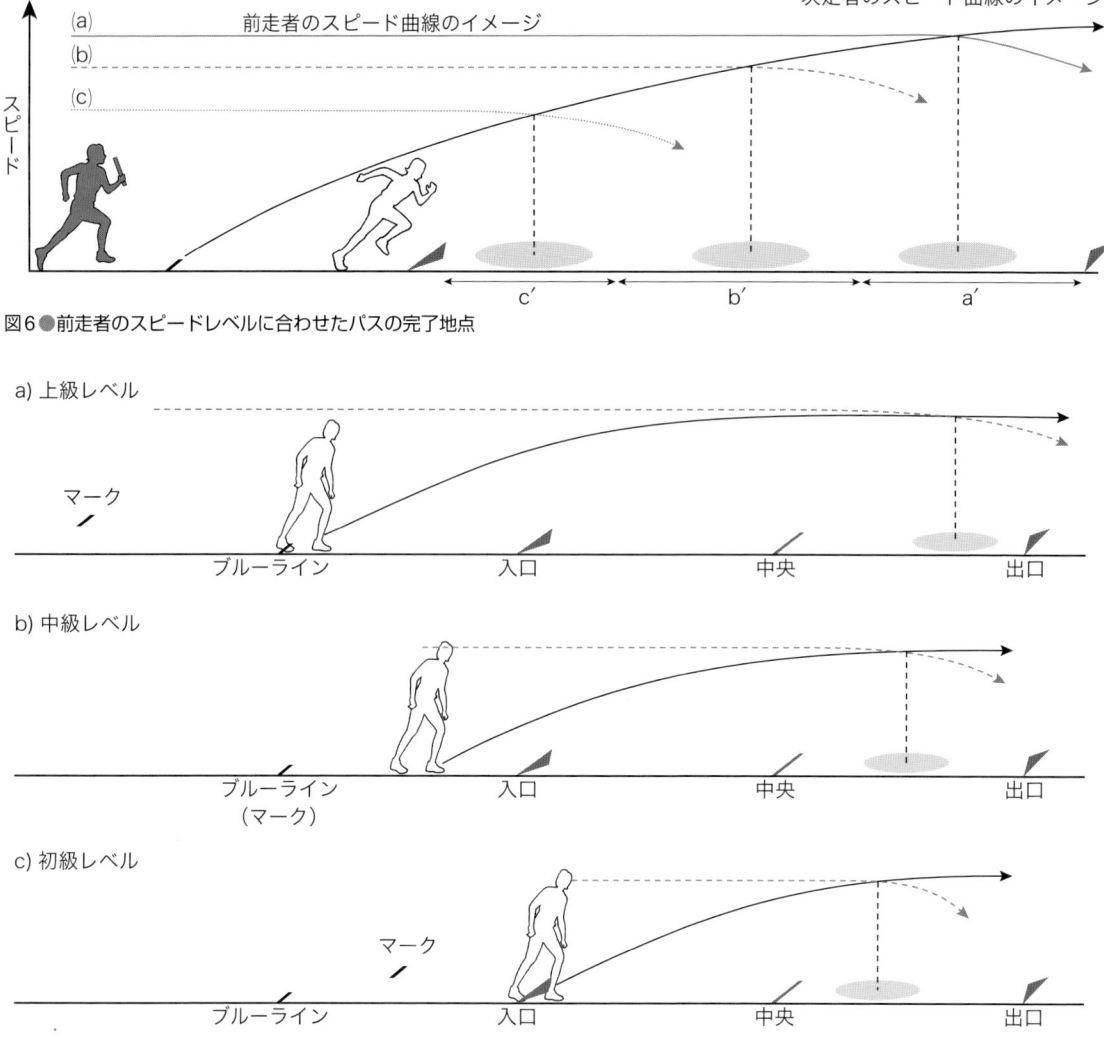

図6●前走者のスピードレベルに合わせたパスの完了地点

図7●次走者のスプリント能力に合わせた立ち位置

4) 次走者の立ち位置を変化させる

次走者のスプリント能力に応じてスタート地点を変化させ、パスの地点を固定することも2人の組み合わせによっては必要となってきます。特に前走者のスピードを最大限に利用したいときに用います（図7）。

a) 上級レベル：互いにスプリント能力が高いため、次走者がブルーラインに立ち、約25m前後加速し、高いスピードレベルでのバトンパスが可能となる。

b) 中級レベル：前走者のスプリント能力を生かす場合や、次走者の走る距離を短くしたいときに用いる。ブルーラインをマークとし、走る方向に立ち位置をとる。

c) 初級レベル：テークオーバーゾーンの入口に立ち、マークを設定する。センターから出口までの地点でバトンパスを完了させる。

このとき、マークは足長で測りますが、シューズ

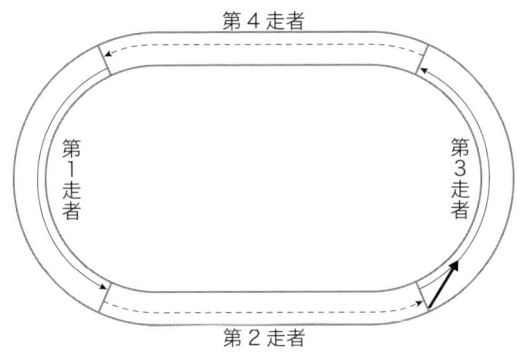

図8●レーン内における各走者の走る位置

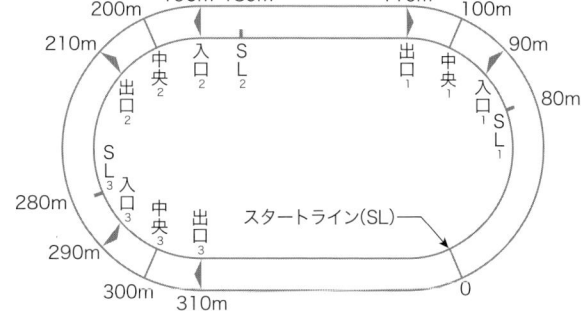

図9●各区間におけるマーク位置（スタートラインからの距離）

の大きさで違いが出てきます。シューズのサイズが1cm違うだけでも、25足長となれば25cm分となり、その違いは大きいものです。そのため、自分の足で何足長必要なのかを正しく把握しておくことが大切です。

5) コーナーでは右手で、直線では左手でバトンを持つ

コーナーを走る走者は右手でバトンを持ち、直線を走る走者は左手でバトンを持って走ると、バトンがほぼ直線上を移動する形となり、レーン内で前走者と次走者が重ならずにすみます。こうすると、次走者が出遅れたときなどに生じる衝突が回避でき、安全を確保することができます。また、コーナーを走る第1走者と第3走者は内側のライン際を走れ、直線を走る第2走者と第4走者は外側のライン際を走れるようになります（図8）。

また、第3走者の待機～スタート方法として、レーンの外側で前走者を待ち、スタートするときに直線的にレーンの内側に向かって切り込む方法（図8：第3走者の太い矢印部分）もあります。この方法は、トラックの内側を向いて待つことができるためレースの流れを把握しやすく、加速もしやすいという利点がありますが、出遅れると前走者と激突する危険性もあるので注意が必要です。

3 4×100mリレーで各走者が実際に走る距離

4×100mRの各走者が走る距離は、テークオーバーゾーンのセンターで計測され、第1走者はスタートライン（SL）から第2走者のテークオーバーゾーンのセンターまでが100m、以下センターからセンターまでが100mとなっています（図9）。このため、実際に走り出してからバトンを渡すまでの距離は、各走者の立ち位置の違いなどによって差が出てきます。

第1走者（X1）：90m＜X1＜110m
第2走者（X2）：100m＜X2＜130m
第3走者（X3）：100m＜X3＜130m
第4走者（X4）：110m＜X4＜120m

このように、バトンの保持を無視して、各走者が最大限に走る距離は、第1走者で110m、第2走者および第3走者は130m、第4走者が120mとなります。

4 全国高校総体にみる4×100mリレーのバトンワーク

表1は、全国高校総体における上位校を日本陸上競技連盟科学委員会バイオメカニクス班がタイム分析した結果です。男子の大会①で優勝したA高校の走力は、決勝に進出したチームのなかでは6番目（表1は上位3校のみ抜粋した）でしたが、バトンタイムで他校を圧倒し優勝しました。また、大会②のD高校とE高校については走力は同じながらバトンタイムの差が勝敗を分けたといえます。さらに大会は

表1 ● 全国高校総体における上位校の走力とバトンタイム
● 男子

単位　タイム：秒、速度(斜体部分)：m/s

	校名	フィニッシュタイム		第1走者 (0-90m)	第2走者 (110-190m)	第3走者 (210-290m)	第4走者 (310-400m)	合計	バトンタイム (ゾーン通過タイム) ①1→2走	②2→3走	③3→4走	合計	①〜③ 平均
大会①	A高	40.75	タイム	10.12	8.03	7.96	8.86	34.96*	1.93	1.82	2.05	5.79*	1.93
			速度	8.90	9.97	10.05	10.16						
	B高	40.80	タイム	10.28	7.73	7.81	8.81	34.62*	2.03	2.03	2.12	6.18	2.06
			速度	8.76	10.36	10.25	10.22						
	C高	40.88	タイム	10.22	7.98	7.65	8.99	34.84	1.95	2.03	2.06	6.04	2.01
			速度	8.81	10.02	10.46	10.01						
大会②	D高	41.08	タイム	10.18	7.57	8.00	9.26	35.01	1.97	2.00	2.10	6.07	2.02
			速度	8.84	10.57	10.00	9.72						
	E高	41.24	タイム	10.18	7.63	7.80	9.39	35.01*	2.00	2.00	2.23	6.23	2.08
			速度	8.84	10.48	10.26	9.58						

● 女子

	校名	フィニッシュタイム		第1走者 (0-90m)	第2走者 (110-190m)	第3走者 (210-290m)	第4走者 (310-400m)	合計	バトンタイム (ゾーン通過タイム) ①1→2走	②2→3走	③3→4走	合計	①〜③ 平均
大会③	F高	46.02	タイム	11.70	8.88	8.88	9.84	39.30	2.22	2.27	2.24	6.73	2.24
			速度	7.69	9.01	9.01	9.15						
	G高	46.51	タイム	11.77	8.87	9.15	9.98	39.76*	2.25	2.22	2.28	6.75	2.25
			速度	7.65	9.02	8.74	9.02						
	H高	46.69	タイム	11.52	9.05	9.24	9.99	39.80	2.22	2.32	2.36	6.89*	2.30
			速度	7.81	8.84	8.66	9.01						
	I高	46.83	タイム	11.74	8.94	9.33	10.01	40.01*	2.25	2.30	2.27	6.82	2.27
			速度	7.67	8.95	8.58	9.00						
	J高	46.84	タイム	11.43	9.12	9.11	10.07	39.72*	2.32	2.42	2.38	7.12	2.37
			速度	7.87	8.78	8.78	8.94						

参考：過去3大会(沖縄、奈良、埼玉)の決勝でのバトンタイムの全平均は男子2.03秒、女子2.32秒である
注)　バトンタイム：テークオーバーゾーンの入口を前走者が通過したタイムと、出口を次走者が通過したタイムの差
　　＊：合計の違いは、各区間の四捨五入の誤差による

(日本陸上競技連盟科学委員会資料より)

異なりますが、A高校、D高校、E高校はほとんど走力が同じながら、フィニッシュタイムに走力以上の違いが出ています。これはバトンタイムの違いによるものです。

女子では優勝したF高校は、走力・バトンタイムとも素晴らしく、その実力が十分に発揮された例です。5位のJ高校は高い走力がありながら、バトンタイムが思うように伸びず、走力の劣る他校に先着された例といえます。

これらの例からも、バトンワークの重要性やオーダーの組み方が大切なことがよくわかります。

5 走順の決め方

前項で示したように、実際に4人が走る距離には違いがあります。また、直線を走る選手やコーナーを走る選手、さらにはスタートをしなければならない選手などさまざまです。

これらの違いを十分に活用することで、メンバーの個性を生かすことも可能となります。仮にチームのなかから、メンバー4人を決めたとしても、その4人の組み合わせだけでも24通りのものが考えられます。

ここでは、特にスピードの違いから、4人の組み

合わせ方を考え、例を挙げてみることにします（図10参照）。

a)理想とする方法：4人の能力が高く、スピードレベルが近い
- 4人のスピードレベルが近く、第1～4走者までほぼ同じスピードで流れる
- 前走者のスピードは、後半に低下するため、次走者のスピードが100%に達すると渡らない

b)速い選手から並べる方法
- 次走者へ追いつきやすいので、オーバーゾーンで失格することが少ない
- それぞれのスピードを最大限に利用できるので、タイムを上げやすい
- 2～4走者のスタート地点やパスの完了地点を工夫することで、チームとしてのタイムはさらに伸ばせる
- 前半有利に進むが、アンカー勝負には不向きである

c)遅い選手から並べる方法
- テークオーバーゾーンの入口近くでバトンを受け渡す必要から、前走者を十分に引きつけて、短時間での加速が必要である。さらに、バトンを受けての加速が必要となる
- オーバーゾーンで失格になりやすく、思ったほど記録が伸びない

d)エースを第2走者、準エースを第3走者に起用する方法
- 第1走者から第2走者へのバトンパスは、スピードの差が大きく注意を要する
- 第2走者から第3走者へのバトンパスは、高いスピードでのパスが期待でき、特に重要となる

e)直線（第2走者、第4走者）にエース・準エースを起用する方法
- 第1走者から第2走者、第3走者から第4走者へのバトンパスは遅い選手から速い選手へのパスとなるため、注意を要する
- 第2走者、第4走者の加速が十分にできないため、パフォーマンスを発揮しにくい

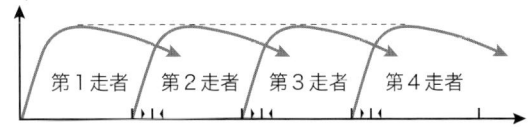
a)理想的とする方法(4人の能力が高く、スピードレベルが近い)

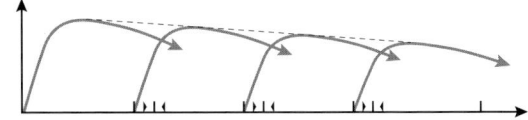
b)速い選手から並べる方法（前半型）

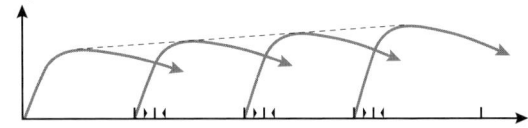
c)遅い選手から並べる方法（後半型）

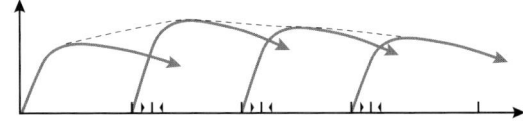
d)エースを第2走者、準エースを第3走者に起用する方法（山型）

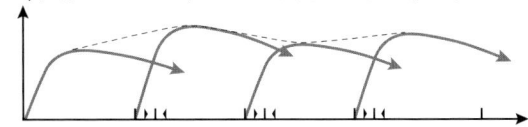
e)直線にエース・準エースを起用する方法（波型）

図10●スピードレベルを考慮した走者の組み合わせ

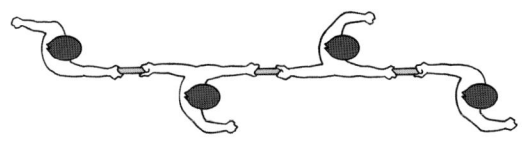

図11●その場でのバトンパス

6 リレーの練習方法

1)基本的な練習法

①その場でのパス

　第1走者は右、第2走者は左、第3走者は右、第4走者は左と、バトンが直線的に渡るように4人が1列に並び、その場でバトンパスを行う。バトンを渡す距離感を身につける（図11）

②ジョグパス

　ジョギングをしながら、バトンパスを行う。前後

の距離感を大切にし、次走者に渡す手に位置を確認することが大切

③流しパス

4人が1列で、あるいは2人のペアとなって、流しのなかでバトンパスを行う。ジョギングよりさらにスピードが上がり、正確に受け渡しすることが必要となる

④7割程度のスピード感でのパス

実際にマークをとってテークオーバーゾーンを使い、全力の7割程度のスピードでバトンパスを行う。マークの調整や次走者の出るタイミング、渡す場所の確認などを行う

2）実戦的な練習法

①直線でのバトンパス

a) 60m（40m×2）：各走者は40mずつ走り、全60mでバトンパスを行う（図12）

b) 80m（50m×2）：各走者は50mずつ走り、全80mでバトンパスを行う（図13）

c) 100m（60m×2）：各走者は60mずつ走り、全100mでバトンパスを行う（図14）

- 初期の段階では、マークを50cm程度の幅を持たせて行い、徐々に幅を狭くしマークを決めると練習がしやすくなる

- 試合でブルーラインを使うとすれば、この方法ではテークオーバーゾーン（20m）の外側にあと10mあることを想定して行う

- タイムトライアル形式やゾーンの通過タイムを計測することもできる

②コーナーを使ったバトンパス

400mトラックで、より実戦的な練習として行う

a) コーナーから直線（図15）

b) 直線からコーナー（図16）

③トライアル

a) 4×50mR（図17）

- 1人が50m走る形で行う。走距離が短いので複数回の練習が可能

b) 4×100mR

- 9割程度の努力感で行う。レースの流れやペース配分を習得するために行う

④その他の方法

マークを最大限にとり、「渡せないバトンパス」を練習で経験しておくと、マークを必要以上にとりすぎて生じる大きなミスを未然に防ぐことに役立つ

（清水禎宏）

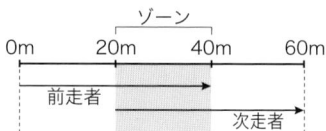

図12●直線でのバトンパス：60m（40m×2）

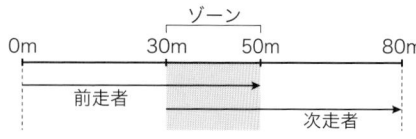

図13●直線でのバトンパス：80m（50m×2）

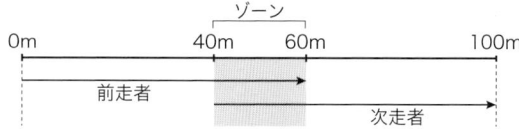

図14●直線でのバトンパス：100m（60m×2）

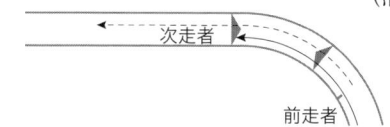

図15●コーナーから直線へのバトンパス

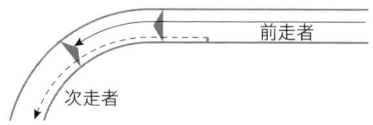

図16●直線からコーナーへのバトンパス

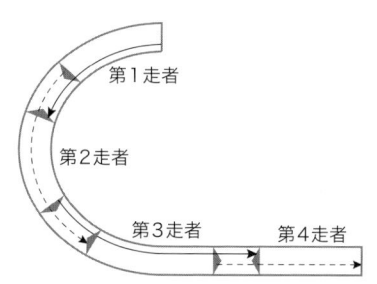

図17●4×50mR（400mトラックで行う場合）

3——ハードル

❶ 110 (100) mハードルの技術ポイント

　110 (100) mハードル(以下、110mH、100mH)は高さが106.7cm(女子84.0cm)のハードルを10台越える競技です。この高いハードルを素早く越えるためには、スピードの低下を抑えた踏み切り技術を習得することが必要です。踏み切りには、図1の③にみられるようなかかとを臀部近くに引きつけながらの膝の引き上げ動作が重要となります。この姿勢から④のようなアタック動作へとつながっていきます。

　ハードル上ではハードルに触れて減速しないように注意するとともに、着地への準備に移行するためにバランスを崩さないようにすることが大切になります。具体的に避けたい動作としては、リード脚の振り下ろしをいたずらに急ぐことにより、リード脚側に軸が傾きバランスを崩すような状態です。

　踏切脚は踏み切り終了直後、抜き脚動作に移行します。抜き脚をハードルにぶつけると著しくスピードの低下を招くため、ハードルにぶつけないようにクリアすることが重要です。アタック動作に入ってから⑤～⑧までは骨盤が前傾することから、ハードル上の感覚としては抜き脚の膝を縦方向に引き上げながら前方へと運ぶイメージがよいでしょう。これに対して抜き脚の膝をハードルと平行に抜いていく動作はスプリントから大きく逸脱してしまい、ハードル上で膝を前方に引き出すことが困難な状態となってしまうので注意してください。

　上半身の動きは下半身の動きと深い関係があります。特にリードアームは踏み切り動作に入るときの位置がその後の上半身全体の流れを決める重要なポ

図1●110mHのフォーム

イントとなります。③のようにリードアームがリード脚と同じタイミングで動くことによって、⑩のような腕の動きとなっていきます。

　腕は脚より質量が小さく、脚の動きの影響を受けやすいので、③～④で下半身の動きに合わせてタイミングよく動かす必要があります。また、この腕の動作にはリードアームの引き戻しが抜き脚の早い引き上げに大きく関係していることからも注意したいポイントです。

　着地動作は水平スピードを低下させずにインターバルに移行するうえで重要な技術です。⑨～⑩にみられるようにリード脚は重心の真下につま先から母指球周辺で着地します。抜き脚の膝は、前方に引き出した後真下に下ろしてください。このとき、抜き脚の膝は正面まで運びましょう。

　着地時の抜き脚の位置がインターバルでの加速動作を決めるポイントとなります。また着地の際に着地足のかかとに重心が乗った状態や、膝が曲がった状態は、直接スピードの低下につながるので注意しましょう。

❷400mハードルの技術ポイント

　400mハードル（以下、400mH）は、ハードルの高さが91.4cm（女子76.2cm）と、110（100）mHと比べ低く設定されています。一方でレース中の最高速度を110mHと比較すると、400mHのほうが速くなります。また、直線で実施される110（100）mHと違い、400mHはレース局面の半分が曲線になります。当然ハードルも曲走路上に設置されていることから、遠心力に配慮した技術が必要となります。具体的には、レーンの内側ラインと踏切足との距離的な関係や、内側ラインに対する抜き脚とハードルとの関係があげられますが、遠心力を考えたときには曲走路上でのハードリングでは踏切足が右であるほうが有利といえます。

　直線では110（100）mHの技術と基本的には同じと考えてよいでしょう。しかし、ハードルの高さから110（100）mHのようなハードル上での前傾は必要ありません。したがって図2③のようにアタック動作は110（100）mHに近い動作となりますが、クリアランスは④～⑨に見られるようなランニング

図2●400mHのフォーム

に近いフォームになります。図2に示した例は右足踏み切りなので、前述のようにコーナーでのハードリングでは有利になります。そのうえで遠心力の影響を考えてリードアームなどを使いながら意識的に内傾するとよいでしょう。またコーナーでの抜き脚は、遠心力を意識して内側のラインよりに接地するような意識が必要となります。

400mHのインターバルは男女とも同じ35mです。一般的にはこのインターバルを13～15歩（女子は15～17歩）で走ります。インターバルの歩数は少ないほうがタイムの短縮になりますが、オーバーストライドはリズムの低下を招きます。また体力の消耗につながるため、後半に著しいスピード低下を招く原因になります。中盤から後半にかけてはストライドも狭くなってきます。

レースの途中ではインターバルの歩数が1歩増えるごとにスピードが低下するといわれています。したがってインターバルの歩数の切り替えを計画的かつ慎重に行わねばなりません。この歩数の切り替えはレース中の疲労や、風向き、体調などを考慮して練習の時点から判断できるようにしておく必要があります。以上のことからも、利き足だけでなく、左右どちらの足でも踏み切る能力が必要となります。

❸ ハードルの技術トレーニング

1）ハードルドリル

ハードル競技に取り組むうえで必須となるトレーニングです。スピードレベルの低い状態で、まず、リード脚だけ、抜き脚だけで分けて行い、そのうえでリード脚・抜き脚を組み合わせて行います。ハードルは、個々の能力に応じて2.00～2.50mの間隔に、5～10台程度設置して行いましょう。

①歩行で

ハードル間を歩行で行います。正確な動きを意識しましょう。

- ハードルのサイドを使い、歩行でのリード脚の引き上げ（写真1）
- ハードルのサイドを使い、歩行での抜き脚
- ハードルの中央を使い、歩行でのまたぎ越し

②ツースキップで

ハードル間をツースキップで行います。リズムをうまくとりましょう。

- ハードルのサイドを使い、ツースキップでリード脚の引き上げ
- ハードルのサイドを使い、ツースキップでの抜き脚（写真2）
- ハードルの中央を使い、ツースキップでまたぎ越し

写真1●歩行でのリード脚の引き上げ

写真2●ツースキップでの抜き脚

写真3●1歩連続ハードル

写真4●抜き脚

写真5●リード脚（パターンA）

写真6●リード脚（パターンB）

③1歩連続で

ハードル間を1歩で連続して越えていきます。1回ごとに正確な踏み切りを意識します。

- ハードルのサイドを使い、リード脚だけの1歩連続ハードル
- ハードルのサイドを使い、抜き脚だけの1歩連続ハードル
- ハードルの中央を使い、1歩連続ハードル（写真3）

〈ハードルドリルにおけるポイント〉

- 身体の軸を意識し、支持脚・腰を屈曲させない
- リードアームをうまく使い、身体が常に進行方向を向いているように注意する
- リード脚は膝から引き出すようにし、ハードルの近くに接地する
- 抜き脚はランニングフォームの延長になるようにまっすぐ引き出してくる
- 連続でのハードルは踏み切り動作に遅れが出ないよう空中でタイミングをはかる

2）アプローチ

110（100）mHでは、第4ハードル付近で最もスピードが高まります。すなわち、スタートして7〜8歩の助走で踏み切らなければならない第1ハードルでは、まだスピードが乗り切っていないということです。

したがって、第1ハードルをうまく越えることができるか否かが、前半の流れを決める大切なポイントとなってきます。

〈アプローチにおけるポイント〉

- スムーズな加速を心がけ、後半にスピードが高まるようにする
- 踏み切り前まで前傾を保ち、低い姿勢でハードルに向かう
- 踏み切り前にストライドが大きくなり、リズムが低下しないように注意する

3）ハードルを使った柔軟

ハードル競技では、動きのなかでの柔軟性が求められます。実際の動作に近い状態で、柔軟性を高めましょう。

①抜き脚

ハードルあるいは壁などにつかまり、抜き脚動作を繰り返します（写真4）。身体は正面を向いたままで、頭が下がらないように注意しましょう。支持脚の膝が曲がらないようにし、抜き脚は膝とつま先が正面を向くようにします。

①レースイメージ
　レースイメージを身につける。正規のインターバル（男子9.14m、女子8.5m）で5台セットして行う

②速いリズムを引き出す
　a）インターバルを変える：速いリズムを引き出すために、インターバルを狭く（男子7.5m、女子6.5m）してハードルをセットする

　b）高さを変える：速いリズムを引き出すために、インターバルをやや狭く（男子8.8m、女子8.3m）した状態で、ハードルの高さに変化を持たせてセッティングする

③速いリズムを維持する
　速いリズムを維持するために、インターバルを変化させてハードルを設置する（男子：8.8m、8.5m、8.3m、8.0m、女子：8.3m、8.0m、7.7m、7.4m）。徐々にインターバルの距離を短くすることで高いピッチが維持できる

図3● 110（100）mH技術練習の設置例

④スピードを高めてハードルに入る
　ハードルを6台セットし、やや短めのインターバルで3台越えたのち、インターバルを長くして5歩でスピードを高め、後半の3台を越える。設定距離は前半と後半の各3台の間隔は8.5m（女子8.0m）、前半と後半の5歩部分は14m（女子13m）

⑤シャトルハードル
　往路に2.5m間隔で5台置いてインターバルを1歩でハードルを越え、復路に7.5m（女子6.5m）間隔で5台セットして、インターバル3歩でハードルを越える

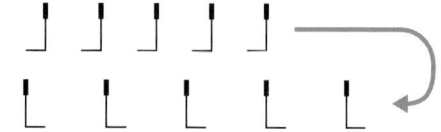

⑥スピードを高めたアプローチ
　第1ハードルまでの距離を正規よりも長くして、10歩で走る距離（男子17m、女子16〜16.5m）に設定し、スピードを高めた状態で第1ハードルにアタックするイメージをつかむ

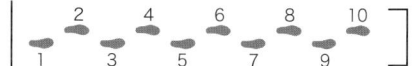

②リード脚（パターンA）
　身体を正面に向け、リード脚のかかとを臀部近くに引きつけながら壁に飛びかかります（写真5）。遠くから踏み切るイメージで行いますが、支持脚は地面から離れないようにします。また、支持脚の膝と腰が曲がらないように注意し、頭から支持脚のつま先までが一直線になるようにしましょう。

③リード脚（パターンB）
　リード脚の膝を締めながら前方に運び、リード脚のかかとがハードルをクリアした後、ゆっくりと元の位置まで戻します（写真6）。このとき骨盤から引き上げる意識をもち、支持脚が曲がったり腰が引けたりしないように注意しましょう。

4）ハードル技術練習の設置例
　より実戦に近い状態でハードルの技術練習をしていくうえでは、ハードルのセッティングが大きなカギとなってきます。図3に110（100）mHの、図4に400mHの設置例を紹介します。

4 ハードル種目のトレーニング計画

　ハードル競技のトレーニングに求められる要素はたくさんありますが、特に大切なのは、ハードルを越えるための技術トレーニングと高い疾走能力を得るためのスプリントトレーニングの2つです。
　ハードル競走は100m・110m・400mといった距離のなかに一定の間隔、一定の高さで設置されている10台のハードルを、できるだけ速く越えながら走る競技です。したがって走る動作により近いハードリングが求められます。この走る動作に近いまたぎ越すハードリングを獲得するために、多くの技術的なトレーニングを組み合わせ、かつ継続的に実施していく必要があります。特にジュニア期では技術が定着しない場合が多く、年間を通じた技術トレーニングが必要です。基本的なドリルは時間がかかりますが、初心者がハードルに対する動作感覚を身につけ、技術の改善を図るのに有効です。
　また実際のレースをイメージした技術トレーニン

①レースイメージ
　レースと同じ状態でハードルをセットし、200mH（5台）または300mH（7～8台）を行う

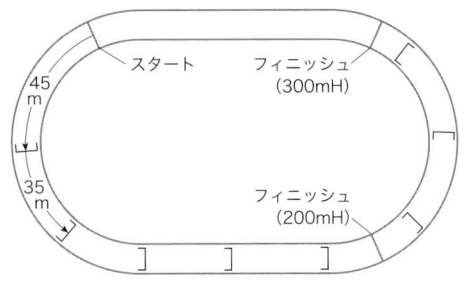

b) 第6ハードル地点にマークを置いて、7台目以降を規定通りにハードルを設置し、250m走（スタートから150m地点からスタート）のなかで第7～10ハードルを越えていく。同様に300m走、400m走、500m走でも実施する

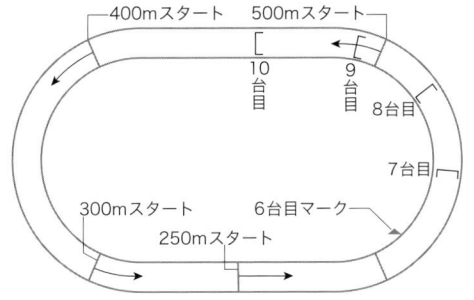

②後半のイメージ
a) 200m地点から18m間隔にハードルを5台設置する。インターバルを7歩で、レース後半をイメージして走る

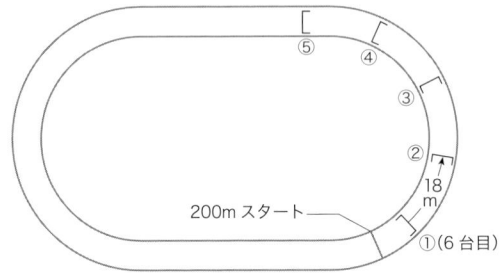

③100m往復走
　100mの間に図のようにハードルをセットして、往復走を行う

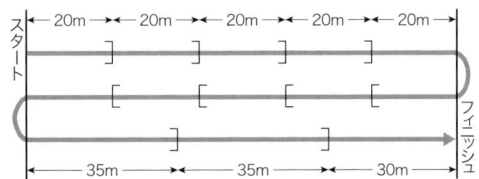

図4 ● 400mH技術練習の設置例

グも大切です。特に試合期では正規のインターバルや高さにこだわらず、より速いリズムでのインターバルやハードルクリアランスが引き出される設定を工夫しましょう。インターバルを速く走るためには高いスプリント能力を身につけることのほか、決められたインターバルをより速いリズムで走り切るトレーニングも大切です。

　400mHではインターバルの歩数がタイム短縮の大きなポイントになるため、高いスプリント能力やスピード持続力、またインターバルの歩数切り替えの技術および戦術が求められます。そのためにトレーニングではより実戦に近い設定が必要です。具体的には前半ではアプローチ練習、後半では歩数の切り替えをポイントに置いた練習などです。また、110mHと比べてインターバルの距離が長いため、レース中の疲労が技術に影響します。したがって後

半の走り方（歩数の切り替え）がレースの結果を大きく左右することになります。このようにインターバルの歩数はスピードと大きな関係があるのです。歩数を減らしてもリズムが落ちてしまえば、スピードの低下につながります。また、中盤から後半にかけて一度低下したスピードを元に戻すことはほぼ不可能といわれています。それだけに歩数の変化は計画的に、そして徐々に行う必要があるのです。できることなら左右交互に踏み切ることで極端な歩数の増加を避け、大きなスピードの低下を防ぎましょう。トレーニング立案のポイントとしては、後半の疲労が出た状態での走り方を取り入れ、インターバルの技術を向上させることが必要です。

　具体的な練習計画として110（100）mHおよび400mHにおける、試合期および鍛錬期のトレーニング例を、表1～4に示しました。

表1 ● 110（100）mHの試合期練習計画例

月	REST
火	ハードル技術練習（5台・8台×3～5）、ウェーブ走（120m×3）
水	ハードル基本ドリル、ウエイトトレーニング
木	スプリントドリル、ハードル補強
金	ハードルアプローチ（1台・3台・5台×2～3）、加速走（50m×5）
土	ウインドスプリント、補強
日	試合

表2 ● 400mHの試合期練習計画例

月	REST
火	3台・5台×2、300mH（1足長分短く）×1、(200m+100m)×2
水	ハードル基本ドリル、ウエイトトレーニング
木	スプリントドリル、ハードル補強
金	1台・3台、200mH×2、300m×1
土	ウインドスプリント（150m×2～3）、補強
日	試合

表3 ● 110（100）mHの冬期練習計画例

月	REST
火	スプリントドリル、ハードル基本ドリル、タイヤ引きダッシュ、ハードルジャンプ補強
水	シャトルハードル（5台×2）×5、往復走100m4本×3～5、ジャンプ補強
木	ハードル基本ドリル、ウエイトトレーニング、ジャンプ補強
金	補強
土	ハードル技術練習、10台（8.5m）×5～8、100m+200m+100m　100m+100m+200m
日	坂（30m×5　50m×5　80m×3）、体幹補強

表4 ● 400mHの冬期練習計画例

月	REST
火	スプリントドリル、ハードル基本ドリル、タイヤ引きダッシュ、ハードルジャンプ補強
水	シャトルハードル（5台×2）×5、往復走100m4本×3～5、ジャンプ補強
木	ハードル基本ドリル、ウエイトトレーニング、ジャンプ補強
金	補強
土	ハードル技術練習、10台（8.5m）×5～8、100m+200m+100m　100m+100m+200m
日	坂（30m×5　50m×5　80m×3）、体幹補強

5 競技会に臨む

　110（100）mH、400mHどちらの種目においても、競技会では、タイムだけでなく順位を競うことによるレース中の精神的な動揺から、微妙な技術のズレが生じます。

　110（100）mHは横一線でスタートを切ることからライバルとの差がスタート直後からはっきりと出ます。そしてスタート直後の1台目のハードルを大胆かつ正確にクリアすることでレース前半の流れが決まってしまいます。したがってスタート直後の加速局面では特に冷静な対応を求められます。また、レース中盤から後半では、ライバルとの駆け引きによる焦りや疲労からスピード低下も生じます。そのなかで、いかに自分のレースに集中できるかがカギとなるでしょう。

　400mHでは一般的に6～7台目で歩数の切り替えが必要です。ライバルとの力が拮抗していると8台目あたりで差がはっきりと確認できます。また、このあたりからが疲労もピークとなり、心理的にも焦りが生じやすくなります。前半の走り方が後半の歩数の増加に大きく影響するため、ここまでにある

表5 ● ハードルレースへの臨み方

■ 110（100）mHレースに際して
・短距離と同様に、スタートがレース前半の流れを決める。特に1台目は大胆かつ正確に越える冷静さが必要
・中盤から後半にかけては、レースの流れにより焦りを生じやすいので注意
・特に後半はハードル上での重心移動スピードが低下する。クリアを急がず、冷静なハードリングを心がける

■ 400mHレースに際して
・スタートから1台目までの歩数が安定するようトレーニングをする
・風の影響を考慮し、レース全体の流れから歩数を切り替える区間を予想しておく
・コーナーでのハードリングでは、遠心力の影響を受けるため注意する
・インターバルのスピードは低下した後に再び回復することはほとんどない。したがって急激に歩数が増え、踏み切り直前にスピードが落ちてしまわないよう注意する

程度体力を温存しておく必要があるのです。こうした点からもスタート直後から全体を見据えた計画的な走りが必要です。

　ハードルの競技会に臨む際の注意点を、表5にまとめたので参考にしてください。

（杉井將彦）

第2章 中・長距離、競歩

1 ── 中距離

　陸上競技の中距離競走は主に800mと1500mを指します。この両種目は中距離と総称されていても、大きく異なる種目であると考えられます。現に両種目の高校歴代記録を見ても、それぞれ30傑の両方に名前がある選手は3人です。また400mと800mを同様に見ても、ともに30傑に名前のある選手はたったの1名です（2013年3月時点）。よって800mと1500mはそれぞれに独立した1つの種目と考えたほうがよいでしょう。

　また、陸上競技では800mからオープンレーンで競技会が行われます。したがってレース中にライバルとの駆け引きが生じ、作戦、走技術、スピードの変化など単に最高のスピードを求めて走り抜くだけでは勝利を手にするのは難しいのです。ここでは、800mに焦点を絞って、ランニングフォームから見た技術的なポイント、技術練習、戦術、トレーニング計画の立て方、競技会の臨み方を紹介していきます。

❶ ランニングフォームからみた技術ポイント

　一流選手のランニングフォームをみると、実にさまざまであることがわかります。これは体格や身体的特徴が異なるからであり、単に記録のよい選手のランニングフォームが、自分にとってそのまま適しているというものではありません。つまり、「こうでなくては速く走れない」と断定できるランニングフォームはないということです。

　そこで、ここでは「適している動き」という観点で皆さんに理想的なフォームを説明します。中長距離走者のランニングフォームにおいて最も重要なことは、足が地面に着くときにフラットもしくは比較的つま先寄りで接地（キャッチ）することです。接地は地面を蹴り、推進力を生む大切な動きですが、同時にブレーキ動作も含まれます。つま先を立ててかかとから接地すると、垂直軸が後方に傾きやすく大きなブレーキをかける状態となり、力を大きくロ

図1● 800mのフォーム

スします。そこで、かかと接地ではなく、つま先接地（トゥストライク）を行うことで、接地によるブレーキを最小限に抑えることができます。また、つま先接地をすると、身体の軸は地面に対して垂直よりやや前方に傾き、前傾姿勢となります。このように軸が前傾することで次の動作への導入が早くなり、スムーズに加速することができます。

このようなトゥストライク走法を身につけている選手として元日本記録保持者の横田真人選手があげられます。横田選手のフォームは、腕を大きく引き込み、足の引きつけをしっかりしたピッチ走法ですが、前傾姿勢で比較的つま先寄りで地面をキャッチしており、中距離に適した動きといえます。

筆者は、中距離走者のランニングフォームにおいて最も重要なことはこのトゥストライク走法を身につけることだと考えています。

2 技術練習（トゥストライク走法を身につけるために）

トゥストライク走法を身につけるために、次のドリル練習を積極的に行いましょう。紹介するドリルは大きく2つに分けられます。第1にスプリントトレーニングドリル、第2にハードルドリルです。いずれも共通点として「つま先支持」という点があります。トゥストライク走法はスピードが出やすいという利点もありますが、そのぶん足首など各関節に大きく負担をかけます、動作技術と同時にそれらの強化も兼ねています。2つのドリルには、つま先接地の習得のみならず、バネの強化（筋力の強化）、柔軟性とバランスの向上、など中距離選手が特に身につけたい要素も含みます。

1）スプリントトレーニングドリル

以下に述べる①～③のドリルは脚のさばきを3つに分解して、それぞれの動きを大きく強調することで、実際のランニングフォームに反映しやすくさせる目的と、スムーズな動作を生み出すためのドリルで、④は主に筋力や関節、バランスの強化を目的として身体に大きな負荷をかけるものです。いずれの動きも大切なのは、つま先できちんと地面を捉えて、不安定な状態にならないようにして軸をつくることです。動き、キャッチ、バランス、中距離競走に必要な要素を習得しましょう。

①けり上げ　30m×3（図2）

ハムストリングを使い、かかとでしっかりと臀部

図2●けり上げ

をたたく。膝を前に出さず、素早く振り下ろすことを意識する。視線はまっすぐ前方におく

②ハイニー　30m×3（図3）

　膝の角度が90度くらいになるまでしっかりと上げて、約1足長ずつ前進する

③ストライディング　100m×3（20m加速＋80mトップスピード）（図4）

　緩やかな下り坂を使って大きなフォームで走る。膝を上げることと、支持脚でしっかりと蹴り出すことを意識する

④バウンディング　40m×3（図5）

　膝の振り上げを利用して、バネを使って高く跳びながら前進する。上体はリラックスさせ、動きに合わせて腕を振ることでバランスをとる

2）ハードルドリル

　ハードルのドリルすべての種目において、つま先を使う動きが強調されることから、自然とつま先を意識した動きになります。また、ハードルを「越える」という動作から、ジャンプ系の動きが生まれ、筋力アップやバネの強化につながります。各動作とも不安定になりやすいのできちんとバランスをとり、軸をつくることが大切です。

①リード脚　8台×3（左右それぞれ行う、図6）

　ハードルの横を歩きながらリード脚を引き上げて、膝の頂点とつま先の点の支持の形をつくって、それを繰り返す

②抜き脚　8台×3（左右それぞれ行う、図7）

　ハードルの横を歩きながら抜き脚だけで越えていく。脚を抜くときに、ももとふくらはぎの内側が地面と平行になるようにする

③歩きながらまたぎ越す　8台×3（左右脚を変えて行う、図8）

　ハードル間は歩き、前にあるハードルをまたぎ越す。上体は正面を向き、リード脚をまっすぐに引き上げる。抜き脚は膝で脚をリードして1歩目を大き

図3●ハイニー

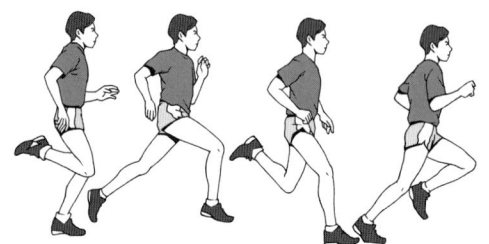

図4●ストライディング

図5●バウンディング

図6●リード脚

図7●抜き脚

図8●またぎ越し

図9●横抜き　　図10●ハードルジャンプ

く踏み出せるようにする

④横抜き　8台×3（左右それぞれ行う、図9）

ハードルに対して横向きになり、スキップのリズムで進行方向の脚からまたぎ、後ろ脚も続けてまたぐことを連続して行う

⑤ハードルジャンプ　8台×3ハードル　間隔はハードルの脚の長さ×2（図10）

ハードルを両足で連続してジャンプして越える。このとき、つま先で着地してかかとは使わない。ジャンプ力に応じて高さを調節する

3 戦術

1）スタートから200mまで

800m競走はスタートしてからセパレートレーンで100m走った後、バックストレート入口でオープンレーンになります。このとき、第3コーナーの入口を目指して直線的に走ることが理想的です。この200m地点でどのような位置取りができているかで、以降のレース展開に大きな違いが生まれます。この200m地点では、勝負を意識するのであれば外側2番手の位置取りを目標とするのがよいでしょう。レースにおいてレーンの内側を走ることは、距離的にはメリットがありますが、戦略的には四方をふさがれる形（ポケット）になりやすく、デメリットが生じます。したがって、内側のレーンからスタートするランナーは相手が見えやすくスピードを調整しながらオープンレーンに入ることができますが、ポケットされやすくなります。一方、外側のレーンからスタートするランナーは、相手が見えないのでスタートダッシュをかけなくてはいけないのですが、オープンレーンになってからは比較的思い通りのポジションをとることができます。スタート位置において注意すべき点をまず頭に入れて、そして200m地点で自分はどこに位置取りをしたいのか、ある程度決めてレースに臨みましょう。

2）200mから600mまで

200m地点からは選手同士が近い位置となり、ときに激しくぶつかり合うこともあります（故意にぶつかり合うことは失格の対象になります）。800m競走では選手同士の位置取りは常につきまとい、自分の得意とするレース展開に持ち込むために、皆必死で位置取りをします。位置取りで大切なのは「無駄な距離を走らない」という点です。特に曲走路で選手をかぶさるように抜くと、距離的に大きく損をすることになります。ペースが速いと感じられるときは曲走路で抜くのは避けて直走路で抜きましょう。ポケットされても慌てずに、相手の「すき」を見つけて素早く動くことが大切です。

3）600mから700m

ラストスパートの準備段階です。ラスト200mでのスパートは理想的な作戦ですが、全体の4分の1の距離を残して逃げ切ることは、よほど力が突出していなければ不可能です。ここではまだ余力を残して相手の出方を伺うべきでしょう。その場合の位置取りは前方がベストです。最後の曲走路では余力を残す意味でも内側2番手に位置しましょう。

4）700mから800m

ラストスパートです。ピッチを上げることを意識して身体に余分な力みが生じないように気をつけてください。とにかく勝つイメージをもって、勇気を出して思い切ってスパートしましょう。そしてフィニッシュラインを越えるまで、力を抜かないことが大切です。接戦であるほど見た目にわからない勝負もあります。最後まで走り抜くことが大切です。

ただし、一方で「レースは生き物」です。予測不

可能なことや思い通りにレースは進みにくいものです。自分の力量やライバルとの力関係などでレース展開はまったく別の様相を呈することもあります。ここで紹介した戦術は、あくまでも一例と考えましょう。

4 トレーニング計画の立て方

私たちの生活は「1年間」というサイクルで物ごとが進んでいます。したがってトレーニング計画を立てるときは、まず最も大きな目標（競技会）を軸に、1年周期で考えて組み立てていくとよいでしょう。高校生の場合、8月のインターハイを一番に考えて組むと、鍛錬期（冬期：11～2月）、調整期（移行期：3～4月）、試合期（5～8月）の大きく3つに分けてトレーニングを区別していきます。この期間にあてはまらない部分は、休養、またはロードレース・駅伝大会・クロスカントリーレースにあてるようにしましょう。ただし、日本列島は南北に長く、地域によって気候が異なりますから、状況に応じて期間をずらす必要のある地域もあります。

1) 鍛錬期（冬期：11～2月）

鍛錬期においては、基礎体力の維持と向上、ケガをしない身体づくりを目的とします。したがってスピードを上げるような練習は控えて、距離を踏んだりするほか、サーキットトレーニング、補強運動などを多く取り入れます。また、冬場に多く行われる駅伝やクロスカントリー大会、ロードレース大会などにも参加しましょう。表1に鍛錬期の練習内容例をあげておきます。

2) 調整期（移行期：3～4月）

調整期（移行期）は、主に春先のトラックシーズン前を指します。ここで大切なのは、「脚慣らし」のための競技会（記録会や対校戦など）に参加してレース感覚を戻すことです。ただし自己記録をねらうものではありません。あくまで目指す競技会に向けての準備ですから、鍛錬期の動きの確認など身体との対話が最も重要です。トップスピードを出すことばかり考えないようにしましょう。この時期の練習内容例は表2を参考にしてください。

表1●鍛錬期の練習内容例（冬期：11～2月）

	練習内容例1	練習内容例2
月	W-Up＋サーキット＋ドリル	休養
火	クロスカントリー8～12km＋補強	8km Jog＋サーキット
水	8km Jog＋ドリル	クロスカントリー走8～12km＋補強
木	球技（バスケットボール）	W-Up＋ドリル
金	6km Jog＋サーキット＋ドリル	1km×2（3分00秒、R＝1km Jog）
土	クロスカントリー8～12km＋補強	調整Jog（コース下見）
日	休養	駅伝大会3km

表2●調整期の練習内容例（移行期：3～4月）

	練習内容例1	練習内容例2
月	8km Jog＋ドリル＋補強	休養
火	ペース走8000m（1km＝3分50秒）	8km Jog＋ドリル＋補強
水	W-Up、W-Sp（800m＋600m＋400m）×3（間は同距離のJogでつなぐ、R＝10分）、SD 50m×6	W-Up、W-Sp（400m＋300m＋200m＋100m）×3（間は同距離のJogでつなぐ、R＝10分）、SD 50m×6
木	軽めのJog	6km Jog＋ドリル
金	ビルドアップ走4000m（1km＝3分30秒～3分10秒）＋補強	休養
土	インターバル走400m×10（70秒）、R＝200m（60秒）	1000m×1（2分50秒）
日	休養	記録会（800mまたは1500m）

表3●試合期の練習内容例（5～8月）

	練習内容例1（総体など予選あり）	練習内容例2（予選なし）
月	休養	6km Jog＋W-Sp100m×5
火	6km Jog＋ドリル	レペティショントレーニング（600m＋400m＋300m＋200m、R＝5～7分）
水	軽めのJog＋補強	6km Jog＋ドリル
木	W-Up、300m×3（48秒、45秒、42秒、R＝1分）	調整Jog
金	調整Jog＋W-Sp100m×4	W-Up、400m＋200m（60秒＋27秒、R＝200m Jog）
土	800m予選・準決勝	競技会800m
日	800m決勝	休養

※W-Up＝ウォーミングアップ、サーキット＝サーキットトレーニング、ドリル＝各種ドリル（P25～27）、補強＝補強運動、Jog＝ジョギング、R＝リカバリー、W-Sp＝ウインドスプリント、SD＝スタートダッシュ

3) 試合期（5〜8月）

試合期は、競技会に向けて最終仕上げをする重要な時期です。表3の練習内容例1は大切なレースに向けてコンディションを整える例です。適度な刺激（ポイント練習）と、休養のバランスをとりながら気持ちを高めることが大切です。そして注意したいのは、ポイント練習時のタイムで満足感を得ないことです。あくまでも体調や感覚が優先なので、タイムを求めすぎないことが大切です。ここで自己記録に近いものが出て満足してしまってはいけません。あくまでも試合がすべてです。試合で出し切るためにもコンディショニング練習は8割に抑える練習をしましょう。

5 競技会に臨む

競技会当日どのような状況で臨めばよいのか、いくつかポイントと思われる点をあげて説明します。

1) スタート時間から逆算した行動計画を

レースは何時何分スタートなのか、ここからすべて逆算していきます。表4は11時00分スタートの例です。「招集時刻」「招集完了時刻」「競技開始時刻」以外は、時間的に決められていることではありません。したがって、これら以外はすべて自分で決めて行動することになります。また、もっと細かく考えていくなら、ここであげた以外にも予定時間をチェックしておくとよいことはあるでしょう。このように競技会当日の行動計画表を作成し、自ら紙に書き込むことによって忘れることや"うっかり"を防止しましょう。なかでも起床時間と食事時間は大切なポイントです。起床後どれくらいで万全に身体が動かせるか、食後の消化にどの程度時間を要するかなどは個人差がありますから、自分に合った時間を決めましょう。

2) レースの目標や目的の再確認をする

競技会場に行くと、意外とその日のレースの目的や目標を見失いがちです。これは緊張など、さまざまな要因から来るものです。しかし、レースの目標や目的はずっと前から決まっていて、皆さんはその

表4 ● 11時00分スタートのレースに合わせた行動計画例

項　　目	時　　刻
起床	5：30
朝練習：開始／終了	6：00／ 6：30
朝食：食べはじめ／食べ終わり	6：40／ 7：00
競技場への移動：開始／到着	8：00／ 8：20
ウォーミングアップ：開始／終了	9：30／10：20
招集：開始／招集完了	10：30／10：45
競技：開始	11：00

ためにトレーニングを積み重ねてきたのです。しっかりと目的意識を再確認して臨みましょう。

3) 弱気にならない

競技会は勝負です。勝ち負けを競い、順番をつけるものです。ここまできたら弱気は禁物です。どんな状況だろうと負けを意識したら勝ち目はありません。レースに臨むにあたって緊張するのは皆一緒です。特に競技場に着いたらレースははじまっています。強気で臨みましょう。特に、ライバルと最初に顔を合わせるとき、相手に与える印象が大切です。

4) 忘れ物をしない

レースに最低限必要なものを忘れないようにしましょう。最低限、ユニフォーム、ナンバーカード、スパイクシューズがあればレースは可能です。もちろんほかにも各個人で必要とするものがあるはずです。それらを忘れないように注意しましょう。

5) フェアプレーの精神で臨む

ドーピングなどに象徴されるように、「勝つためなら手段を選ばない」といった非道な方法で勝とうとする醜い競技者がいることは残念です。正々堂々と競い合うライバルがいるからこそ自分が高められるのです。

ライバルを敬う気持ちを忘れず、ライバルを大切にしてください。そのためにルールを守り、マナーを身につけて、選手としてだけでなく人間としても立派であってほしいものです。陸上競技に取り組む皆さん一人ひとりが、陸上競技の顔なのです。陸上競技を素晴らしいものにするのは、競技者一人ひとりの心がけです。

（両角速）

2 ── 長距離

　長距離走は、「長い距離を、どれだけ速く走れるか」を競う種目で、一般的には3000m以上の距離が長距離種目として捉えられています。トラックでは全日本中学校選手権で3000m、高校のインターハイで男子は5000m、女子は3000mが実施されていますが、世界選手権やオリンピックでは男女ともに5000mと10000mが行われます。また、ロードで行われるマラソンも長距離種目の1つです。そのほかに駅伝やクロスカントリーなども行われています。

　持久力が要求されるのはもちろんですが、速く走ろうとしても最初から最後まで全力で走り切ることができない距離なので、一定のペースで走ることができる能力や急なペース変化に対応できる能力のほか、勝負という面ではライバルとの駆け引きができる能力なども必要です。また、長い距離を自分の力を出し切るペースで走り続けるという競技特性から、あきらめずに粘り続けるという精神面もパフォーマンスに大きな影響をおよぼします。

❶ 長距離の技術ポイント

1) 理想のランニングフォームを考える

　長距離では効率のよい動きを心がける必要がありますが、その技術的なポイントは、基本的には短距離走と同じといえます。図1を参照しながら、理想のランニングフォームを考えてみましょう。

　私たちは、ランニングの際、接地することによってパワーを直接走路に伝え、そこからの反力と蹴りによるエネルギーで推進力を得ています。このときに大きく影響しているのが、前足部接地か、かかと接地かという点です。前足部で接地すると、かかと接地に比べて推進力に対するブレーキが少なくてすむので、上体がスムーズに前に入りやすく、③〜⑤でみられるように腰が前方に押し出され、前足部で走路を"かく"ように捉えることができます。この

図1●長距離のランニングフォーム

日本陸上競技選手権大会

ことが、より推進力を増すことにつながるわけです。このように、接地は前足部で行われることが望ましいといえるでしょう。

また、接地時にふくらはぎのヒラメ筋が伸ばされ、走路から離れるときにはヒラメ筋の収縮が起こります。この伸縮運動を活用することによって、⑦のように、理想的なバネを使った走法が可能になります。このほか、ハムストリングの筋力が強いと、③・⑩でみられるように、かかとが臀部につくくらいに、脚部の蹴り上げが大きくなります。

このような接地とかかとの蹴り上げがスムーズな推進力を生み、⑥の動作にみられるような大腿部の引き上げによって、大きなストライドを確保することが可能になります。

こうしたフォームを生むためには、ジュニア期にクロスカントリー走を中心にしたトレーニングを継続的に積んでいく必要があるといえます。

2）よいランニングフォームを獲得するためのチェックポイント

①接地の状況

接地はかかとからでなく、前足部で行います。ブレーキの少ない接地ができるため、上体が前にスムーズに入りやすくなります。

②接地時の足と上体の位置関係

接地時に前足部で接地することによって、前項で述べたように上体がスムーズに重心移動します。さらに、前足部で「かく」ように地面を捉えることで、次への動作がよりスムーズに展開されていくことにつながります。

③接地時の脚部と上体のバランス

接地時にヒラメ筋が伸ばされるので、地面から離れるときにヒラメ筋の収縮が起こり、この伸縮運動を利用して、バネを使ったダイナミックな動きになります。このとき、そのバネを利用した走りのためには、バランスを保つだけの体幹の強さが必要で、これはクロスカントリー等の練習を多く行うことによって培うことができます。

④大腿部の引き上げ動作

ハムストリングの筋力が強ければ、かかとが臀部につくくらいに足を引きつけることができ、この動きが伸びのある推進力を生み出します。これは身体全体の筋力をバランスよく発達させることによって

可能となります。また、大腿部の引き上げ動作も大きくなることで、大きなストライドを確保することができます。

❷長距離のトレーニング

ここでは、長距離走のトレーニング手段を簡単に紹介します。毎日のトレーニングでは、体力や筋力を高めるトレーニングのほかに、走トレーニングとしてこれらの手段を目的に応じて組み合わせて実施していきます。

1)ジョギング

長距離のトレーニングのなかで最も多くの割合を占める基本的な手段です。目的に応じてペースや距離を変え、ウォーミングアップやクーリングダウンだけでなく主練習でも用いられます。特に注意したいのは、正しいフォームを意識して走ることです。ウォーミングアップやクーリングダウンのようにリラックスした状態で走っているときや、走練習のつなぎとして用いるときにはついつい意識が薄れがちです。トレーニングのなかで占める割合が高いだけに、気づかぬうちにランニングフォームの崩れにつながる恐れがあります。

2)ペース走

決めておいた距離を、一定のペースで走り抜くトレーニングです。持久力を高めることができるほか、長距離選手に重要なペース感覚を養うのにも効果があります。鍛錬期においては、ペース設定を遅くして、無理のないスピードで長い距離を走りますが、試合期においては、距離を短くして、設定タイムを目標タイムと同等に設定していくことが基本です。特に駅伝シーズンになると、ペース走は非常に効果的な練習となります。選手が走りたい目標タイムを設定し、その目標タイムを平均的に走るようにタイム設定を行います（例：5000mを15分00秒で走りたい選手がいたら、1km3分00秒ペースでペース走を行う）。

3)ビルドアップ走

一定の距離を、スタートから徐々にペースを上げて走るトレーニングです。後半に向けてペースが速まっていくため、ペース走よりも負荷の高いトレーニングとなります。周回ごとや1kmごとにペースを上げていく方法が一般的で、ペース走同様にペース感覚を養うことができるほか、終盤で一気にペースを引き上げたり全力に近いペースに高めたりすることで、実戦に近い状態でラストスパートの練習を行うこともできます。

4)変化走

5000mを走る場合は、400mトラックを12周と200m走ることになります。その距離を400mあたり68秒で走り、100mでつないで、また400mを走る変化走を、400m＋100mのセットで10回行うと、5000mになります。必ずつなぎの100mのタイムも測定し、トータルの記録も計測します。これらの記録が、選手の力を判断する指標にもなります。

5)インターバル

一定距離のランニングを、ジョギングによる休息をはさみながら繰り返すトレーニングです。休息をはさむことによって、レース時よりも高いスピードで走ることができるため、スピードや持久力を養うのに効果的ですが、そのぶん運動強度の高いトレーニングといえます。目標タイムのペースより少し速いタイムを設定し、設定タイムで走ったときの感覚や動きを確認することが重要です。例えば、5000mで15分00秒を目標タイムにする場合は、1000mを2分55秒～2分57秒くらいの設定にして5本実施するようにすると効果的です。また、つなぎの時間を計測しておくことと、つなぎの距離等を工夫することで、インターバルトレーニングの効果は、違ったものになります。

6)レペティション

レペティショントレーニングは、より実戦に近い形の練習です。練習時点での最大強度で行うことが前提になりますが、この練習で最も気をつけなければいけないことは、この練習ができる状態にあるかということです。強度の高い練習なので、自己の最

国際千葉駅伝

高パフォーマンスが試される練習でもあります。自己記録に近い記録で、3000mを2本行ったり、3000m＋2000m＋1000mという練習を行う場合には、当然自己記録くらいの設定タイムで行うことが必要です。また、完全休息時での休み方なども工夫して行うように配慮してください。疲労感を感じながら、2本目・3本目を行うことになりますので、精神的なコントロールも非常に重要です。試合に向けたセルフコントロール能力も養いましょう。

7) クロスカントリー

野外のコースを走るトレーニングです。一般的には起伏のある芝地や森のなかなどの不整地など、自然の地形を利用して行います。上りや下り、急カーブ、障害物を跳び越えるなどの要素が加わるため平坦なトラックを走る以上に脚筋力や心肺機能を高めることができます。持久力だけでなく体力をバランスよく高めていく必要のあるジュニア世代には非常に効果的な手段です。

❸ 長距離トレーニング実施に際して

ここでは、トレーニングを実施するにあたって留意すべき点を、実際の年間サイクルに沿って考えていきましょう。

1) 試合期に入る時期のトレーニング

冬期練習を順調に終えて、試合期に入る時期の練習で注意しなければいけないことは、故障に気をつけるという点です。特に持久的な練習からスピードが加わってくるこの時期の急激なスピードアップは、無理をすると確実に故障につながってしまいます。

この時期の練習は、本格的な試合を数カ月後に控え、徐々にスピードを高めていく期間です。余裕をもったタイム設定で練習を行いましょう。高校生で、インターハイの都府県大会や地区大会を最終目標にする場合は、この時期の目標設定をしっかり行うことが必要です。ねらうべき大会にピークをもっていくことができるように、計画的にスピード練習を入

表1●試合期の練習計画例

	男　子	女　子
月	クロスカントリー	40～60分ジョグ
火	インターバル1000m×5（3分00秒）	40～60分ジョグ
水	40～60分ジョグ	ペース走8000m（ラスト2000mビルドアップ）
木	タイムトライアル4000m＋1000m　R＝20分	インターバル1000m×3　3分10秒　R＝200m
金	40～60分ジョグ	40～60分ジョグ
土	40～60分ジョグ	40～60分ジョグ
日	フリー	インターバル400m×5＋1000m＋400m×5
月	40～60分ジョグ	変化走8000m（1000mずつ変化）
火	ペース走8000m＋300m×5	40～60分ジョグ
水	インターバル1000m×3（2分55秒）＋400m×5	40～60分ジョグ
木	40～60分ジョグ	変化走4000m×2＋200m×3
金	40～60分ジョグ	クロスカントリー
土	40分ジョグ、1000m×1（刺激）	40～60分ジョグ
日	試　合	試　合

れていかなければなりません。また、その過程で試合にも積極的に出場しましょう。試合のなかでの自分の状況をよく研究することで、自分の特徴や課題をより正確に把握することができます。

2）試合期のトレーニング
①試合期のトレーニング

　試合期は、来る最終目標の試合に向けて、段階的に練習の質を上げていくことに注意を払います。さらに練習の成果を確認するために、試合や記録会に出場し、その後の練習にフィードバックしていくことを行います。この時期に練習の質を急激に上げてしまうと、故障を誘引することになります。

　試合期のトレーニングに際して、男女差は考慮する必要があるでしょうか？　表1に示したように、男子と女子では多少の違いはありますが、練習のコンセプト自体は同じです。ただし、ジュニア段階の女子の場合は、筋力をともなわないことが多いため、より緻密な練習計画が求められるといってよいでしょう。練習の質のレベルアップには細心の注意を払いたいものです。また、この時期の練習がスピード練習に傾倒しすぎると、目標の大会よりも早い段階で仕上がってしまうことが懸念されます。適度に持久力を必要とする練習を取り入れることに注意してください。

②試合直前のトレーニング（調整）

　試合直前については、改めて強い練習をする必要はありません。最終の調整期に入る前に必要な強度の高い練習を行ってきていることから、ここでは疲労感が残らないような練習にすることが重要です。疲労度がなくなるにつれて、身体的なコンディショニングは、加速的に上昇していくことが理解できるでしょう。この段階にくるまでに順調に練習計画を消化していれば、最後の段階で強い練習を行うことは逆効果になります。心肺機能を落とさない程度に、動きづくりに注意して、ポイント練習を消化していけば試合に向けての準備は整っていきます。

　この最終調整時期に最も必要なことは、心と身体のバランスを整えることです。身体の状態がよい状態に仕上がっていても、心のバランスが整っていなければ、試合での結果につながってきません。この時期の調整で一番重要なポイントは、心と身体のピークをねらった試合に合わせることです。極論するなら、心のピークと身体のピークが合った頂点の日に、試合がある状況にすることが、最高の結果をもたらします。

　表2はインターハイの都府県大会が日曜日に行わ

れる週の、表3はインターハイの地区大会2週間前からの練習計画例です。

3) 夏から秋にかけてのトレーニング

インターハイ路線が終わってから秋シーズンに向かう時期は、長距離選手にとって力をつける重要な期間といえます。避暑地でのトレーニングを行うこともできる夏の長期休業中の過ごし方によって、秋以降の成績はぐんと変わってくるはずです。表4は、夏季の強化合宿の練習例ですが、合宿中は以下のような項目に留意するとよいでしょう。

①基本的生活習慣の確立

合宿を行うことによって、起床や就寝時間、食事の時間、睡眠時間等、基本となる生活習慣を確立することができます。

②駅伝シーズンに向けての走り込み

避暑地で合宿を行うことで、徹底した走り込みを行うことができます。駅伝シーズンに向けて基盤となる足をつくるのに最適です。

③チーム力の強化

合宿で、仲間と生活をともにすることによって、チーム内の結束をより高めることができます。

④他校との交流を深めてライバル意識を持つ

合宿は、いくつかのチームを合同で行うようにするとよいでしょう。他校との交流を深めるだけでなく、ライバル意識を高めることによって、トレーニングに対するモチベーションも高めることができます。

4) 駅伝、ロードシーズンのトレーニング

駅伝のレースを迎える時期は、夏の鍛錬期を乗り越え、一回りも二回りも選手の成長が顕著になっている状況です。春先にできなかった練習も難なくこなせる状況になっていますが、そこに大きな落とし穴も隠れています。成長を感じて100%の練習強度を要求すると、故障等の発症につながります。練習は80%くらいの強度で行い、余裕を持った練習計画を立てることが、駅伝の成功につながるはずです。実戦に近い形でペース走を行い、自分が走るスピードを、身体に覚えさせる作業を繰り返し行いましょ

表2●インターハイ都府県大会開催週の練習計画
（日曜日に5000mに出場する男子の例）

月	レスト
火	3000m＋1000m＋400m（9分15秒—2分50秒—62秒）
水	40〜60分ジョグ、補強
木	40〜60分ジョグ
金	1000m×1（2分45秒）
土	30〜40分ジョグ
日	レース

表3●インターハイ地区大会開催2週間前の練習計画
（1500mと5000mに出場する男子の例）

月	60分ジョグ
火	1000m×5（3分00秒　R＝200m）
水	60分ジョグ
木	30〜40分ジョグ
金	3000m＋2000m＋1000m（8分45秒—6分00秒—2分50秒）
土	60分ジョグ
日	レスト
月	インターバル400m×7（65〜67秒）
火	30〜40分ジョグ
水	30〜40分ジョグ
木	1500m　予選・決勝
金	5000m　決勝

表4●夏季強化合宿トレーニング例（男子／4泊5日）

	早朝練習	午後練習
1日目		60〜90分クロカン
2日目	12000mクロカン	60〜90分クロカン
3日目	12000mクロカン	60〜90分クロカン
4日目	12000mクロカン	野外走18km
5日目	12000mクロカン	

う。

リズムで走る感覚を身につけることが、駅伝での鉄則でもあります。身体でスピードとリズムを体得したら、ブレーキといった駅伝におけるアクシデントを防ぐ最大の武器になることは間違いありません。そういうことからペース走の練習は、非常に効果があると思います。また、ペース走はレースで選手として使えるかどうかを見極める練習にもなります。長い距離（8km、10km）を一定ペースで、また1

人で走れる練習も重要ですので、練習のなかで工夫し、1人でペースをつくり、走り切ることができるような練習をするようにしましょう。

参考例として、表5に都府県高校駅伝大会直前の練習計画例を、表6に全国高校駅伝10日前の練習計画例を、それぞれにあげておきます。

5) 駅伝シーズン終了後のトレーニング

長距離にとって、最大目標となる駅伝大会が終了した1〜2月の時期は、一息つける時期ともいえますが、ロードレースやクロスカントリーの競技会があるため、試合過多になりがちです。試合を厳選するように心がけたいものです。また、しっかりとトレーニングを積みたい時期でもありますから、日々のトレーニングでは質より量を重視して走り込みに重点を置き、スタミナをじっくり養成することが大切です。

表7に示したように、この時期はタイムトライアルやレペティション的な練習よりは、ペース走やインターバルを取り入れ、それらも質を落として行うことが相対的にはよい練習が積めるでしょう。また、練習量が多くなるために、オーバートレーニングから故障を引き起こす恐れが考えられます。練習後にアイシングを行う、チームメイトとマッサージを行うなどして、疲労回復ができるだけ速やかに行われるように十分に注意しましょう。また、この時期にクロスカントリーを取り入れることは非常に効果があると思います。適した練習場所があるかどうかなどの条件にも左右されるとは思いますが、できれば積極的に取り入れていきたいものです。

4 トレーニング計画立案に際しての留意点

1) 計画を立てる前に

実際のトレーニング計画を立てるとき、最初に行うべきは、目標設定をすることです。以下の手順で考えるようにすると設定がしやすいでしょう。
① 最終的な目標を立てる
② 最終目標に向けての途中経過での目標を設定する
③ ②を達成するために必要な項目を1つ1つあげ、

表5●都府県高校駅伝大会直前の練習計画例

	男子	女子
月	ペース走 8000m（3分10秒）	ペース走 6000m（3分25秒）
火	60〜90分ジョグ	60〜90分ジョグ
水	30〜40分ジョグ	30〜40分ジョグ
木	ペース走 6000m（3分05秒）	ペース走 4000m（3分20秒）
金	30〜40分ジョグ	30〜40分ジョグ
土	30〜40分ジョグ	30〜40分ジョグ
日	都府県高校駅伝当日	都府県高校駅伝当日

表6●全国高校駅伝10日前からの練習計画例

	男子	女子
木	40〜60分ジョグ	30〜40分ジョグ
金	ペース走 8000m（3分05秒）	ペース走 6000m（3分20秒）
土	40〜60分ジョグ	40〜60分ジョグ
日	40〜60分ジョグ	40〜60分ジョグ
月	ペース走 6000m（3分00秒）	ペース走 4000m（3分15秒）
火	30〜40分ジョグ	30〜40分ジョグ
水	30〜40分ジョグ	30〜40分ジョグ
木	3000m×1 （8分50秒〜9分00秒）	2000m×1 （6分20〜25秒）
金	30〜40分ジョグ	30〜40分ジョグ
土	30〜40分ジョグ、ウインドスプリント150m×3	30〜40分ジョグ、ウインドスプリント150m×3
日	全国高校駅伝	全国高校駅伝

表7●駅伝シーズン終了後（1〜2月）の練習計画例（男子）

月	60〜70分ジョグ
火	インターバル400m×15本（72秒）
水	ペース走12000mまたは12km（3分40秒）
木	40〜60分ジョグ
金	60〜70分ジョグ
土	3000m×2本 R＝10分
日	レスト

それをクリアするために行うべき毎日のトレーニングを設定していく

2) トレーニング計画立案にあたっての注意点

① 選手の状況は日々変化します。選手のコンディションの波を試合にピークを合わせるときに、いつもベストパフォーマンスで練習が行われるような

計画では、試合でのベストパフォーマンスにはつながっていきません

②コンディションを把握する際には、練習日誌等を参考に、コンディションを相対的に把握できるようにしましょう

③トレーニングには、効果がすぐにあらわれるものと、遅れて効果があらわれるものがあります。現時点が試合から逆算してどのくらいの期間があるかによって、実施すべきトレーニング計画も違ってきます。鍛錬する時期、実戦向きの練習を行う時期、シーズンに入ってからの時期、試合への調整の時期等で区別すると、より効果的なトレーニング計画を立てることができます

3）試合で成果をあげるために

試合での成功は、トレーニングへの適応と疲労の回復状態によって決まるといってよいでしょう。試合での成功で重要となるのは、トレーニングで与えた身体への刺激が、うまく適応しているかどうかということです。要するに適切な負荷がトレーニングで行われれば、必ず効果が得られます。

4）試合までの調整

ある程度のトレーニングを消化できているときには、試合の成果は最後の調整で決まります。逆にいえば、どれだけよいトレーニングができたとしても、最後の調整の段階で、適切な身体への刺激がなされ、疲労を回復させて試合へ向かうときにフレッシュな身体の状態で試合当日を迎えることができていなければ、試合での成功の確率は下がることになります。

さらに、身体がよい状態であっても、精神的な面が試合に集中できる状況でなければ、これもまた試合での成功にはつながりません。試合の当日に身体と心がピークを迎えていることが、ベストパフォーマンスを発揮するための条件といえるでしょう。

（松元利弘）

東京国際女子マラソン

3 ── 競　歩

競歩種目はロード上に設けられた1周1kmから2.5kmの周回コースかトラックで行われ、ロード種目としては、オリンピックや世界選手権などの国際大会のほか国内外のさまざまな競技会で行われる20km競歩と男子のみ行われる50km競歩、主にジュニア・ユース種目として国内外で行われる10km競歩のほか、5km競歩、3km競歩があります。また、トラック種目としては、国際大会では世界ジュニア選手権で、国内では国体、全日本実業団、インカレ等で行われている10000m競歩のほか、5000m競歩、3000m競歩があり、世界ユース選手権では男子が10000m競歩、女子が5000m競歩で行われ、インターハイでは男女とも5000m競歩が行われています。

近年、日本代表として数多くの選手がオリンピックや世界選手権、世界ジュニア選手権等に出場し、好成績を上げています。その多くの選手はインターハイ、国体で活躍した選手たちです。

１ 競歩の定義

競歩には以下の２つのルールがあります。
①いずれかの足が常に地面から離れない（ロス・オブ・コンタクトにならない）ようにして歩くこと（写真１⑦⑧）。
②脚は、接地時の瞬間から垂直の位置になるまで、まっすぐに伸びていなければならない（ベント・ニーにならない、写真１①②・⑧⑨）。

図1●ロス・オブ・コンタクト　　図2●ベント・ニー

競歩種目とは、以上の２つのルールを守って競う種目です。「競歩」になっているかどうかはロードの周回コースやトラックに配置された５名から８名の競歩審判員が競技中の歩型を判定します。すなわち、競歩種目とは規定のルールを守りながら歩く速さを競う種目なのです。ロス・オブ・コンタクト（図1）あるいはベント・ニー（図2）の歩型違反があると、競歩審判員から赤カードを受けることがあり、3名以上の競歩審判員から赤カードを受けたときは失格になります。

写真1●競歩の理想的なフォーム

❷競歩の技術ポイント

競歩の理想的な一連の動作をしている選手の例を写真1に示しました。この選手の素晴らしいところは、接地時につま先が上がり、かかとからしっかりと地面に着地した瞬間に膝が非常によく伸び、また、後方への「プッシュ」を膝が伸びた状態で行っているところです。この選手の歩型は、ロス・オブ・コンタクトとベント・ニーを微塵も感じさせない理想的な歩型です。以下に身体の各部分に分けて競歩の技術を解説します。

1）下肢の動作

一連の動作は下肢の動作によって単脚支持期と二重支持期に分けられます。単脚支持期では、身体後方に押す（プッシュ）場面（写真1⑥）と前脚の膝を伸ばした状態で接地し、前方で支持する場面（写真1⑧）で身体を支えます。この動作の主な特徴は、前進しながら足底の外側を地面の上で転がしていき、支持脚の力強いプッシュオフを行うことです。力強く、正確なプッシュオフ姿勢をとることで、より高いスピードとストライド長を獲得することができ、推進力を生むための最大加速と前方移動のための力の生成が行われます。二重支持期では、プッシュオフの最終局面と前脚の接地をつなぎ（写真1⑦）、ロス・オブ・コンタクトの歩型ルールに適合させる局面です。この二重支持期を瞬間的に得られないとロス・オブ・コンタクトの歩型違反になることがあります。そして、かかとからつま先にかけて進行方向にまっすぐに着地すると、効率よく歩幅を確保することができます（図3、図4）。

2）腰の動作

競歩の動作では、腰（骨盤）は上下（図5、図6）と前後（図7）に動き、肩はその反対方向に上下前後に動いています。骨盤と肩の上下の反する動きにより、接地衝撃を和らげる作用があります。さらに骨盤と肩の両方が傾くことで、重心位置が支持足の真上に保持できるなど、バランスのよい動きを導き出します。また、骨盤の上下前後の動きによって、歩幅（ストライド）を伸ばすことができます（図8）。

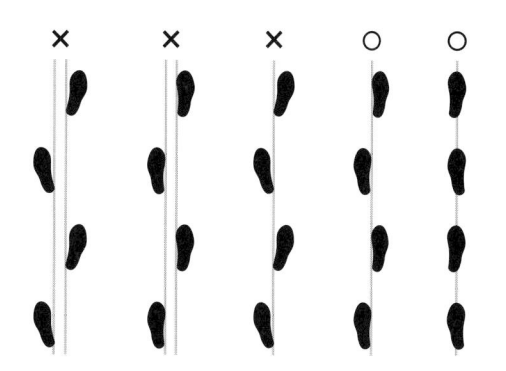

図3●進行方向にまっすぐに着地する

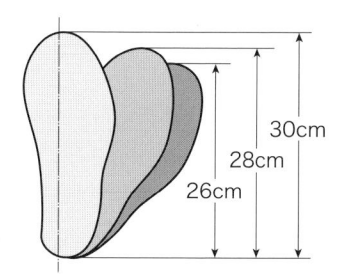

30cm
28cm
26cm

図4●1歩の歩幅を確保する

肩の傾きは胴体の変形と胴体全体の筋で吸収

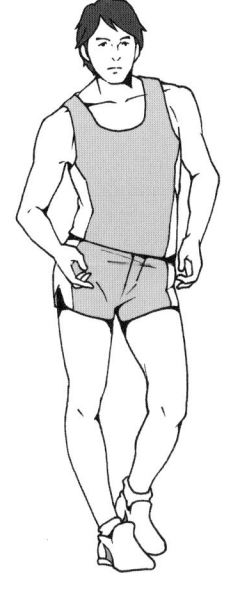

図5●骨盤の上下の動き①　図6●骨盤の上下の動き②

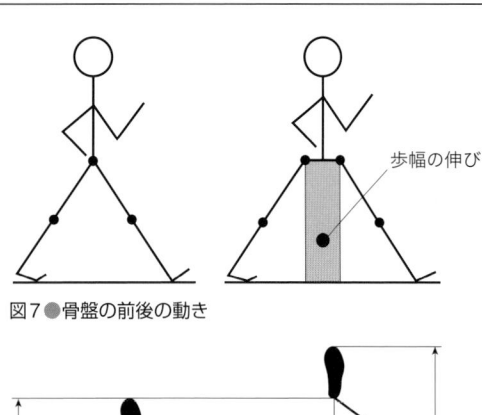

図7●骨盤の前後の動き

図8●骨盤の動きによる歩幅の伸び

図9●スピードのアップのために重要な腕と肩の動き

図10●腕は脇を締めるようにして振る

図11●ドリル① 骨盤

図12●ドリル② 腕・肩

図13●ドリル③ 腕・肩・骨盤

図14●ドリル④ 体幹

技術が高くなると、写真1のように骨盤が動いている間は身体の重心位置は同じ高さに保たれます。このとき、肩の上下動が大きいとピッチが低下するので、意識としては「脱力する」程度でよいでしょう。

3) 腕と肩の動作

腕と肩の動き（力強さと速さ）はスピードをアップするために重要です。引いた「肘」を強く速く前に振り出すと「肩」を前に引っ張る力も生まれ、推進力を生み出す下肢の動きを助けスピードアップにつながります（図9）。いいかえれば歩行スピードが速くなればなるほど肘を振り出すスピードと肩を前に出すスピード、腕を後ろから速く振り出すスピードが高くなるということです。「脇を締める」ように振ると（図10）、胴体の回転を誘発するので反対脚を「低く」「速く」振り出しやすくなります。このとき腹背筋が弱いと肩が腕に「振り回され」、動きのバランスが悪くなり、エネルギーの消耗にもつながってしまいます。

❸ 競歩の技術トレーニング（ドリル）

理想的な競歩の動きを身につけるための技術トレーニングドリルを紹介しましょう。
①腕を胸の前で組み固定しながら歩く。腰だけを使

図15●ドリル⑤ 全身の柔軟性・バランス・体幹　　図16●ドリル⑥ 全身の柔軟性・バランス・ベント・ニー矯正 　　図17●坂下り歩 　　図18●坂上がり歩

って歩く（骨盤の柔軟性を高めるドリル：図11）。
②手を脇まで引き寄せた後、脇を締めながら前方にまっすぐ伸ばす動作を片方ずつ交互に行いながら歩く（腕、肩の柔軟性を高めるトレーニング：図12）。
③腕を交互に回しながら歩く（腕、肩、骨盤の柔軟性と可動域の増大：図13）。
④地面と平行になるように両腕と肩を一直線にして歩く（骨盤の柔軟性を高め、体幹を補強する：図14）。
⑤両手を広げ、身体を弓なりにしながら歩く（全身の柔軟性、身体バランスと体幹の強化：図15）。
⑥8の字に歩行する。直径が10〜15mくらいの円を2つ描き、数字の8の字の上を歩く（常に円の内側に向いている足の膝周辺に重心がかかるので、膝を伸ばすエクササイズとなる。腕、肩、骨盤、膝の柔軟性も高めることができる：図16）。
⑦坂下り歩（スピーディーな動きのなかでロス・オブ・コンタクトの矯正：図17）。
⑧坂上がり歩（ハムストリングの筋力強化、ベント・ニーの矯正：図18）。

4 競歩のトレーニング計画

　ここではインターハイ種目である男女5000m競歩の練習計画を紹介しましょう。まず、年間計画として1年を3期（準備期、鍛錬期、試合期）に分けます。

図19●ボールドリブルウォーク 　　図20●両手を広げボールを水平に保つ

図21●ボールパスウォーク

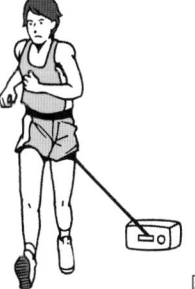

図22●負荷をかける

1) 準備期

　国体や新人大会も終わり、11〜2月は次年度に向けての準備期間です。この期間の主なトレーニン

グポイントと具体例は、次の通りとなります。
①歩型の修正：4〜10月に出場した大会でのビデオがあれば、しっかりと自分の歩型を見て研究しましょう。もし、歩型に問題があれば、技術ドリル等を多く実施して矯正する必要があります。
②コントロールテストと筋力の養成：立ち幅跳び、立ち5段跳び、メディシンボール投げ、12分間走、各種筋力測定などのコントロールテストを実施して、客観的に筋力、持久力のどの部分に課題があるかを調べます。競歩は筋力、持久力の向上により競技力がアップするので不足しているところはこの期間に向上させなければなりません。また、

表1●準備期

月	内　　容		負荷強度	ペース設定の目安
月		30分ジョグ(以下、Jog)+サーキット各種	サーキット	弱	
火	ウォーミングアップ(技術ドリル)	8km ST*1〜12km ST + 100mウォーク(以下、W)×3〜5	ST	中	1km：6〜7分
水	ウォーミングアップ(技術ドリル)	2000m×3〜6または3000m×2〜4	レペティション歩	強	自己ベスト5000m22分30秒なら1000m：4分40秒前後のペース、25分00秒なら1000m：5分10秒前後のペース
木	ウォーミングアップ(技術ドリル)	8km ST〜12km ST + 100m×3〜5＋サーキット	ST	中	
金	ウォーミングアップ(技術ドリル)	8km Jog〜12km Jog + 100m×3〜5	クロスカントリー走	中	
土	ウォーミングアップ(技術ドリル)	12km PW*2〜20km PW、12km PR*3〜20km PR、または各種ロード大会参加	距離歩 距離走	強	自己ベスト5000m22分30秒なら1000m：5分20秒前後のペース、25分00秒なら1000m：5分30秒前後のペース
日		フリー		弱	

表2●鍛練期

月	内　　容		負荷強度	ペース設定の目安
月	ウォーミングアップ(技術ドリル)	8km ST〜12km ST + 200×3	ST	中	
火	ウォーミングアップは技術ドリル	8000m PW〜12000m PW	PW	中	
水	ウォーミングアップは技術ドリル	400m×10〜20または600m×5〜15または1000m×3〜10	インターバル歩	強	自己ベスト5000m22分30秒なら400m：1分46秒前後のペース、25分00秒なら400m：1分52秒前後のペース
木	ウォーミングアップは技術ドリル	8km ST〜12km ST + 200m W×3	ST	中	
金	ウォーミングアップは技術ドリル	8000m PW〜12000m PW + 100×3〜5	PW	中	
土	ウォーミングアップは技術ドリル	2000m×3〜6または3000m×2〜4	レペティション歩	強	自己ベスト5000m22分30秒なら1000m：4分40秒前後のペース、25分00秒なら1000m：5分10秒前後のペース
日	ウォーミングアップは技術ドリル	12km PW〜20km PW	距離歩	強	自己ベスト5000m22分30秒なら1000m：5分20秒前後のペース、25分00秒なら1000m：5分30秒前後のペース

■トレーニング専門用語の説明
＊1　ストロール（Stroll、表中のST）：ぶらぶら歩き、散歩の意味で、ジョギングに相当するもの
＊2　ペース歩（Pace Walk、表中のPW）：一定のペースを設定し、ストロールより速く歩く
＊3　ペース走（Pace Run、表中のPR）：一定のペースを設定して走る
＊4　インターバル歩：中・長距離で行われているインターバルトレーニングを競歩で行う
＊5　レペティション歩：中・長距離で行われているレペティショントレーニングを競歩で行う

バスケットボールやウエイトボール（1～2kg）を持って技術ドリルを行う、あるいは重量物を引いて歩くなどすると体幹の強化にもつながります（図19～22）。

③持久力養成と各種ロード大会（競歩や走でのロードレース）への参加：各種サーキットトレーニングやロードやクロスカントリー場、芝生などで、長い距離を歩いたり走ったりして持久力を養成するとともに、冬季に開催される競歩レースやロードレースにも積極的に参加しましょう。表1に準備期のトレーニング例を示しました。

2）鍛錬期

いよいよシーズンに向かって本格的な競歩練習に入ります。地区大会を目標とする第1期（3～5月中旬）、インターハイを目標とする第2期（6月下旬～7月中旬）、新人大会や国体を目標とする第3期（夏季各種合宿等）に分けます。この期間のトレーニングのポイントは、①効率のよい正しい歩型の修得、②脚筋力の強化、③スピード持久力の養成です。トラックやロードでのインターバルトレーニング、レペティションレーニング、ペース歩を行いながら、スピード持久力と脚筋力をつけ、同時に並行してスピードに応じた正しい歩型の確立を目指します。表2は鍛錬期のトレーニング例です。

3）試合期

5月下旬～6月中旬（県大会、地区大会）、8月（インターハイ）、9～10月（新人大会、国体）などの試合期では、①レースペースでの正しい歩型の修正、②質を高めるスピード練習、③コンディショニング、がポイントとなります。試合期のトレーニング内容については、平成13年度に活躍した西出乃梨子選手（石川鶴来高校：表3）と平成16年に活躍した小坂拓磨選手（鶴来高校：表4）のトレーニング実施内容を紹介しますので、参考にしてください。

特に試合期の調整練習のポイントとなるのは、競技会1週間前のトレーニングと2～3日前のトレーニング、前日のトレーニングです。競技会1週間前は、調子を把握するためにタイムトライアルかレペティショントレーニングを行うとよいでしょう。競技会3日前は、競技種目より短い距離をレースペースに近いスピードで400m、1000m、2000m、3000mのいずれかの距離を選択し、400mならば5～10本、1000mなら3本、2000mか3000mなら1本をめやすに行います。競技会前日は最終刺激として100m、200m、400mを1～3本または1000mあるいは2000mを1本という方法がよく行われます。自分が競技会でベストな状態で最高のパフォーマンスを発揮できる内容を選択しましょう。

また、大会10日前あたりからは疲労を残さないことが重要です。質を上げすぎないように心がけます。

日本選手権50km競歩輪島大会

5 競技会に臨む

1) 競技会前日

試合前日からは、自分の行動を予定表などに記入して規則正しい行動をすることをお勧めします。表5に示すような行動予定表をつくり、自分の行動予定を記入しておくと気持ちが落ちつきます。

2) 競技会当日

競技会当日のウォーミングアップは、試合がある時期によって変える必要があります。表6にウォーミングアップ例を示したので参考にしてください。ポイントは動きづくりドリルをしっかりと行い、股関節や骨盤周辺の柔軟性を高めることです。ウォー

表3●試合期のトレーニング例（女子5000mW：西出乃梨子）

■平成13年5月：全日本ジュニア競歩前

日	曜	トレーニング内容	
25	金	4000m ST＋2000m（3分R[*1]）×3＋400m×6	9'35-9'32-9'30-1'48
26	土	14000m ST	1.23'30
27	日	8000m PW	1000m：5'30
28	月	8000m PW	1000m：5'12
29	火	5000m PT	24'28
30	水	30分Jog＋30分ST	
1	木	4000m Bup[*2]＋2000m×1	9'30
2	金	30分Jog＋30分ST	
3	土	6000m ST＋1000m×1＋400m	4'45-1'46
4	日	日本ジュニア選手権5000mW	23'38"80　自己新

＊1　R：リカバリー（Recovery）
＊2　Bup：ビルドアップ（Build-up）

■平成13年7月：世界ユース選手権前

日	曜	トレーニング内容	
1	火	14000m PW	1°18'27
2	水	6000m PW＋1000m×1	6000m：33'00　1000：4'40
3	木	5000m PT	24'10
4	金	40分Jog	
5	土	10000m PW	57'27
6	日	2000m（3分R）×3	9'55-9'30-9'35
7	月	8000m PW＋400m×2	8000m：47'34　400m：1'50
8	火	2000m Jog＋4000m ST＋100m×3	
9	水	6000m ST＋1000m×1	6000m：33'54　1000m：4'34
10	木	世界ユース5000mW決勝	23'50"69　2位

■平成13年10月：国民体育大会前

日	曜	トレーニング内容	
18	土	12000m PW	1°03'18
19	日	50分Jog	
20	月	5000m PT	23'41
21	火	40分Jog	
22	水	10000m ST	59'30
23	木	2000m（3分R）×3	9'31-9'30-9'30
24	金	40分Jog	
25	土	30分Jog＋4000m ST	4000m：23'40
26	日	4000m ST＋1000m×1	4000m：23'20　1000m：4'35
27	月	国体5000mW決勝	23'03"33　2位

表4●試合期のトレーニング例（男子5000mW：小坂拓磨）

■平成16年5月：石川県高校総体前

日	曜	トレーニング内容	
18	木	10000m PW	55'02
19	金	10000m PW	55'07
20	土	2000m（3分R）×3＋400m（30秒R）×3	9'10-9'03-8'57　1'42-1'40-1'38
21	日	10000m ST	59'39
22	月	50分ST	
23	火	8000m PW＋100m×3	1km：5'30ペース
24	水	6000m ST＋2000m×1	1km：6'00ペース　8'54
25	木	6000m ST	36'12
26	金	4000m PW＋1000m×1	23'38　　4'25
27	土	石川県高校総体5000mW	22'36"88　優勝　自己新

■平成16年7月：大阪インターハイ前

日	曜	トレーニング内容	
24	月	60分ST	
25	火	8000m PW	43'30
26	水	（2000m＋400m）×2＋2000m	9'17-1'45-9'07-1'40-8'50
27	木	6000m ST	
28	金	10000m PW	56'58
29	土	8000m PW	43'36
30	日	2000m＋1000m	8'52(4'30-4'22)-4'19
31	月	6000m ST	
1	火	6000m ST＋400m×2	1'42-1'40
2	水	40分ST	
3	木	インターハイ5000mW予選	23'08"51
4	金	インターハイ5000mW決勝	22'16"75　優勝

■平成16年10月：北信越高校新人前

日	曜	トレーニング内容	
13	金	10km ST	
14	土	8000m Bup＋1000m×1	46'04-4'17
15	日	400m（200m）×5＋200m（100m）×9＋300m	1'45-52"-1'20　5000m通過23'03
16	月	6km ST	34'48
17	火	10000m PW	54'49
18	水	2000m×1＋400m×2	8'37-1'43-1'38
19	木	6000m ST	35'00
20	金	6000m ST	36'09
21	土	6000m ST＋1000m×1	4'16
22	日	北信越高校新人大会5000mW	21'38"53　優勝　自己新

ミングアップ最後のレースペース歩では指導者に歩型をチェックしてもらうようにします。また、夏場のウォーミングアップは直射日光が当たらない場所で行うことがベストです。水分をしっかりと摂りながら行うようにしましょう。

3) スタート直前

特に気温の高い時期は、招集場所には携帯用のクーラーボックスに氷や冷たい水を入れて持参し、スタート直前まで首や後頭部を冷やすようにします。スタート前はキャップに冷たい水をかけ、濡らしておいてもよいでしょう。

4) レース戦術

記録集やエントリーリスト、過去の対戦等で出場選手の情報を知り、さらに当日の気象条件も考慮して、自分のレース目標（記録か勝負かなど）を立てます。レース中は作戦通りの展開で進行していても、最低でも5名の競歩審判員と主任競歩審判員1名から厳しい目でジャッジを受けることになります。注意や赤カードを受けてもすぐに対応できる冷静な判断力が必要です。トラックレースでは、もし注意を受けたら次の周までにできる限り歩型を修正してください。特にラスト100mからは3名の競歩審判員がジャッジするので、優勝争いや入賞争いで歩型を乱してしまわないように気をつけてください。日本陸連主催の競技会では競歩審判員主任1人の判定で失格になることがあるので特に注意しなければなりません。

5) レース後

レースが終わったら必ず振り返りをしてください。もしレースを撮影してもらっていたら歩型の確認をしましょう。また、報告書を指導者に提出することは今後に大変役立つのでぜひ習慣づけたいものです。①今大会に臨むにあたっての目標、②大会成績と反省、③大会を振り返っての課題と今後の方策・目標などを記載するようにするとよいでしょう。

◆

競歩を志す者にとって一番大切なのは、ルールに沿った歩型・技術を確立することです。高度な歩型

表5●行動予定表記入例（小坂拓磨選手の例）

（ 大阪インターハイ ）大会　　行動予定表　　　氏名　小坂拓磨

時間	予選（ 8月3日 ）	決勝（ 8月4日 ）
5:00	5:00　起床 5:30～6:00　散歩	5:00　起床 5:30～6:00　散歩
6:00	6:00　朝食	6:00　朝食
7:00	部屋でリラックス	部屋でリラックス
8:00	部屋でリラックス	部屋でリラックス
9:00	9:00～9:30　散歩	9:00～9:30　散歩
10:00	部屋でリラックス	部屋でリラックス
11:00	11:30　昼食　おこわ弁当	11:30　昼食　おこわ弁当
12:00	12:00　宿舎出発 12:40　競技場到着	12:10　宿舎出発 12:50　競技場到着
13:00	13:20　アップ開始	13:30　アップ開始　内容 （25分ST WS×3 ポイントは給水を摂りながらアップする）
14:00	14:00　アップ終了 14:20　招集場 14:50　5000mW予選1組スタート	14:10　アップ終了 14:20　招集場 14:50　5000W決勝スタート
15:00		
16:00	16:00　ダウン	
17:00	17:00　女子3000W　応援	17:00　親と石川へ帰る
18:00	18:00　競技場出発 18:40　宿舎到着	
19:00	19:00　夕食	
20:00	20:00～20:30　ミーティング	
21:00	部屋でリラックス	
22:00	22:00　就寝	
23:00		

表6●ウォーミングアップ例

(1)ストレッチ：10分
(2)動きづくり（技術動作）：15～20分、またはウォーキング動きづくり2000～3000m
(3)ストロール：2000～4000m、またはビルドアップウォーク：2000～4000m
(4)100～120m×3～5：レースペース歩

技術を確立するためには時間がかかります。高度な歩型・技術と持久性種目としての原理原則を踏まえたトレーニングを実践し、段階を踏んで競技力の向上に努め、1人でも多くの競技者が長い選手生活を送っていただけたらと願います。

（小坂忠広）

第3章

跳　　躍

1 ── 走幅跳・三段跳

❶ 正しい動作が身につけば、記録はもっと伸びる

　近年の走幅跳で8m台が毎年のように跳躍されている背景には、1989年に高校3年生だった森長正樹選手（日本記録保持者、8m25＝1992年）が7m96の驚異的な記録を跳躍したことがきっかけになっていると思います。実際、高校陸上界においても、それまで長い間突破できなかった従来の高校記録（7m69）が森長選手に更新されてからは毎年のようにそれを上回る記録がマークされるようになっています。

　そんな森長選手も高校に入学した当時のベスト記録は6m51で、100mのタイムは11秒9でした。上半身と下半身の筋力がばらばら（筋力の割合は下半身7に対して上半身3。懸垂逆上がりはできなかったが立ち幅跳びは2m70）、助走は最後までスピードが上がらず、動きはダイナミックに見えるものの実は大幅なブレーキ状態（最後の1歩がオーバーストライド）で踏み切っていました。それが高校3年間で全体の筋力のバランスがよくなり、助走が改善されたことで、スピードを落とさずに踏み切れるようになり、好記録につながりました。

　走幅跳・三段跳の基本動作について、頭では理解できているにもかかわらず、実際は間違った動作を行っている選手が多いように思います。

　以前、大阪で行われた地区高校合宿で、各都府県代表の男女30人の走幅跳の選手を指導した際、どの選手も踏み切る最後の1歩は短く・素早く・間延びしてはいけないと理解はしていたものの、実際に3歩の基本動作で正しく動きが行えた選手は、インターハイチャンピオンを含む9人の選手だけだったことがあります。残りの21人は間違った動作を普通に行い、「ダメ」といわれて驚いていたのです。しかし、選手たちは一度正しい動作を理解できると、どんどんよい動きができるようになりました。

　ちょっとした進歩が、必ず次の記録につながるのです。この例からもわかるように、多くの人に記録が伸びるきっかけが眠っています。楽しみだとは思いませんか？　本項では、そのちょっとした進歩につながる走幅跳・三段跳の技術（動き）をアドバイスしていきたいと思います。

❷ 走幅跳・三段跳に共通するポイント

　まず走幅跳・三段跳ともに共通して大切なことをみていきましょう。

1）正しい姿勢がとれているか？

　走幅跳に取り組む場合も、三段跳に取り組む場合も、まず基本となるのが正しい姿勢がとれていることです。

- 背筋はピーンと伸ばす（図1）
- 膝やつま先が正面を向くように（図2）

　助走、そして踏み切りの際には、地面からの反発を逃すことなく受け止め、それを使って、身体を空中に弾ませなければなりません。このときに背筋は図1①のようにピーンとまっすぐであることが大切です。図1②のように背筋が曲がっている、つまり軸が曲がった状態では、地面から得たパワーが逃げ

①正しい姿勢　　②背中が曲がった状態

図1●正しい姿勢を意識する

○膝とつま先はまっすぐ正面を向いている　　×膝やつま先が外側を向いている

図2●膝やつま先の向きに注意

てしまうからです。これは、図3に示した例を見るとよく理解することができるでしょう。折れていない箸をまっすぐに落とすと、箸は図3①のように地面の反発で真上に跳ね返ります。しかし、真ん中で折った箸を落とすと、図3②のように折れたところからパワーが逃げて、地面の反発を利用することができません。箸を背筋や腰に置き換えてみると、なぜ軸が曲がっていると力が逃げてしまうのか、その理由がわかるはずです。

　また、正面から見たとき、膝やつま先が外側を向いた状態になっていないかにも注意しましょう。力が外側に逃げてしまいますし、ケガの原因にもなります。

2）すべて跳躍をイメージして実施する

　ウォーミングアップのジョグや体操、ランニングや補強など、跳躍練習以外のトレーニングも、すべて走幅跳・三段跳に結びつけて練習しましょう。例えば、スプリントトレーニングを行う際には、①助走の姿勢、②助走時の腕振り、③踏み切りの姿勢などをイメージしながら行います。「今、行っている練習は、何のための練習なのか」という意識が夢をつないでいきます。継続は力なりです。

3）競技特性を知る

　ある程度、走幅跳・三段跳を経験して記録が伸びてきたら、種目の競技特性を認識しましょう。例えば走幅跳であったら、①助走のスピードを最後まで

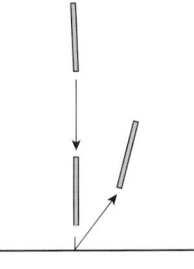

①折れていない箸（背筋）をまっすぐに落とすと、地面の反発で真上に跳ね返る

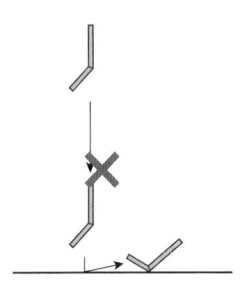

②箸（背筋または腰）が折れていると、そこからパワーが逃げて、地面の反発を使うことができない

図3●パワーの逃げない着地、逃げる着地

落とさない、②最後の1歩は素早く、力強く、③着地はかかとを前に出すなど。また、三段跳の場合は、①走幅跳と同じ助走ではダメ、②踏み切りはランニングのままで前に跳び出る、③ジャンプは逆脚の走幅跳という意識で（"逆脚で跳躍する"でなく、逆脚で走幅跳を行うイメージで行う）などの点です。

4）基本が大切

　もし、今、いい記録が出ていても、基本をおろそかにしてはなりません。今後もっと記録を伸ばすためには、初心に返って基本動作の練習を繰り返すことが大切です。記録は、いつか必ず停滞するときがあります。そんな時期も、基本動作の反復練習こそが、次の飛躍のカギとなります。

5) 身体バランスを考えたトレーニング

中学生や高校生では基礎体力の向上が優先されます。1つの運動に固定せず、いろいろな動作を取り入れながら、基礎体力向上を目指しましょう。例えば、ウォーミングアップでもジョギングだけでなく、スキップや後ろ向きでの動き、サイドステップ、手を回しながらのジョグなど、いろいろな動きを入れるようにします。鉄棒やジャンプ運動なども組み入れ、体力トレーニングのような形で行うと一層プラスになります。

図4●踏み切り前2歩が「大→小」

図5●踏み切り前2歩が「小→大」

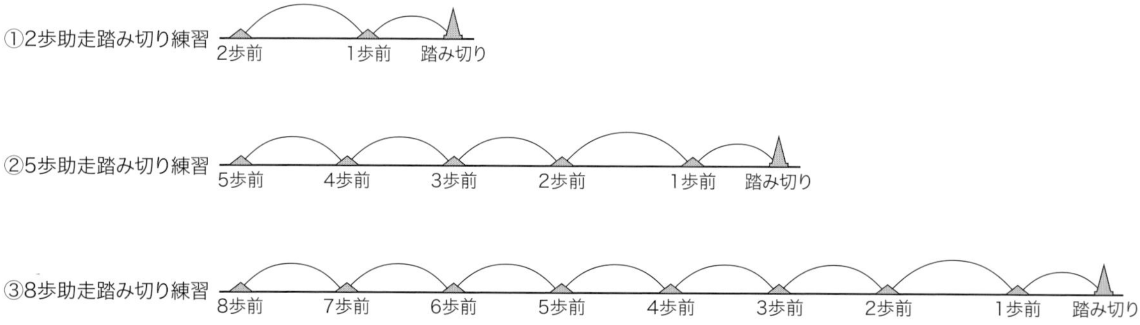

①2歩助走踏み切り練習
②5歩助走踏み切り練習
③8歩助走踏み切り練習

図6●踏み切り練習

❸ 走幅跳の技術とトレーニング

1) 最後の入り技術を高める

走幅跳でパフォーマンスのカギを握るといってもいいのが踏み切りに入る直前の技術です。助走で高めたスピードを落とすことなく踏み切るために、踏み切り直前となる最後の2歩の歩幅は、「大→小」となることを目指します（図4）。図5のように踏み切り2歩前の歩幅が小さく、踏み切り1歩前が大きくなると、踏み切りに入るスピードが落ち、ファウルをしたり腰（重心位置）が後ろに残った跳躍になったりしてしまいます。

練習する際には、踏み切り2歩前と踏み切り1歩前の地点に、それぞれの歩幅が「大→小」となるようにマークを置き、それをめやすに踏み切りへ向かえるように練習するとよいでしょう。「大股・小股・踏み切り」で、階段を駆け上がるようにテンポアップするイメージで行います。

2歩で正しい動きができたら、今度は助走を5歩に増やして、踏み切り前の2歩で同じ動きができるようにします。さらに5歩で正しい動きができたら、8歩に増やして同じように行います。歩数が増えるにつれてスピードが出てきます。このスピードに負けないように、最後の2歩を「大→小」となるように踏み切ることが大切です（図6）。

2) 踏み切り技術を高める

①正しい踏み切り姿勢をマスターする

助走で高めたスピードを逃がさずにしっかりと踏み切れる姿勢を身につけましょう。図7が正しい踏み切り姿勢がとれた状態です。横から見ると、しっ

かりと足から頭頂まで1本の軸ができていて、腰が入って踏切脚に体重が乗り、地面からの反力をきちんと得られていることがわかります。この状態は、正面から見ると、膝や足首の向きが踏み切り方向を向いている、両肩と腰にねじれが生じていない点などにあらわれます。正しい踏み切りができていないと、図8(a)〜(f)のような姿勢になってしまいます。こうした姿勢は、踏み切りや着地時に膝や腰、足首など身体に大きな負荷がかかり、故障の原因にもなりかねないので注意が必要です。自分の踏み切り姿勢を動画撮影などして確認してみるとよいでしょう。

②助走から踏み切り：2歩助走踏み切りから中助走踏み切りへ

助走から踏み切る練習を、だんだん距離を伸ばして行っていき、最終的に全助走練習へとつなげていきます。具体的には、次のような段階を踏んでいくとよいでしょう。

- 2歩助走踏み切り練習（11月頃）：正しい動作を確認し、マスターすることを目的に行う。力を入れずに行うこと
- 5歩助走踏み切り練習（12〜2月）：助走を少しとって、そのスピードを利用して上方向にジャンプする
- 8歩助走踏み切り練習（2〜3月）：よりスピードが高まったなかで踏み切る。2歩、5歩のときよりもスピードがついているので、踏み切り後は前方向にジャンプすることを意識するとより遠くへ跳ぶことができる
- 中助走踏み切り練習（3〜10月）：シーズン中に取り入れる。踏み切り位置を確認しながら、実戦をイメージして前方向へジャンプする。この中助走からの踏み切りができれば動きづくりは完成といえる。スピードが上がっても正しく踏み切れるようになっているので、全助走での跳躍もできるはずである

3) 助走の技術を高める

①スピード曲線からみるよい助走

助走は、最大スピードで踏み切れるようにするこ

図7●よい踏み切り姿勢

(a)後傾しすぎている
(b)踏み切ったときに前脚の膝が開いている
(c)軸のねじれが生じている、腰が引けている、膝下が開いている
(d)肩と腕の引き上げがない
(e)踏切足の足先が外側に向いている
(f)両肩を結ぶラインと腰がねじれている

図8●悪い踏み切り姿勢の例

とを目指して行わなければなりません。一般的には、スタートから踏み切りまでをずっと加速し続けていく助走（図9）が行われるほか、助走前半で上げたスピードを落とさずに維持させる区間を経て、後半にさらに加速していく助走（図10）もあります。後者の場合は、助走距離が長くなる傾向があり、また走力の高い人に向いた助走といえます。スピードレベルや向き不向きを考慮しながら、自分に合った方法を選ぶようにします。避けたいのは、助走の途中で最大スピードに達してしまい、踏み切り地点でスピードが落ちてしまっている助走（図11）です。助走距離を短くして最高スピードが落ちる前に踏み切れるようにする、あるいはスタート直後のスピードを落として徐々に加速し、ピークを踏み切りに合わすようにしましょう。

②助走練習

助走練習としては、助走から踏み切りをイメージして、最後にスピードを落とさない走りを身体に覚えさせることを目指して、次のような練習を行います。

● ビルドアップ走（図12）

スタートして5mごとにスピードを上げ、40m地点で最高スピードに達するようペースアップしていきます。実施する時期の気温に応じて最高スピードをコントロールすることがポイントです。冬期練習では全力で行うのではなく70〜80％をマックスとして行い、気温が上がるシーズン中は90〜100％で実施しましょう。常に、実際の跳躍をイメージして行うことが大切です。

● スピードコントロール走（図13）

45mを各15mに3分割して行います。スタートから最初の15mで加速して、次の15mでそのスピードを維持して走り、最後の15mでさらにスピードをアップさせ、45m地点で最高スピードに達するように走ります。中間地点でスピードが落ちないことがポイント。リラックスしてスピードを維持させましょう。また、最初の区間でスピードを上げすぎると、後半さらにスピードが上げられなくなります。最高スピードの70〜75％くらいをめやすにするとよいでしょう。

③助走のスタート

助走を開始するときは、静止した状態から動き出すセットスタートと、数歩の補助動作を入れてから動き出す補助走つきスタートに大別することができます。ただし、技術や走りがまだ安定しない中・高校生の年代では、試合などで気持ちが高揚すると一

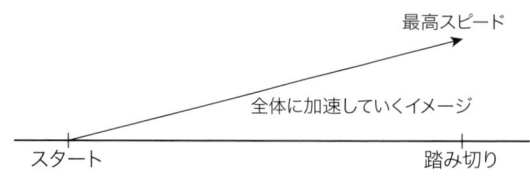

図9●よい助走①：スタートから踏み切りまで全体に加速していく

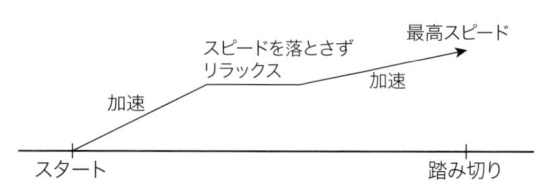

図10●よい助走②：前半と後半の2回、スピードを高めていく

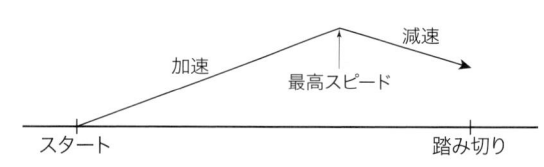

図11●悪い助走：踏み切り前で最高スピードが落ちる

図12●ビルドアップ走

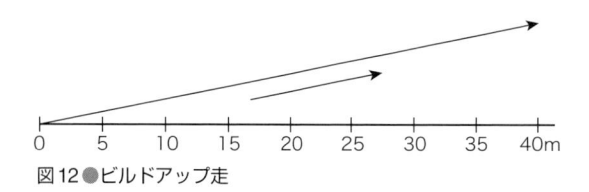

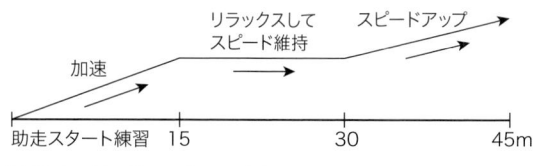

図13●スピードコントロール走

段と歩幅は狂いがちです。そのため、リスクの低いセットスタートのほうが適しているといえます。

■セットスタート

●セットスタート（図14）

　静止した状態からスタートを切る方法です。歩幅が正確になるので、助走や踏み切り位置が安定しますが、スウィングスタートや補助走つきスタートに比べると、加速に乗りにくいといえます。

●スウィングスタート（図15）

　静止した状態から身体を大きく後傾させるなどスウィングアクションをとったのちにスタートを切る方法です。セットスタートより加速はしやすくなりますが、スウィングによって1歩目の着地地点がずれやすく、踏み切り位置が狂うこともあります。

■補助走つきスタート

●歩行スタート（図16）

　数歩の歩行やスキップを入れたのちにスタートを切る方法です。セットスタートよりも加速に乗りやすいですが、補助走の段階で歩幅が狂い、踏み切り位置を安定させにくいという側面があります。

図14●セットスタート

図15●スウィングスタート

図16●歩行スタート

4）空中動作技術

　空中動作は、踏み切り動作から着地までを結びつける局面ですが、中学生や高校生の段階では自然の流れで行えば十分で、細かく技術練習を行う必要はありません。ただし、あまりにも空中でバランスが崩れたり、着地に入るのに無駄な動作になったりするのであれば練習したほうがよいでしょう。

　主に、空中で脚と手を回転させるシザース（はさみ跳び、図17）と、空中で身体を大きく反らせる反り跳び（図18）があります。

図17●はさみ跳び

図18●反り跳び

5) 着地技術

意外と見過ごされがちなのが着地の技術です。着地の仕方だけで跳躍距離が大きく変わってしまいます。有効な着地のテクニックを習得しましょう。

①理想的な着地とは？

理想的な着地をイメージする際は、ホースから勢いよく水が飛び出しているときの放物線を思い描くとわかりやすいでしょう。この水の軌跡は、走幅跳における身体重心の軌跡と同じだからです。図19に示したように、放物線の落下地点よりもかかとがより遠くに着地できる(a)が理想となり、逆に、落下地点よりも踏切板側に近いほうへ着地してしまうのが悪い着地(b)ということになります。(a)と(b)では10～25cmくらい記録に違いが出てきますから、ぜひ(a)のような着地ができるようにしたいものです。

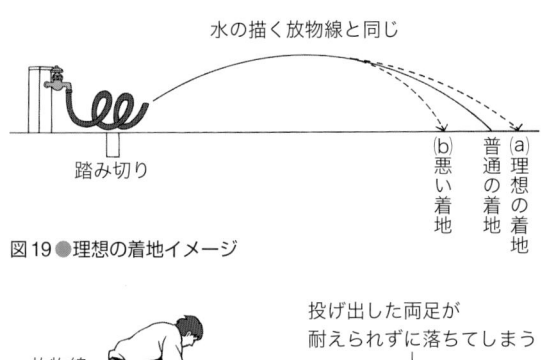

②なぜ悪い着地になってしまうか

悪い着地になってしまう理由を考える場合、その前の局面に理由があることがほとんどです。踏み切った後、身体をきちんと浮き上がらせることができないままに空中フォームに入ると、着地動作も早くなってしまい投げ出した両足が耐えられずに落ちてしまう例（図20）や着地で前後の脚がばらばらになってしまう例、空中で上体が後ろに残ったまま両足が投げ出されることでしりもちをついたり、手を後方についてしまったりする例などです。

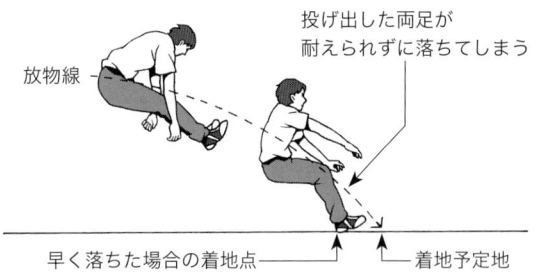

③その場着地練習

砂場で、その場着地練習（図21）を何度も行い、まず、両足を投げ出してかかとから着地する感覚をマスターしましょう。実際に助走をつけて行うと、身体が加速された状態になるので、かかとから着地した後、おしりがかかと付近へすべりこんでいくような着地ができるようになります。

4 三段跳の技術とトレーニング

同じ水平への跳躍種目として、走幅跳とまとめて語られることが多い三段跳ですが、実際は助走の技術も跳躍技術も走幅跳で要求されるものとは異なります。紙幅の都合もあり、ここでは三段跳で求められる技術とトレーニング方法を基本的なものに絞って述べていくことにします。

1) 三段跳の助走・跳躍技術

図22のように三段跳は、1回の跳躍で終わる走幅跳とは違って、ホップ（①～⑤）、ステップ（⑥～⑩）、ジャンプ（⑪～⑯）の3つの跳躍を最後までスピードを落とさずに行う必要があるため、"より大きな前へ"の移動が求められます。このため、助走から踏み切りにかけての技術も走幅跳とは異なり、

図22 ●三段跳の運動局面

ランニングのままで踏み切りに入っていくような形となります。以下、ホップ、ステップ、ジャンプにおける技術ポイントを述べていきます。

①ホップ

　低い角度で踏み切ることが大切です。走幅跳のように高い角度で踏み切ると、同じ足で着地したときの衝撃が大きく、次のステップへの移行が難しくなったり、場合によっては続行不可能になったりしてしまうからです。踏み切り角度を低くして跳び出すと、最後までスピードを維持しやすくなります。池でアメンボがスイスイと動いているようなイメージを描くとよいでしょう。

②ステップ

　ホップと同じ足で着地し、踏み切ります。ランニングスタイル（腕振りのように両腕を動かす方法）でもダブルスタイル（両腕を同じように動かす方法）でも、ホップで振り上げられた手脚を、着地ではできるだけ後方へ、踏み切りではできるだけ前方に動かすようにすると最大の効果があります。ホップからステップに移るとき、空中ではその姿勢をキープして浮遊しているイメージで頑張ることが大切です。

③ジャンプ

　ホップとステップによってスピードが落ちた状態で行う逆足での幅跳びと考えるとよいでしょう。振り上げ脚や両腕を十分に使って、ステップよりも高い角度で空中にジャンプすることが大切です。空中姿勢は反り跳びを行う選手が多いですが、シザースを採用している選手も見かけます。バランスよく着地することを心がけましょう。

2) 三段跳の跳躍配分

　三段跳の3回の跳躍は、初心者の段階では、イーブンジャンプ（3回のジャンプがほぼ同じ距離）を目指したほうが、跳びやすいといえます。しかし、より記録を向上させていこうとする場合は、ステッ

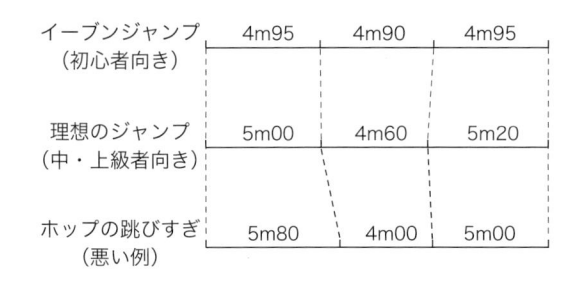

イーブンジャンプ （初心者向き）	4m95	4m90	4m95
理想のジャンプ （中・上級者向き）	5m00	4m60	5m20
ホップの跳びすぎ （悪い例）	5m80	4m00	5m00

図23 ● 14m80を跳んだ場合の跳躍配分

プが全跳躍距離の30％前後に、またジャンプのほうがホップよりもやや長くなるように、各跳躍の距離を調整します。

避けたいのはホップをたくさん跳んでしまうことです。ホップで跳びすぎて、ステップ、ジャンプと尻すぼみになってしまってはいけません。ホップの踏み切りは、遠くへ跳ぶことばかりにこだわりすぎず、ステップやジャンプとのバランスを考え、理想のジャンプができるように練習しましょう。図23は14m80を跳んだ場合の各跳躍配分を一覧にしたものです。

3）基本的な跳躍練習：バウンディング

三段跳のための基本中の基本となるトレーニングとして、バウンディングを紹介します。バウンディングは、跳躍種目の基本トレーニングでスピードと跳躍力と身体バランスをより高める効果があります。もちろん走幅跳にも必要かつ有効です。

①バウンディング（図24）

5m助走した後、左右交互の足で跳んでいきます。脚のスウィングと膝の前への引き出しに注意します。支持足は、地面を積極的に捉え、後方に押すイメージをもちましょう。また空中でのバランスを考え、上体をよく起こし、腰の入った状態で実施します。

②ホッピング（図25）

5m助走した後、同じ足でホッピングを続けて跳んでいきます。支持足は地面をキックした後、かかとをお尻に引きつけるように巻き込んでいくイメージが大切です。腕でバランスをとり、最後までスピードを落とさず維持します。

③ツーホップ連続

5m助走した後、ホップとステップを組み合わせて跳んでいきます。具体的には「左・左・右・左・左・右……」と繰り返し、これが終わったら、「右・右・左・右・右・左……」と反対も同じように行います。

図24 ● バウンディング

図25 ● ホッピング

4）三段跳の専門練習

　最後に、三段跳のためのより専門的な跳躍練習を紹介します。これらの方法は、より実際の試技に近い動きのなかで跳躍技術を高めていくことができます。ステップの距離が伸びない、あるいは踏切足と逆の足で踏み切らなくてはならないジャンプがうまく跳べないという人にも勧めたい練習です。

① 助走＋ホップ・ラン（図26）

　ホップの入りの練習です。20〜30ｍの助走から大きなホップを行った後、走り抜けます。徐々に助走スピードを上げて行いましょう。

② 助走＋ホップ・2ラン・ステップ・ラン（図27）

　ステップの練習です。20〜30ｍの助走から大きなホップを行い、2歩走ったのちにステップを行い、走り抜けます。空中での浮遊感覚とバランスに注意しましょう。徐々に助走スピードを上げて行います。

③ 助走＋ホップ・3ラン・ジャンプ（図28）

　ジャンプの練習です。20〜30ｍの助走から大きなホップを行った後、3歩走ったのちにジャンプします。ジャンプはホップより高く、走幅跳を行うイメージで行いましょう。徐々に助走スピードを上げて実施します。

④ 助走＋ステップ・ジャンプ（図29）

　ステップとジャンプの練習です。20〜30ｍの助走から大きなステップを行った後、ジャンプします。ジャンプはステップによって受ける衝撃に負けずに行いましょう。徐々にスピードを上げて実施します。

（坂井裕司）

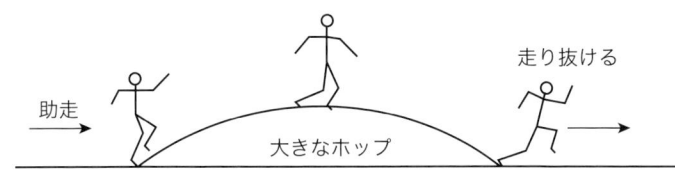

図26●助走＋ホップ・ラン

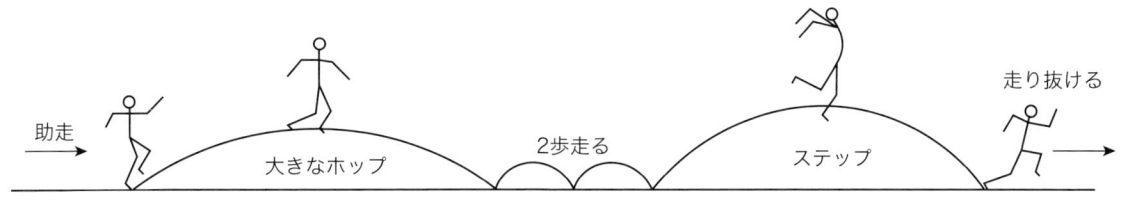

図27●助走＋ホップ・2ラン・ステップ・ラン

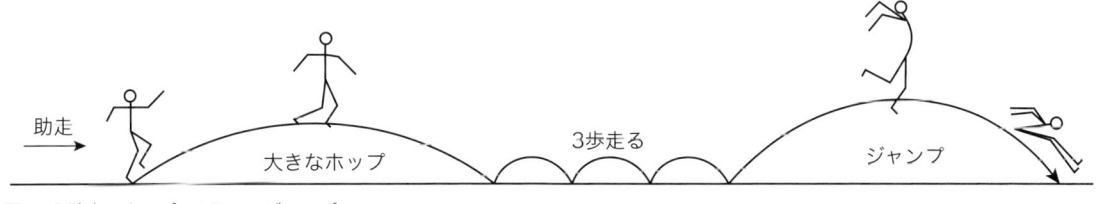

図28●助走＋ホップ・3ラン・ジャンプ

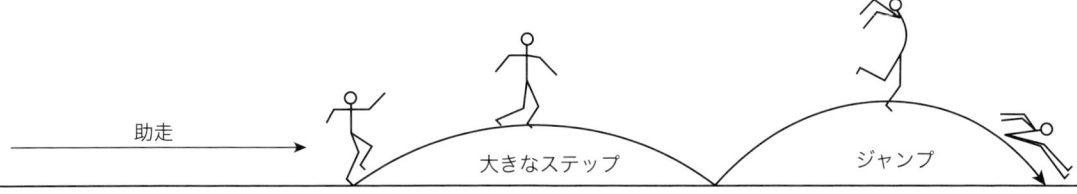

図29●助走＋ステップ・ジャンプ

〈実技編〉第3章　跳　躍

2 ── 走高跳

❶ 背面跳びの全体像をつかむ

走高跳の跳躍方法は、現在、背面跳びが主流となっています。まず各動作局面における必要な技術やポイントを確認し、背面跳びの全体像をつかみましょう。(図1)

1) 助走前半（直線部分）～助走の流れを決める局面（①～③）

- リラックスして踏み切りに必要なスピードを出す
- 比較的簡単なランニング助走が主流である。バウンディング助走には、踏み切りに向けてリズムを上げやすいメリットがあるが、バウンディングが上手でない選手は避けたほうがよい

2) 助走後半（曲線部分）～踏み切り準備をする局面（④～⑨）

- 踏み切りに向けてリズムアップしながら、重心を下げ、最後の2歩を駆け上がるように踏み切る
- 曲線5歩を、左足から「1、2、3、4、5」と頭の中でリズムを刻むとよい
- 腕は下のほうで動かし、脚のキックは抑えて、体重を脚に乗せていくような接地を意識する
- 助走コースは図3（P58）を参照すること

3) 踏み切り～走高跳の最も大事な技術（⑩～⑪）

- 日本人には、助走のスピードを生かしたスピード型の背面跳びが向いている
- 腕や振り上げ脚を比較的小さく速く動かし（ショートレッグ、ショートアーム）、走幅跳のような速い踏み切りを目指す
- 踏切脚で踏みつけて伸び上がる。背すじを伸ばし、あごを上げ、頭を後方へ倒しながら空を見上げる姿勢にする。バーを見すぎて頭がバー側に倒れると、流れやすくなったり、バー上で傾いたりするので注意する

4) クリアランス～走高跳の一番の見せどころ（⑫～⑮）

- クリアランスが上手な選手は跳躍が美しく見える。もちろん記録にも影響する

助走前半（直線）　　　　　　　　　助走後半（曲線）

①第1マーク：スタートの目印
・足を合わせて走り出す。第2マークを走る方向のめやすにする
②助走のスタート：自分に合った方法を見つける
・セットスタート（静止した状態から助走に入る）
・補助走つきスタート（歩行、スキップ、小さなもも上げ等で補助走をつけて助走に入る）
③第2マーク：曲線入口の目印

・走る方向のめやすとして使う。助走の走りはじめに見た後は視野に入れている程度で意識的に見る必要はない
・この次の左足（踏み切り4歩前）から曲線に入る
・第2マークは使わない選手もいる
④踏み切り4歩前：曲線1歩目
・ここからバーへ向かっていく
・曲線では、加速しながら踏み切りへ攻めて入る

図1●走高跳（背面跳び）のフォーム　　　　　内傾は、頭は動かさずに引き出す（外し技術）▲

- 頂点に合わせ、頭を落としながら腰を浮かせて反り、すぐに返す。返しはおしりを突き出す。バーは見ないほうがよい

2 走高跳の技術とトレーニング

1）助走

①曲線で踏み切り準備姿勢を引き出す

　図3は一般的な助走コースの例です。直線で必要なスピードを出し、曲線で踏み切り準備姿勢を引き出します。曲線を走ることで得る内傾は、踏み切り準備に役立ちます。ポイントは次の通りです。

- バー方向へリズムアップしながら鋭く切れ込む
- 地面に吸いついたような重心が下がった走りを目指す。浮いたりペタペタした走りはよくない
- 踏み切り1歩前で重心が低下していること。足底が着くとよい
- 踏み切り2歩前までは前傾し、1歩前接地時に上体を起こす。接地時にまっすぐに
- 踏み切り前3歩の脚さばきは、駆け上がるようなイメージで行う

②外し技術

　曲線部では、踏み切り準備姿勢を引き出しやすい

図2●助走から踏み切り（別アングル）

タイプと、スピードを維持しながらリズムを保って入るタイプがある。自分に合ったほうを選ぶ

⑤踏み切り3歩前：曲線2歩目

⑦踏み切り2歩前：曲線3歩目

- 踏み切り準備（3歩のさばき）に入る局面。身体の重心を落とし、跳び上がる準備をする
- 身体が浮かないように脚に体重を乗せるように接地する

⑨踏み切り1歩前：曲線4歩目

- 踏み切り1歩前は足底全体で接地し、重心の落ちた姿勢をとりやすくする。"脚に乗る"といわれる動作

⑩踏み切り：曲線5歩目

- 「タ・タン」と駆け上がるように鋭く踏み切る
- 踏み切り時間は、走幅跳の踏み切りより少し長い程度

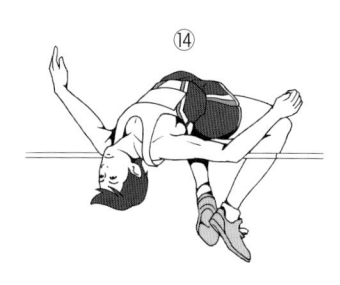

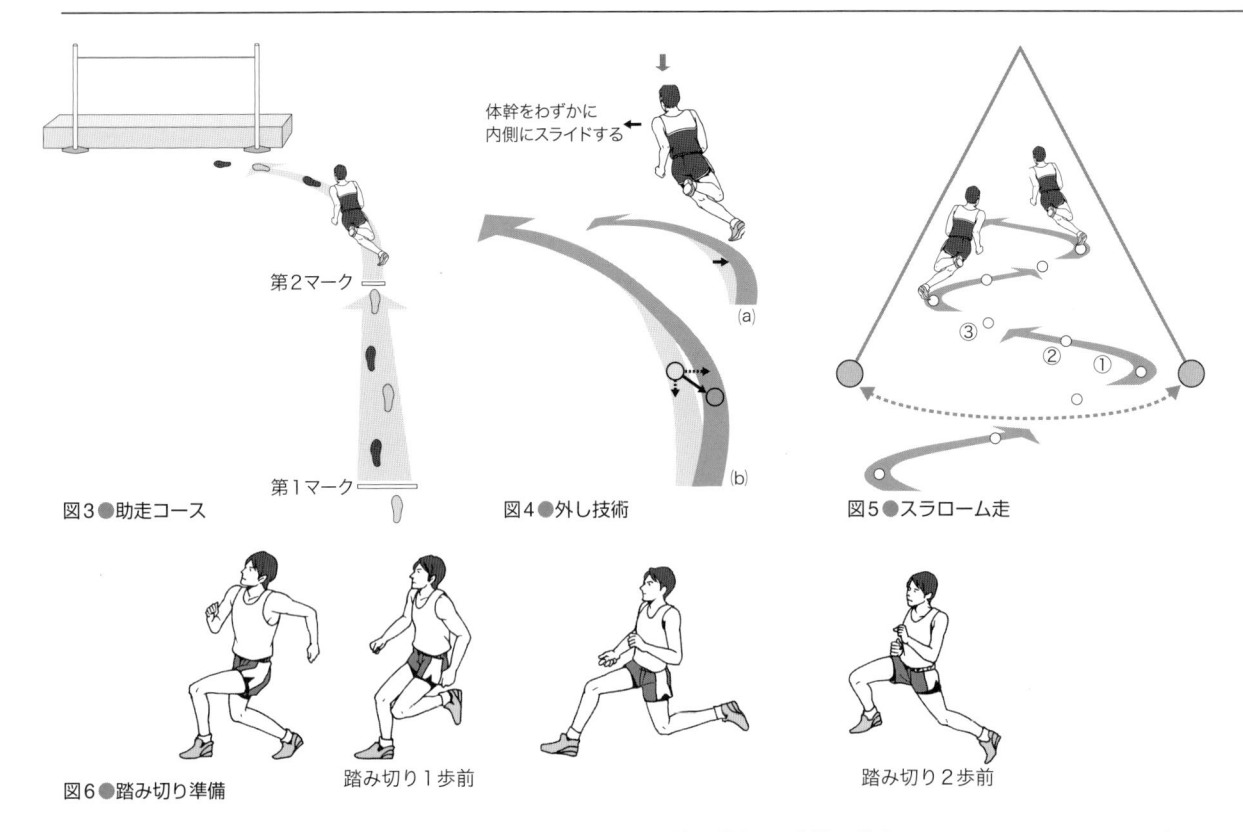

図3●助走コース　図4●外し技術　図5●スラローム走

図6●踏み切り準備　踏み切り1歩前　踏み切り2歩前

「外し技術」を勧めます。「外し技術」とは、図4の(a)のように、接地位置を外へ外すことで、重心の低下と内傾を引き出すものです。これによってバー方向への加速を生み出すことが可能です。また地面に吸いついたコーナリングになり、踏み切り準備姿勢もとりやすくなります。曲線で内傾をとる際には頭を動かさず立てておくこと（図1④）が必要ですが、この姿勢は外し技術によって習得することができます。

外し技術では、外す方向が重要です（図4(b)）。横だと内側へ、後ろだと前へ、合わせてバー方向への加速が得られるというわけです。

実は、多くの選手が本能的にラインを外して助走しています。それを意識的に行うのが「外し技術」なのです。曲線で浮く、または間延びする選手には効果的です。取り組むときは、5〜10cm程度から試してみるといいでしょう。やりすぎてバランスを崩さないよう気をつけます。

外し技術の感覚を養うには、図5のスラローム走が最適です。振り子のように、下半身を左右に振りながら、「①・②・③」と①にアクセントをつけて速いリズムを刻みます。①はしっかり踏み込み、②③は母指球に乗る感じです。①の方向転換のときも身体は正面を向けておき、腰は回しません。

2) 踏み切り準備

①踏み切り前3歩の脚さばき

踏み切り前の3歩は駆け上がるように走り込みます。ここで求められるのは、

- 踏み切りへの「タ・タン」という速い踏み込み
- 踏み切り1歩前での重心の落とし

の2つです。

踏み切り1歩前での重心の低下を引き出すため、2歩前を強くキックせず、「乗る」「置く」「触れる」感じでさばきます。自分の目線の高さが下がる感じです。その結果、1歩前で重心が下がり、踏み切りへの準備姿勢がつくられます（図6）。

2 走高跳

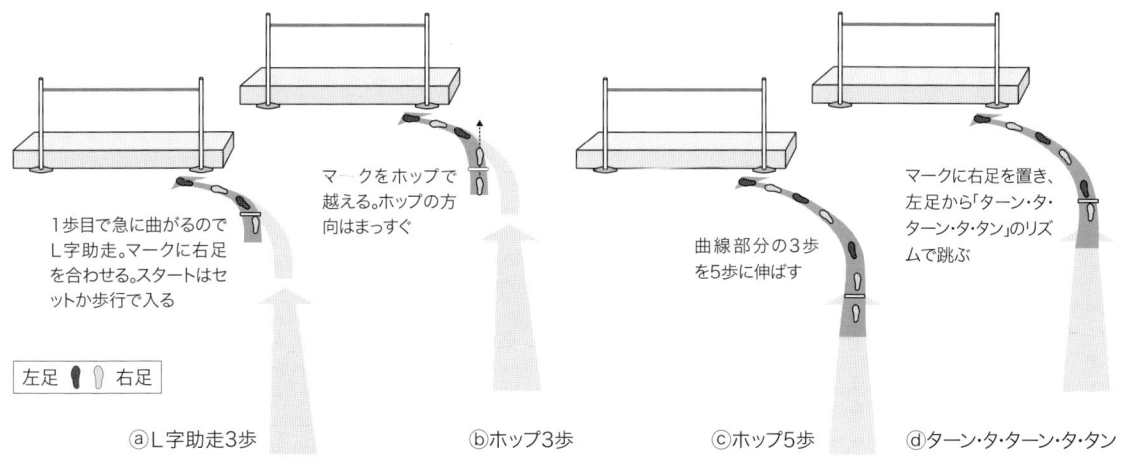

図7●踏み切り1歩前の動きを引き出す跳躍練習

ⓐL字助走3歩:1歩目で急に曲がるのでL字助走。マークに右足を合わせる。スタートはセットか歩行で入る

ⓑホップ3歩:マークをホップで越える。ホップの方向はまっすぐ

ⓒホップ5歩:曲線部分の3歩を5歩に伸ばす

ⓓターン・タ・ターン・タ・タン:マークに右足を置き、左足から「ターン・タ・ターン・タ・タン」のリズムで跳ぶ

凡例:左足／右足

踏み切り1歩前から踏み切りにかけては、「すねを倒して膝を落としながら押す」という動きになりますが、これを意識すると踏み切りが遅れやすくなりがちですから、踏み切り2歩前の操作で自動的に引き出されるようにするとよいでしょう。その流れも、踏み切り2歩前に「外し技術」を用いると引き出しやすいと考えています。

②踏み切り1歩前の動きを引き出す跳躍練習

踏み切り1歩前の動きを、2歩前の操作で自動的に引き出す跳躍練習に取り組んでみましょう。以下に紹介するのは短助走での跳躍練習です。図7に4つのパターンをあげましたが、基本となるのは「L字助走」と呼んでいるⓐの3歩での短助走跳躍です。これができたら、ⓑ→ⓒ→ⓓと進めていきます。それぞれ5本ほど跳躍するとよいでしょう。これをこなしていくうちに自然と「踏み切り前3歩の脚さばき」が身につきます。いずれもリズムアップすることを大切にしましょう。ホップには、その後のリズムアップが容易になる利点がありますから、効果的に使ってください。

3）踏み切り
①踏み切りは「ポール理論」で理解できる

踏み切りは走高跳の「命」です。その踏み切りのバネを説明できるのが「ポール理論」です（図8）。跳躍種目の踏み切りは、よく棒（軸）を使って説明

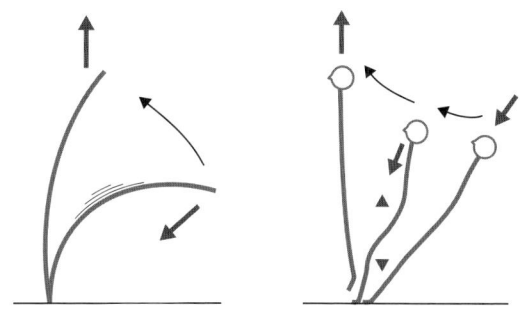

図8●ポール理論

されますが、このとき、踏み切りの上昇力の源になる「起こし回転」をする軸が、曲がらない棒ではなく、棒高跳のポールのような弾力性のある棒（軸）と考えるのがポール理論です。しかも、この軸は屈曲点が複数あり、互い違いに曲がります。踏み切り技術とは、身体を瞬時に一体化させてポール状にし、その反発力を生かすことなのです。ここで生じるたわみ、しなりを生かすと、踏み切り技術は変わります。以下に、身体をポールにする技術と練習方法を解説しましょう。

②よい踏み切りとは？

踏み切りでバネじかけのように弾け跳ぶ選手がいます。これは全身の筋肉が反射的に収縮しているのです。有名な膝蓋腱反射では、腰かけて膝のお皿の下の腱をたたくと足がぴょこんと跳ねますが、これ

は伸ばされた腱が反射的に収縮して起こるものです。踏み切りでは同じことが全身の筋肉や腱で起きているわけです。

「反射」の瞬間、「軸」が生まれます。この軸がちょうど棒高跳の「ポール」のような状態になるわけです。たわんで力をため、反発的に伸びる力へと変換します。ただ本物のポールよりも曲がりと伸びが瞬間的で、約0.1秒くらいの時間です。

よい踏み切りができるとびっくりするくらい身体が浮くことがあります。これは反射をうまく使えたときです。内部感覚としては、リラックスして入り、瞬間的に身体が締まり、努力感が少なく、思った以上に浮いたときが反射による軸ができたよい踏み切りです。動きのタイミングがずれると、太ももやふくらはぎに努力感が生じます。

③「踏む」感覚を磨く

ここでいう「踏む」とは、踏みつけて跳び上がる感覚です。「踏み切り」とは、文字通り、「踏む」動きを、やり「切る」のです。「踏む」感覚のない選手は脚を「つっかえ棒」にして接地を待っています。どちらでも身体がポールの状態になれば跳べますが、より力強く踏み切るために、「踏む」感覚を磨きましょう。高いところへの跳びつき練習が最も適しています。ちなみに筆者が指導にかかわった2人の日本記録樹立者、吉田孝久選手（2m31）は「踏む」タイプ、醍醐直幸選手（2m33）は踏まずに「待つ」タイプでした。

④よい踏み切りを引き出すコツ

コツは「形」と「締め」と「加重」の3つです。「形」は踏み切りに入るときの姿勢です。反射の起きやすい適度な姿勢があるのです。曲がりすぎではつぶれ、伸ばし切ると反射の連動が断ち切られてしまいます。「締め」は接地の瞬間に「フン」と息を詰めることでできます。横隔膜の反射的収縮が波状的に体幹に伝わって身体が一体化しやすくなるのです。「加重」は接地の衝撃を高め、より強い反射を引き出します。腕や引き上げ脚は加重のために使います。筆者は頭と上半身の重みを使って加重する新しい技術も勧めています。

詳しく説明しましょう。図9はフォスベリーがメキシコオリンピックで優勝したときのものですが、踏切脚と股関節（上半身と脚の角度）にわずかにゆとりがあるのが、「たわみ」を念頭に置いたよい「形」といえます。また、この局面で無駄な力の抜けた自然体で踏み切りに入ることも大切です。反射を引き出すにはリラックスも重要なのです。

相撲の「突っ張り」という技は手で相手を突きますが、このとき腕を伸ばしながら手が当たる瞬間に力を入れ、身体を一体化させます。走高跳の踏み切りの本質はこの「突っ張り」とまったく同じといってよいでしょう。この「形」と「締め」は、両脚連続ジャンプ（図10）で練習して身につけます。

足首の「形」は、図11左に示したようになります。接地点はかかとと小指つけ根を結んだ外側の部分です。踏み切りが速い選手の場合は図11右のように同時に接地する感じになります。外側から内側の母指球側へ転がるように体重が移動します。

そして、体幹ですが、ここに重要なバネがあります。筆者が「脊柱バネ」「体幹バネ」と呼んでいるものです。このバネをうまく使うためには、腕組みをして座った状態から浮き上がる練習（図12）をします。瞬間的に、沈み込み（抜重）ながら「フン」と息を詰め、おしりでベンチをつぶすように加重します。タイミングがつかめれば身体はかなり浮きま

図9 ●背面跳びの創始者フォスベリーの踏み切り（Wagner, 1970『Scholastic Coach』39(8): 14-15.より引用）

図10 ●両脚連続ジャンプ

す。体幹と頭を使った「加重」と「締め」のよい練習です。片脚立ち姿勢でも行いましょう。

　図13は「加重」の模式図です。重みが軸に加重することで、脚や体幹のバネを引き出します。そして空中で手足を引き下げると、その重みの分、体幹が浮き上がるのです。クリアランスでは、この"下げる動作"でほかの部分が浮き上がる原理を応用して腰を浮かせます。

⑤「軸」を内部感覚で理解する

　図14は踏み切りでの大切な「軸の内部感覚」を模式化したものです。①〜②では後ろ脚で押しながら、踏切脚のかかとと腰を前へ送り出しています。押しすぎて間延びしないよう注意します。送り出した結果が②③の後傾姿勢です。顔はバーを見上げますが、上半身は後方へ倒さずに、下半身を前へ送り出すことで後傾姿勢を生み出します。後方へ倒すと踏み切りがずれやすくなります。③では地面を「踏み」ながら、下腹部、胸、あごと後頭部をそれぞれの方向へともっていく意識です。「踏む」瞬間に、「フン」と息を詰め、身体を締めます。④では、接地衝撃で一瞬身体がたわみますが、このときも矢印の方向へ意識をもち続けています。

　このように、①〜⑥までの矢印の意味が感じとれれば、選手・指導者とも、踏み切り感覚の理解が深まると思います。

　図15は、踏み切りの内部感覚を身につける練習

図11●足首の形

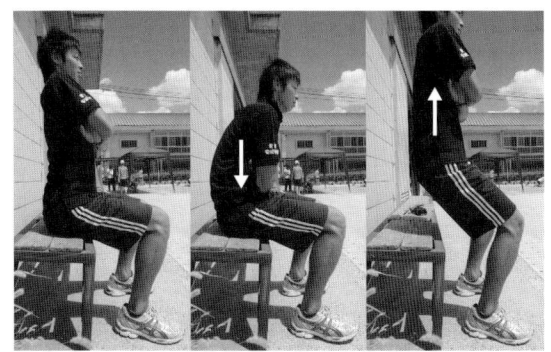

図12●浮き上がる練習

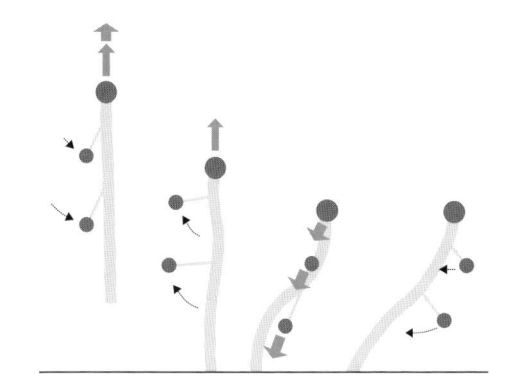

図13●加重の模式図

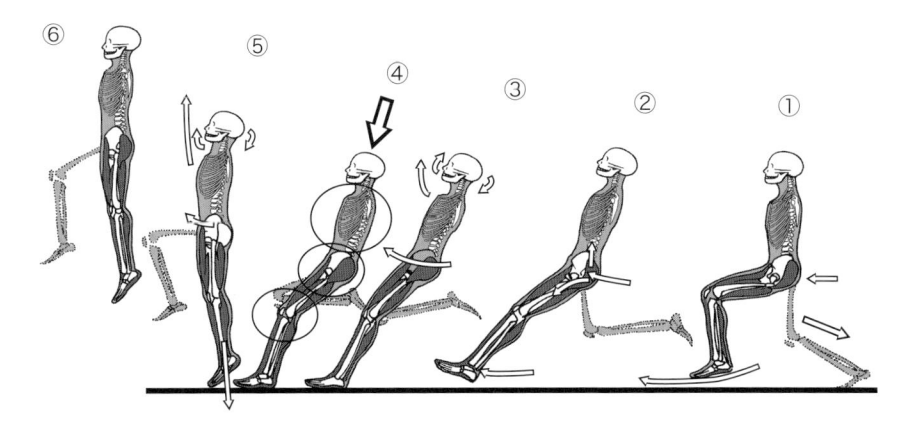

図14●軸の内部感覚

図15●突き上げの練習

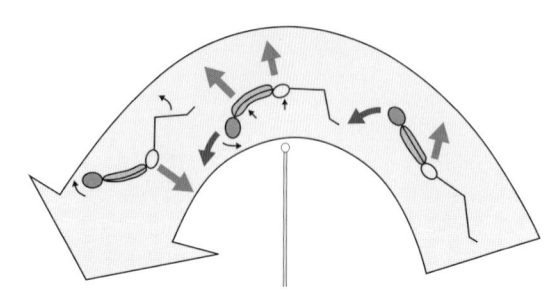

図16●クリアランス

鈴木徹（プーマ ジャパン）

醍醐直幸（当時：富士通）

図17●クリアランスのタイプ

方法です。下から身体の「締め」を使って突き上げます。「フン」と息を詰めながらやってみましょう。補助者が「締め」のタイミングに合わせて上から体重をかけて押さえますが、いい「形」と「締め」がともなっていれば楽に突き上げることができます。

　このときの各部の意識は次のようになります。

- 脚：おしり、大腿後面、ふくらはぎの締め。つま先立ち姿勢となる。膝にゆとり
- 腹部：「フン」と息を詰める→体幹の一体化、グラグラしない
- 胸：胸部（中丹田）から真上に向かう。胸の動きに連動して腕で突き上げる
- 頭：あごを上げ、頭を後方へ

4) クリアランス

　クリアランス（図16）は背面跳びの一番の見どころです。この場面では腰と頭を同時に意識します。コツは次の通りです。

- 頭を反らし、後方へ落として腰を浮かせる。重みのある頭部が下がると下半身が浮く
- 頂点に合わせて身体を反り、すぐに返す。おしりを突き出せば脚が浮き上がる

　腕の動きはいろいろなタイプがありますが、多いのは体側に持ってくるタイプです（図17上）。踏み切りで片腕を上げるシングルアーム踏み切りでも、両手を振り上げるダブルアーム踏み切りでも、クリアランスの局面では腕は腰の横まで閉じる例が多く見られます。一方で醍醐選手（図17下）のように頂点に合わせて両腕を開くタイプもいます。

　空中での腕の動きは、空中におけるバランスを左右します。身体が上昇から落下に移る瞬間を捉えて、身体の反りと腕とを同期させることがコツです。

3 走高跳の練習の組み立て方

　走高跳の練習は、跳躍練習、走練習、筋力トレーニング、サーキット等を組み合わせて実施します。

　走練習は、100m・200m系の練習が向いていま

すが、長い距離を入れてもいいでしょう。

筋力トレーニングとしては、ハードルジャンプや砲丸の後方投げなどが効果的です。また、重量物を用いた投げ運動も効果があります。この場合、メディシンボールを使う方法が一般的ですが、古タイヤを用いると、指がかかるので投げやすいうえに経済的なのでお勧めです。中学生の年代であれば軽自動車のタイヤが重量的に向いています。部位でみると、足首が強くなると、踏み切りが強くなる選手が多いようです。ですが、故障やケガを防ぐうえでも足首に偏らずバランスよく鍛えることがとても大事です。

跳躍練習の頻度は、技術の安定度によって異なります。安定していれば基礎的な身体づくりが重要になってきますから、少なめでもかまいません。逆に、技術に課題がある場合は、週に2回程度跳躍練習を取り入れます。適切な跳躍回数は10〜20本程度です。高いところへの跳びつき、走幅跳の10歩前後の助走からの踏み切り練習なども効果的です。

跳躍練習のやり方は、課題練習、まとめ練習、試合形式練習の3通りです。

課題練習では短〜中助走を中心に、ゆとりある高さで技術的課題をもって跳びます。無理な高さだと落としぐせがつくので気をつけましょう。まとめ練習ではクリアすることをねらいとし、中〜全助走で跳びます。ゆとりのある高さで連続して跳ぶ方法とバーを上げていく方法があります。試合形式練習は記録会と同じようにして行います。また、全助走で助走練習を行うと、助走が安定します。

試合直前の時期と、鍛錬期における1週間の練習例を表1に示しました。参考にしてください。

4 走高跳は試合が楽しい！

競争相手と駆け引きをしながら未知の高さへ挑戦

表1●練習計画例

時期	曜日	強度	内容	ポイント
試合直前	月		刺激（走、助走または踏み切り）	加速、助走練習または踏み切り
	火		休養	
	水		刺激（走、筋力）	加速、軽いウエイトトレーニング（速さ）
	木		刺激（走、助走）	加速、助走練習または踏み切り
	金		休養	
	土		前日刺激	軽めの内容
	日		試合	
鍛錬期	月		跳躍練習	課題跳躍練習、助走練習など
	火		走練習	短距離と一緒に
	水		サーキット	筋力や持久力など
	木		休養	
	金		跳躍練習	まとめ跳躍練習または試合形式
	土		走練習	短距離と一緒に
	日		休養	

していくのが走高跳の醍醐味です。積極的に試合に挑んでみましょう。ここでは試合に臨む際の留意点を挙げておきます。

1）試合開始前

練習跳躍が自由にできる試合では、少なめのウォーミングアップで競技場に入り、練習跳躍で調子を上げていきます。逆に公式練習が2本と決まっているような試合では、ウォーミングアップをしっかり行います。数本跳んでから調子が上がってくるタイプの選手は、サブトラックで跳躍練習も入れておきましょう。

2）試合中

試合中は、試技を重ねながら勝負どころの高さにベストジャンプをもっていくようにします。ベストジャンプは一般的に跳びはじめて7本目前後に出やすいので、跳びはじめの高さやパスの仕方を工夫しましょう。表2は、1m65にベストジャンプをもってくる場合の試技の組み立て例です。ただし、これはあくまで一例です。自分のベストジャンプが出やすい本数がわかっている場合は、それに合わせて組み立てるとよいでしょう。

3）戦術

バー種目は、ライバルの跳躍によって心理的な影

響を受けるという特徴があります。ライバルの調子がよいとプレッシャーを受けますし、逆に相手にプレッシャーをかけることもできます。そこがまた走高跳の面白さでもあります。自分のペースで試合を運ぶためのポイントは次の通りです。

①自分の跳躍に集中し、ほかの選手の跳躍は見ない

ほかの選手の跳躍を見ると、心理的影響を受けるうえ、自分のイメージが狂いやすいからです。

②集中とリラックスを使い分ける

跳躍前に身体を動かし、試技では集中して跳び、クリアしたらリラックスに努めます。次の跳躍までの時間が長い場合、1回目を落とすことがよくありますから、跳躍前に両脚ジャンプや速いもも上げなどの刺激を入れておきます。

③1回目でクリアする

特に勝負どころで1回目で跳ぶと有利です。勝負どころと踏んだ高さにベストジャンプをもってくるようにします。

④ピンチの次の跳躍にチャンスあり

追い込まれるような形で3回目にクリアした場合、次の高さの1回目でいい跳躍が出やすいものです。無心で同じ跳躍を行いましょう。

⑤ライバルを大切に

出場者は、試合中はライバルでも、走高跳が大好きなことでは同じ仲間です。敵ではなく自分を高めてくれる仲間ですから大切にしましょう。

（福間博樹）

表2●ベスト記録をねらうための試技の重ね方

（自己記録1m60の選手の例）

バーの高さ	1m45	1m50	1m55	1m60	1m63	1m65
試　技	○	—	○	×○	×○	×××

よい試合を目指して──練習跳躍とバーの上げ方、パスの仕方

競技会における公式練習は、日本国内だけで使われているローカルルールです。海外では、練習跳躍も低い高さからはじめてバーを上げていきます。選手は自分の力に合わせて跳ぶ高さを選び、高くなったら練習をやめ、本番に備えます。

国内においても、競技会によってはバーの上げ方を審判がその場で決めるという例も数多くあります。このやり方は、選手が身体をつくりやすい運営方法といえます。それに対し、最初から公式練習のバーの高さが決まっている場合、選手によってはその高さが厳しい設定の場合もあります。ぜひ海外のような練習跳躍ができる設定にしてほしいものです。それが走高跳のレベルアップにもつながるといえるでしょう。

表に示したのは、神奈川県で実施している工夫例です。こうした設定にすると、最後まで誰が勝つかわからないという緊張感あふれる見応えのある試合になります。パスをするにしても刻みが3cmになると躊躇してしまいますが、2cmであれば少しの勇気を出せば可能です。我が国では3cmと5cmの刻み幅が慣例的に設定されていますが、海外では表に示したような高さ設定

■走高跳のバーの上げ方

	練習	はじめの高さ	以降の上げ方				
男子	1m60〜	1m75	1m80	1m84	1m87	1m89	以下2cm
女子	1m30〜	1m45	1m50	1m54	1m57	1m59	以下2cm
刻み幅			5cm	4cm	3cm	2cm	

【工夫のポイント】練習の高さに「〜」をつけることで、審判の判断で設定することができるようになる。刻み幅も2〜5cmを用いることによって勝負どころでパスを用いやすくなり、面白い試合を引き出せる。

■見応えのある試技内容の一例

	1m80	1m84	1m87	1m89	1m91	1m93	1m95	順位
A選手	○	○	—	○	×—	×—	×	3位
B選手	—	○	○	×—	○	×—	××	2位
C選手	○	○	○	×—	×—	○	×××	優勝

【試合展開】1m89を1回目で越えたA選手に対し、B選手、C選手は次に跳んでも試技数差で負けるので逆転をねらってパスし、1m91に勝負をかけた。チャンスは残り2回だが1回目で跳べばリードできる。1m91ではB選手が1回目で越え、ほかの2人は同様にパスした。1m93ではC選手が最後のチャンスとなる1回目の跳躍でクリアし、ほかの2人が跳べなかったのでC選手の優勝となった。

が一般的です。選手がパスを使いこなすには勇気と経験が必要です。ぜひ中学生や高校生のうちから積極果敢に挑戦しましょう。審判もそのような試合を運営して走高跳を盛り上げましょう。

3——棒高跳

❶ 棒高跳の技術

棒高跳の技術を考えるとき、最も大切なのは基本です。これができていなければ進化は見込めません。その前提のうえで跳躍全体を通して考えると、助走の出だしから突っ込み、スウィング、クリアランスに至るまで余計なブレーキがかからない一連の流れ、スピード感がある跳躍、身体を大きく見せることが大切になってきます。また、同時に行う動作や隣接する動作を1つのグループとして捉え、1カ所だけでなく、2カ所、3カ所と合わせて考えるようにしましょう。例えば、突っ込みと踏み切り動作、踏み切りとスウィング、手と肩の使い方などです。

ある動作で失敗したとして、その動作を結果とするならば、結果を直接的に修正するのでなく、それ以前の動作の失敗の原因がなかったかを探るとよいでしょう。1つ手前の動作から順を追って確認していき、失敗の原因を修正します。踏み切り動作や突っ込み動作が今ひとつというときは、助走のスタートが悪いことがよくあります。

技術種目で一番大事なのは、常によいイメージをもち、理想とする跳躍を映像として頭の中に描けることです。このためには成功跳躍だけでなく失敗跳躍も含めて、自分の跳躍と他選手の跳躍を何度も見ることが大事です。その回数が多いほど理想の跳躍がより明確になり、最終的に自分の跳躍に返ってきます。

棒高跳の技術は、数年前まではアメリカンスタイルとヨーロッパスタイルの2つのパターンがありました。しかし、最近ではあまり区別されず、それぞれのよいところが融合されたスタイルができつつあります。その一方で、細かくみていくと、5つほどのスタイルがあるようです。自分にはどのスタイルが合うのかよく考え、いろいろとトライしてみることが大切といえるでしょう。

今回は中・上級者向けということで、それぞれの技術局面について、トップレベルの選手のスタイルを参考にしながら「動きのヒント」として紹介することにしました。自分に合うスタイルを見つけてみましょう。

1）助走局面

助走局面（図1）では、全助走距離にわたってスピードを増し続けることが大切です。そこでポール保持をいかに容易にし、スピードを落とさず助走できるかが重要になってきます。跳躍の成功は、助走によって決定づけられるといっても過言ではありません。正しい跳躍技術と質の高い助走は、非常に大きな相関があります。助走とポールのボックスへの突っ込みは、一連のまとまった運動として見るべきです。図1の下に助走局面における動きのヒントをまとめました。

2）突っ込み局面（踏み切り）

突っ込みの局面（図2）で踏み切りが行われます。助走から突っ込みに入るときの最終的スピードを決定づける重要な要素です。ここでは突っ込みと踏み切りをいかにショックを少なくしてうまく結びつけるか、ボックスの壁をポールの先端が正しいタイミングでキャッチするかにかかってきます。踏み切りの位置は流動的ですが、失速しないで踏み切れる基本は、グリップハンドの真下です。ポールの先端がボックスの壁に突き当たる直前に両手を高く保持し、斜め前方に伸び上がりながら進んでいくことがポイントになります（図3）。

踏み切り時の姿勢は、踏切脚から右手が一直線になり、地面に垂直になることが大切です。助走速度が速くなればなるほど踏み切り角度は低くなり、遅ければ高くなります。まずは、踏み切り、突っ込み時の姿勢づくり、ブレーキのかからない踏み切り動作を徹底して身につけましょう。そして踏み切り時

〈実技編〉第3章　跳　躍

① スタートの構え
・下腹部を軽く締めて、足から地面に力が伝わるようにする
・しっかりと地面に対して荷重できる、まっすぐな姿勢をとるようにする
② ポールの保持
・垂直に立てた状態から、徐々に傾けていく。ポールを傾けることによって、身体の重心は前方へ移動していく。それに合わせて加速すればポールの重さを感じなくなるため、力もなくなる。ポールの傾きと助走速度がうまくリンクしていれば最後の6歩は重心が自然に移動して、容易にスピードを上げることができる。脚のさばきや接地位置を間違えなければ、自然に助走スピードは上がる
・右手は右腰前にかすかに触れるくらいに置き、左手は左胸から少し離した位置に構える
・ポールと地面の角度は80度前後にする。これはポールの負荷を軽減し、助走の最初から姿勢をコントロールしやすくするため
・ポールは両手で支える程度に軽く握るようにする
・両手のグリップの間隔は、広いと力をポールへ伝達しやすくなるが、突っ込みから踏み切り、振り上げの過程の妨げになることがある。狭いと力が伝達しにくくなるが、振り上げなどの動作には有利
・助走スタートでは、ポールと身体はほぼ一体にする。前方へポールを傾けることで、一定の推進力が得られるので、その力を利用してステップを踏み出すようにする
・助走全体を通して、ポールの傾きは左手の高さを変えずに右手で操作する。突っ込み動作をはじめる踏み切り2歩前では、ポールの先端を目線の高さからポールが水平になる高さの間に保持する。踏み切り1歩前では、右手が額の斜め上方になるようにする
③ 前半4歩から6歩
・地面を踏み込む感じにする
・地面をしっかりと捉え、足裏に全体重を乗せていくイメージにする
・無理にスピードを上げず、1歩目から身体の軸を意識して地面を押していくイメージに
・スタートの1歩目を骨盤の上に上体を乗せて力強く押し出す
④ 中盤6歩
・リズムを落とさずにスピードに乗っていく
・加速局面で、足の前さばきを意識する
・骨盤をローリングさせることによって加速を生み出す
・腰の位置を高くし、さらにスピードを上げていく
⑤ 終盤6歩から8歩
・階段を駆け上がるような感じでピッチを上げ、思い切り駆け込む
・ポールの操作と踏み切りの準備が重要。スピードを殺さないように、身体が後傾しないように、身体が浮かないように、前傾姿勢を保つようにする
・ポールは運ぶというイメージで、楽に大きく走る。ブレーキすることなく、流れを大事にスピードを上げる
・力まないでピッチを上げれば自然とスピードは上がる。感覚的、動作的には、足が流れず前さばきになっている脚を、上から身体の真下に下ろして地面を踏む感覚で素早く行う
・マックスのスピードが踏み切り地点に近いほどよい

図1●助走局面と動きのヒント

にポールのなかに素早く、しっかりと飛び込んでいく意識をもつことで、踏み切り角度は各選手に適したものになります。突っ込み局面における動きのヒントは、図2の下に示した通りです。

3) スウィング局面
　スウィングは、ポールの反発によって身体を空中へ放り上げるための準備段階で、投射角度を垂直方向に伸展させるための大切な技術です。このため、できるだけ素早く、ダイナミックに行い、腰や膝を曲げずに大きく、後下方向へ肩を落とし、同時に腰を持ち上げるようにして身体全体にスピードをつけることが大切です。最も重要なのは、ポールの上で身体を完全に逆さまにさせることです（図4）。この局面の動きのヒントを図4の下にまとめました。

3　棒高跳

- ボックスの壁から80cm程度手前にポールを落とし、ポールの先端を長く滑らせながら、壁の先端にあたる直前に、やや遠めの踏み切り位置から強いインパクトで斜め前方へ飛び出していく
- 踏み切りを高く、まっすぐに力を伝える
- 踏み切りと突っ込みのタイミングを合わせる。身体が払われないように強く踏み切り、ポールの曲がりに入り込んでいくようにする
- 斜め前方に、両手を突き上げ、ポールの曲がりに入り込んでいくようにする
- 高く、遠く、胸から飛び出していく
- まっすぐ前へとポールの曲がりに入っていくイメージで、そのとき一瞬でポールに力を加える。両手は高く、胸でポールをぶれないように押し込んでいく
- 左手リードで、ポールは前でさばく。突っ込みは限りなく遅らせ、やや遠めの踏み切りから、踏み切る瞬間に身体を1本の棒のようにして踏み切り、同時にポールを斜め前方へ押し上げる。このとき突っ込みは、ポールをボックスの壁にねじ込むといったイメージ
- ドライブの部分では、右の肩を意図的に開き、左手を押し上げることによって、ポールの曲がりの内側へもぐり込んでいく。このときの左手は押すのではなく、弧を描きながら上がっていくイメージ
- 踏み切り時には、右手が頭と肩の上方に位置するようにできる限り高く出す
- 突っ込み動作で重要なのは、いかにポールを曲がりやすい状態にし、強く押すことができるかである。手を上げた後に肩も上げると10cmは高くなる
- 姿勢は、踏み切りに入る段階から飛び込んでいく段階では、上肢は必ず垂直になるようにする。また、飛び込んでいくときは胸から飛び込み、腕を介して胸でポールを押す
- 動作が遅れないようにする。ボックスと自分との距離感を大切にする
- 高く、速く。バンザイをするイメージでポールを放り投げる感じ
- ポールの動作が遅れないようにする。そのために、手が前後にならない、手を後ろから回さない、力まない点に注意する。ポールを出すときは、右手が額付近を通過するように、素早く一気に出しにいく
- 突っ込む1歩手前は、右手が額にくるようにして、突っ込み時にはリードレッグを意識して出す
- 斜め上方へ飛び出していくイメージで踏み切り、左手を上方へ持ち上げる。しっかりと踏み切って推進力をつくってから、左手を持ち上げる

図2●突っ込み局面と動きのヒント

より伸び上がった姿勢で進む

地面と棒の角度を大きく

図3●突っ込みのポイント

4) 引き上げ局面

　ポールの復元のエネルギーを使って、腰を高く押し上げ、身体を完全に反転させる局面です。そして、伸展段階で頭と足を結ぶ線が垂直になるようにします。同時に、腕を伸ばした状態で身体を伸展させ、ポールの反発を肩で受け止め、その力を利用して身体を上昇させます（図5）。引き上げ局面における動きのヒントは図5の下にまとめた内容を参照してください。

5) クリア局面

　近年では、倒立、引き上げ、ターン、突き放し、クリアという区分をしていないのが現状です。身体

〈実技編〉第3章　跳　躍

- 肩と腰を一気に入れ替える
- 踏み切り直後にスウィングを開始し、両腕は伸ばしてポールに力を加えながらスウィングする。ポールが最も湾曲したときにスウィングを完了させるのが理想
- 右手のグリップと踏切脚のくるぶしをつなぐ線が、できるだけ長くなるように大きく振っていく
- ポールに力を加えたらその反動を利用して「ポンッ」と一気に腰を持ち上げる。鉄棒で逆上がりするイメージ
- スウィングのポイントを極限まで遅らせる。ポールが最も曲がったときに、右手のグリップの垂線の後ろ側に、左脚が伸びた状態で残っていることで、スウィングのポイントを限りなく遅らせることができる。このポールの曲がりが一瞬止まったような状態から、ポールの反り返りに合わせて、左脚を軸として一気に速いスウィングをかける
- より大きなスウィング動作を行うためには、踏切脚の前方および下方へのスウィング動作と、両肩を締める動作を同時に行う。踏切脚のスウィングはより大きく、より遠くへといったように、踏切脚が水平になるところまではできるだけ大きな弧を描く。肩の動きは、両手を胸から遠ざけるように肩を目一杯押し出し、懐を深くする。その大きく開いた懐に身体が乗っかってくるように、右グリップの位置に脚を持ってくる。この間、左手はポールを押し広げる動作を続ける
- 身体はタイミングが遅れないように一瞬で巻き込む。ポールは曲げ続けることを意識する
- 肩を使って脇を締め、素早く腰を頭部より高い位置に移動させる
- 身体の曲がる部分は胸のところ1つと考え、腕から胸、胸から足までを曲げないようにする。真上にスウィングし、反発をもらうために胸で振る感じ
- 踏み切ったときに身体が弓なりになりアーチを描く。その反動をうまく利用してスウィングを行う。無理に力だけで振ろうとしてもベストポジションにははまらない

図4●スウィング局面と動きのヒント

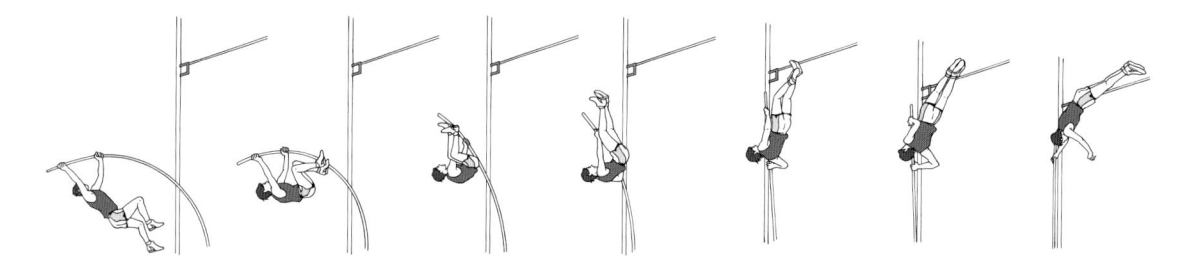

- できるだけ垂直に身体を反って上げる
- 頭を垂直に落として、ひねりを加えながら引き上げる
- バーに向かって一気に身体を上げる。つま先を見て、足を落とさずに身体を反転させ、一気に肩から倒立まで引き上げる
- 左肘を伸ばしたまま、左肩で先導するように一気に引き上げていく
- スウィングすると同時に、かかとを返して上昇方向を定め、ポールの反発に一気に乗る。上昇方向へ飛ばされるというイメージ
- 右グリップに右足首が近づいているなかで、肩を落としながら倒立姿勢をつくっていき、ポールと肩の入れ替え（通常、ロックバック前後の姿勢では、進行方向に対して肩はポールより後方にある。その後方にある肩を、倒立姿勢の段階ではポールより前方、あるいはポールの鉛直上に肩を移動させること）を行う
- 肩の入れ替えでは、足先がバー方向へ流れないように注意する。スウィング始動から倒立、クリアランスまで、左右の足首は締めて、背屈しておく
- ロックバックから倒立に入るときに、足首に力を入れてかかとからバーの手前に上がっていく

図5●引き上げ局面と動きのヒント

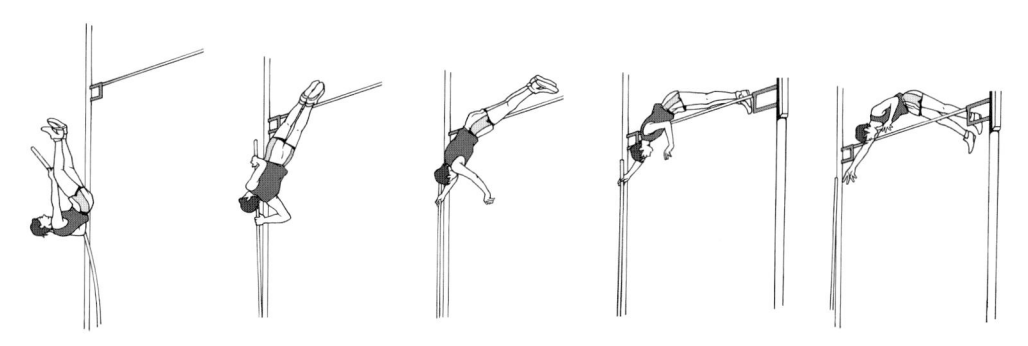

- 慌てない
- へそを引いて、おしりを突き出すように、身体が弧の形になるようにする
- バーを越えるまでは反らないようにする

- 無理に逃げずに、ポールからの反発に身を任せる
- 上昇スピードを利用して、腹部でバーを越すように合理的な姿勢をとる

図6●クリア局面と動きのヒント

をきれいに引き上げて跳ぶことよりも、より硬いポールを使い、身体が多少ポールから離れようと、ポールの強い反発に乗って一気に身体を放り上げることを重視しています。具体的には、図6に示すように全体の動きが垂直方向に移って以降は、両脚はまっすぐに伸びたまま、腰が右手首に近づいていきます。従来は、左腕は曲げて、手首で身体を左肩のほうに引き寄せるのが一般的な技術でしたが、近年では左腕は完全に曲げずに、やや伸ばした状態で、上昇速度を殺さずに身体を放り上げ、同時に上方にひねり跳ね上げるようになっています。この局面の動きのヒントは、図6の下にまとめた通りです。

2 棒高跳のトレーニング

1) 助走練習

助走を安定させるために、実際に跳躍するときと同じ助走距離をトラックにとり、跳躍をするイメージで助走し、仮のボックスに突っ込んで走り抜けます。加速の仕方やリズムのとり方によって踏み切り位置が違ってくるので、何回も繰り返して、踏み切り位置が一定になるように練習して、自分に適したリズムや加速の仕方を身につけるようにします。中間マークや踏み切り位置を毎回確認することが大切です。

2) 突っ込み～踏み切り練習

「1、2」のリズムで歩きながら突っ込み～踏み切り動作を繰り返します。次にジョクをしながら行い、さらにスピードを上げて行います。100m走る間に3～4回、突っ込み～踏み切りの動作を入れていきます。ここで大切なのは、駆け込みながら突っ込み～踏み切り動作を行うことです。

3) ポール走

50～100mの距離をその日の目的に応じて選び、ポール走を行います（図7）。いずれの距離の場合も、最後の20mは全力で駆け込みます。

ポール走では、普段使用するポールより軽いポー

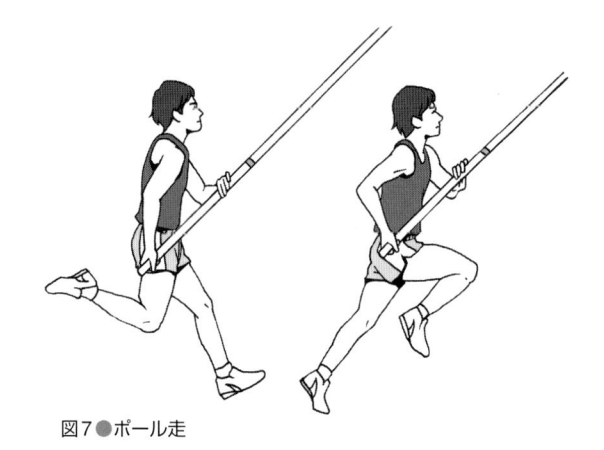

図7●ポール走

ルを使用して、フォームやリラックスを心がけたり、重いポールを使用して筋力強化に努めたりすることも大切です。

4) ポールの基本動作
① 2歩、4歩、6歩、8歩の助走で、突っ込み〜踏み切り〜ぶら下がり〜スウィング練習を行います。
② 中助走から全助走でポール曲げを行います。ここでは最後の3歩の勢いと大きさに注意しましょう。
③ ポールの跳ねを利用した跳躍練習：なるべく遠くへ身体を跳ばす「かっ跳び練習」、2m先にゴムバーセッティングをする跳躍など、ポールの跳ねを利用した跳躍練習は最も大切です。
④ 短助走、中助走、全助走でのトライアル：バーをかけて試合形式で行います。実戦につながる大切な練習です。

5) 専門体力トレーニング
棒高跳では、空中での局面で、ほかの陸上競技にはない特別な動きが求められます。これを身につけるのに有効なのが器械体操的なトレーニング、なかでもロープを使っての登りや振り練習のほか、倒立歩行などが効果的です。このほか、マット、鉄棒、平行棒、つり輪なども大切な練習になります。

3 棒高跳のトレーニング計画

1) 目標設定と計画立案
トレーニング計画を立てるにあたっては、ただ記録だけの目標を立てるのではなく、まず現在の自分の能力を把握して、技術と体力を段階的に高めていけるような目標を立てることが大切です。自分自身の技術的、体力的、精神的能力をよく理解し、弱点部分を細かく分析し、重点的に強化できるような計画を立てなければなりません。ここでは、具体的に年間のトレーニング計画を立てる際にポイントとなることを考えていきましょう。

2) 年間のトレーニング計画
① 過渡期（11月）
原則として積極的休養となるようなトレーニングを行い、試合期に生じた精神的、身体的疲労を取り除くように楽しくリラックスした気分で取り組むようにします（表1）。
② 鍛錬期（12〜2月）
全面的な体力づくりを重視して、専門的な体力も高める時期です。量をこなすことによって、腱や靭帯などの強化を図ります。また、技術練習にもじっくり取り組める時期ですから、自分のよい技術をさらに伸ばし、欠点の矯正を徹底していきます。トレーニングにあたっては、内容が単調にならないように、週2回くらいは校外を利用して変化をもたせるとよいでしょう（表2）。
③ 仕上げ期（3〜4月）
鍛錬期に高めた体力をさらに専門的に高め、より高度な技術に結びつけていく時期です。補強運動を行う場合も、実際の動きに即した方法となるよう工夫したいものです（表3）。
④ 試合期（5〜10月）
いくつかの重要な試合でよい成績を上げるために重点を置く時期ですが、棒高跳の場合は技術的、体力的に高めなければならない要素が多いため、練習内容も豊富になってしまい、シーズン中でもあまり練習量を減らすことができません。また、時間も長くかかるので、早朝や夜間などを利用して、部分的に高める工夫なども必要です（表4）。

また、秋の試合を目指す場合は、8月に鍛錬期と仕上げ期の練習を並行して行うことが大切です。これは気分転換を図ると同時に体力の蓄積にもなります。

4 トレーニングの実践にあたって
棒高跳のトレーニングを行ううえで、意識したいところ、心がけたいことを以下にまとめます。実践に際してのヒントとして取り入れてください。

- 姿勢、歩き方、走り方など、陸上競技の基礎的な動きづくりを日常の生活のなかで徹底して行う
- 基本技術を徹底して習得するとともに、調子を崩したときは基本に戻る。一流選手になるほど基本を大切にしている

表1 ● 過渡期のトレーニング計画例

月	球技、上体補強
火	短助走トライアル、上体補強
水	球技、器械体操
木	積極的休養（ジョグやマッサージなど）
金	球技、上体補強
土	短助走トライアル、上体補強
日	完全休養

表2 ● 鍛錬期のトレーニング計画例

月	ウインドスプリント、変形ダッシュ、サーキット、突っ込みの基本
火	短助走・中助走のトライアル、ポール走、上体補強
水	校外を利用（上り坂ダッシュ、バウンディング等、上体補強）
木	球技、器械体操
金	校外を利用（上り坂ダッシュ、バウンディング等、上体補強）
土	短助走・中助走のトライアル、ポール走、上体補強
日	完全休養

表3 ● 仕上げ期のトレーニング計画例

月	ウインドスプリント、突っ込みの基本、中助走のトライアル、上体補強
火	中助走のトライアル、ポール走、上体補強
水	ウインドスプリント、ダッシュ、バウンディングなど、ポール走、上体補強
木	器械体操
金	ウインドスプリント、突っ込みの基本、中助走のトライアル、上体補強
土	中助走のトライアル、ポール走、上体補強
日	完全休養

表4 ● 試合期のトレーニング計画例

月	ウインドスプリント、中助走のトライアル、上体補強
火	全助走のトライアル、助走練習、上体補強
水	ウインドスプリント、ダッシュ、バウンディングなど、ポール走、上体補強
木	器械体操、突っ込み基本動作、上体補強
金	ウインドスプリント、中助走のトライアル、上体補強
土	全助走のトライアル、ポール走、上体補強
日	完全休養

- 体力づくりと技術練習は並行して実施する。スピードや筋力が高まるほどリズム、テンポが速くなり、技術は高度になる。これに対応するために技術練習は年間を通して行うべき
- 技術面、体力面、精神面における自身の弱点を把握し、コーチの助言を参考にして、矯正する方法を見つける。弱点は重点的に矯正するとよい
- 常によいイメージを描き、1つ1つの動作について目的意識をもって取り組む。今やっていることが何のためか、どこを強くしているのか、効果はどうなのかということを常に意識する
- 試合での実力発揮能力や集中力を高めるために、練習時における成功率を上げておく。普段から助走を開始したら、よほどのことがない限りは試技途中でやめないなどを心がけ、決断力を高める
- 実際の動きに応じた筋力トレーニング、技術に直結した筋力トレーニングを行う
- 栄養、休養、睡眠の意義を理解し、競技者らしい生活を自主的に行う。特に栄養とトレーニング効果の関係については十分に確認する
- 危険が多い種目なので安全面には特に留意する。施設、設備、用具の点検はもちろん、常に安全について気を配り、ケガ、故障の予防に努める

（田中光）

第4章 投てき

1 ── 砲丸投

❶ 砲丸投の技術ポイント

砲丸の飛距離を決定する要素は、手から砲丸が離れるときの「高さ」「角度」「初速度・スピード」です。特に、これらのなかで重要となるのが「初速度・スピード」であり、この要素を向上させる方法として、次の3つの動作があげられます。

- 投てき方向に身体を移動させる動作
- 投てき方向に身体を振り向かせる動作
- 投てき方向に下半身から上半身へと力を伝達させる動作

そして、実際の投てき動作は次のように行われます。

①スタート局面（図1①～②）

スタート局面の動作では、右股関節を中心としてシーソー運動を行うように上半身を前方へ傾け左脚を上げます。次に、上半身を前方に傾けた状態のまま目線の位置をサークル後方へ決め、上げた左脚を右脚に引き戻しながら腰を落とします。このとき、十分に腰を落とすことで、支点となる右足よりも投てき方向に体幹部の位置が来るため、投てき方向に身体を移動させる準備ができます。腰を深く安定して落とすには、左足のつま先を右足の内くるぶしま

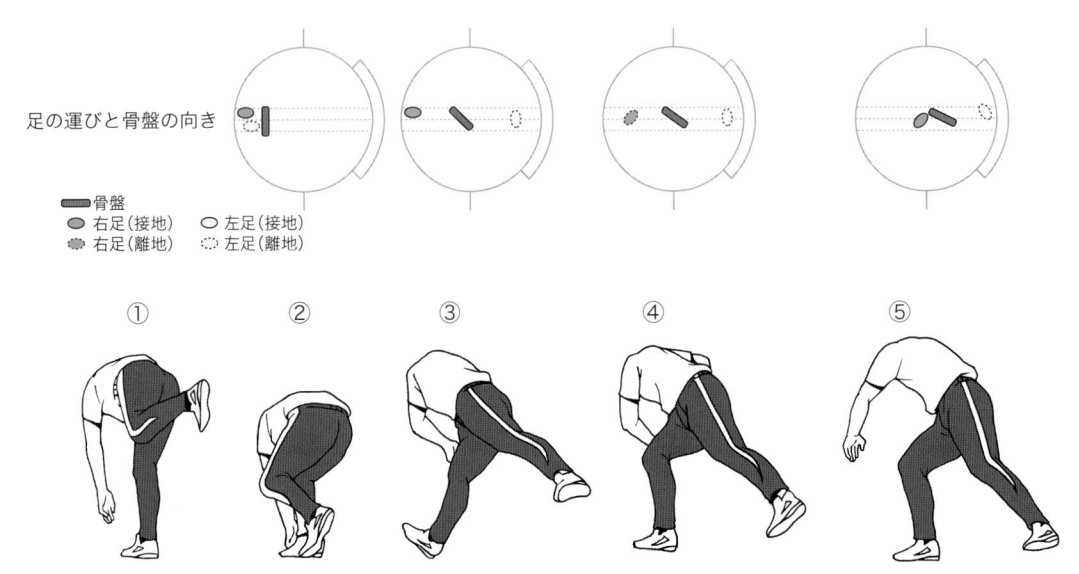

足の運びと骨盤の向き

■ 骨盤
● 右足（接地） ○ 左足（接地）
● 右足（離地） ○ 左足（離地）

①～③十分に腰を落とし、動きを止めずリズムよく行う。④右脚の引き込み動作を腰の真下まで素早く行い、右足底全体で接地する。⑤左足接地を迎えるまで上半身と目線を保持する

図1● 砲丸投の動作

でしっかりと引き戻し、へそを地面へ垂直に落とす意識をもちます。左脚の動作は次のグライド局面の動作（左脚の送り出し動作）まで動きを止めずリズムよく行うことが大切です。

②グライド局面（図1③～⑤）

グライド局面の動作（グライド動作）では、上半身と目線をスタート局面の状態のまま保ち、「左脚の送り出し動作」を投てき方向へ直線的に股を大きく開くように開始します。左足の送り出し動作後、右足の「かかと」からサークルを離れ、「右脚の引き込み動作」を腰の下まで行います。右脚の引き込み動作は、体重が右くるぶしへ移動したときに「右股関節の水平内転・内旋・屈曲の動作」で右膝を素早く左腰に引きつけ、右足の接地は地面反力を得るために足底全体で行います。これらの動作により、骨盤が反時計回りに回旋され、直線的に送り出された左脚の軌道はスタート局面時の右足後方線上へ変わります。つまり、グライド動作は単に後方へ移動することだけではなく、投げ局面の動作における投てき方向へ下半身から身体を振り向かせるための準備動作の役割も担っているということです。

③移行局面から投げ局面（図1⑥～⑩）

グライド局面から投げ局面をつなぐ移行局面では、投てき方向に下半身から身体を移動させ振り向く動作を行うために、上半身と目線をグライド動作後の状態のまま保ち、左足をかかとまで接地します。接地後からは、左足底全体で地面を真上から押さえるように体重を加え、左腕のみ投てき方向へ開きます（パワーポジション、図1⑥）。そして、投げ局面の動作（投げ動作）では、左肘を屈曲させ、左体側に引きつけていくことで、左半身を中心とした上体の後傾から起き上がる動作を行いながら砲丸を突き出します。また、突き出し動作は、砲丸を保持する前腕部が、パワーポジション時の右肩と左肩を結ぶラインに沿って直線的に通るように行うことが大切です。突き出し動作後は、投てき方向に移動してきた右脚の動きに合わせて左脚を入れ替える制御動作（リバース動作）を行います。

2 砲丸投の技術トレーニング

1) 投げ動作

投げ動作は、主観的にも砲丸自体へ「力・エネル

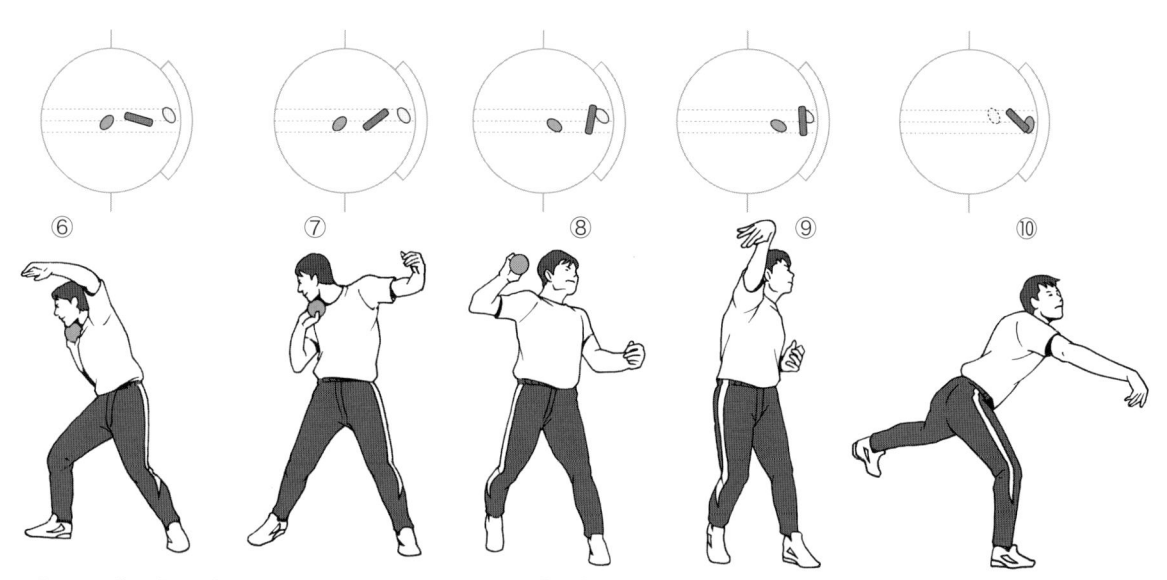

⑥頭と目線を残し、左足のかかとまでしっかり接地する。⑦～⑨左腕の引きつけと直線的な突き出し動作を心がける

ギー」を加えていく重要な局面なだけに、正しく身体の力を砲丸に加える動作を習得する必要があります。その動作を習得するためには、パワーポジション（投てき方向に対して横向きの構え）からの投てき練習を重視します。パワーポジションとは、下半身・上半身ともに砲丸に力を加える準備ができている構えを呼びます。具体的には、図2のように重心が身体のほぼ中央に位置し、下半身は投てき動作のなかでも最も力が発揮できる「両脚支持局面」となり、上半身は肩のラインが投てきする方向と角度に定まっている構えとなります。まずは、このパワーポジションの構えから砲丸を「投げ切れる」ようになることを目標にして、その他の投てき練習（技術）へと発展させましょう。

①シーソー投げ

　パワーポジションからの投てき練習の導入です。足のスタンスを肩幅に決め、左腕を投てき方向に向け片足を交互に上げて左右に体重移動を行います（図3）。接地は足底全体で地面の反発を股関節まで感じるように行い、これを2～3回程度繰り返します。左足が接地するタイミングに合わせて左肘を屈曲させ左体側に引きつけながら前腕部が肩のラインを直線的に通るよう砲丸を一気に突き出します。

②パワーポジションからの投げ

　パワーポジションからの投げでは、砲丸に力を加える距離を長く確保するために右くるぶしの上に砲丸をセットし、構えをつくります。次に、目線の位置をサークル後方に決め、上半身の構えを保ったまま左足のみ地面から離し、シーソー投げと同じように投げます（図4）。左足が接地し投げ動作に移行する際は、意識的に右足の母指球で反時計回りに回

図2●パワーポジション

図3●シーソー投げ

図4●パワーポジションからの投げ

転させる動作を行いがちですが、これは体重移動の妨げとなるので注意しましょう。

③立ち投げ

立ち投げは、投てき方向に背を向けた構えをつくり、グライド動作からパワーポジションにつなげる移行局面を想定した投てき練習となります。立ち投げでの投てき練習では、一度パワーポジションに移行してから投げ動作を開始する意識をもつことが大切です（図5）。

④チェックすべきポイント

a）突き出しと立ち投げの構え

突き出し終了後、左くるぶしと左肩を結んだ線が地面に対して垂直に立ち、突き出した腕が身体の中心に収まっているか確認します。立ち投げの構えでは、右くるぶしと砲丸を結んだ線が地面に対して垂直に立つように構え、右腰にタメを感じることが大切です（図6）。

b）パワーポジションと立ち投げのスタンス

パワーポジションと立ち投げの構えをつくるときには、投げ動作で確実に右脚（右軸）から左脚（左軸）へと重心移動ができる自分の身体のサイズと筋力に合ったスタンスを決めることが大切です。決め方は、右軸をつくり、その右軸を崩さないように腰を落とし投てき方向に左脚を広げます。腰が落としにくくなったポイントが自分に合ったスタンスとなります（図7）。

2）グライド動作

グライド動作は、片脚支持のみによる単脚のホップ動作で投てき方向へ移動することから筋力的にも負担が大きく、高い技術力が必要です。したがって、グライド動作の習得では、確実に動作を習得し、技術の理解を深めていくためにも、立ち投げの構えに近い動作から段階的にグライド動作へと発展させましょう。

①その場入れ替え

サークル中央より、右股関節の内旋と屈曲動作を行い、素早く右足と左足を入れ替え、立ち投げの構えからパワーポジションに移行して投げます（図8）。右足の接地は、地面の反発を得られるよう足底全体で行い、左足が接地するまで上半身と目線は

図5●立ち投げ

図6●突き出しと立ち投げの構え

図7●パワーポジションと立ち投げのスタンス

動作開始の状態のまま保ちます。正しい動作ができれば左足と右足のつま先の位置が入れ替わります。
②両足ステップ投げ(右足スタートまたは左足スタート)
　右足の位置をサークルより約1足長、間隔を開け、左足をサークル中央に接地することでスタート位置を決めます。次に、目線の位置をサークル後方に決め、上半身を動作開始の状態のまま保ち、左足へ体重を移動させ、右股関節の水平内転・内旋・屈曲をともなった右脚の引き込み動作を行います。そして、左足と右足を入れ替え立ち投げの構えからパワーポジションに移行して投げます(図9a)。右脚の引き込み動作に慣れてきたら右足のスタート位置に左足を揃えた状態から左脚の送り出し動作をサークル中央まで行い、左脚の送り出し動作から右脚の引き込み動作を開始するタイミングを習得します(図9b)。
③ショートグライド
　両足ステップ投げと同じスタート位置より単脚でのグライド動作を行います(図10)。投てき方向に進む移動距離が短いことから、進むことよりも右脚の引き込み動作や立ち投げの構えをつくることに意識をもつことが大切です。動作に慣れてきたら徐々にスタート位置をサークル後方に近づけていくと同時に左脚の送り出しも大きくしながら移動距離を伸ばし実際のグライド動作へ発展させます。

3 砲丸投のトレーニング計画

　練習計画では、最終目標にたどり着くまでの長期計画を立案し、段階(学年)ごとに身につける「技術」と「体力」のねらいを決めます(表1参照)。
　「技術」においては、1段階目が「投げ切る」ことをねらいとして立ち投げまでの動作を、2段階目は「勢いをつける」ことをねらいとしてグライド動作を中心に実施します。3段階目は「投げ切る」と「勢いをつける」を「つなぎ合わせる」ことをねらいとしてグライド動作から投げ動作に移る移行局面の動作(全体的なリズムや流れ)、または自分が不得意とする局面動作の復習を中心に実施します。
　「体力」においては、パワー能力を向上させることが重要となります。このパワーとは「力×スピード」であらわされ、砲丸投でいえば砲丸に打ち勝つ「力」とそれを速い動作で実行する「スピード」です。そして、パワー能力を向上させる代表的なトレーニングとしてウエイトトレーニングがあげられます。しかし、ウエイトトレーニングの種目は前後左右の重心移動が少なく、実際の投てき動作の筋の収縮スピードよりも遅いことや、初心者は十分な負荷を与えることが難しいといった落とし穴もあります。
　したがって、体力トレーニングの1段階目は、「総合的な体力づくり」をねらいとして、サーキットトレーニングなどを中心に、ウエイトトレーニングは基本的な種目のフォーム習得(12〜20回×3〜6セット)までに留めます。また、この段階では、今後のトレーニングを効果的なものとするために「筋の使い方」に比重を置き、メディシンボールを利用したトレーニング、走練習やさまざまな跳躍練習などを多く実施します。2段階目は、「専門的な体力づくりへの移行」をねらいとして、自体重トレーニングなどの頻度を調整し、ウエイトトレーニング(6〜12回×6セット)にも集中できるよう練習を組み立て身体に与える負荷を向上させます。3段階目は、「専門的な体力づくり」をねらって、ウエイトトレーニングでは「最大筋力」の向上に努め(ピラミッド方式)、専門性の高いクリーンやスナッチ、投てき動作に類似したトレーニングなどを実施します。
　次に長期計画を基にして、1年間を鍛錬期、シーズン期、調整期に分け、具体的な練習種目など、「技

表1●各段階におけるトレーニングのポイント

	技　術	体　力
1段階目 (導入/基礎)	立ち投げ中心 (投げ切る)	自体重トレーニング中心 (総合的な体力づくり)
2段階目 (展開/専門基礎)	グライド動作中心 (勢いをつける)	自体重トレーニングと ウエイトトレーニング (専門的体力づくりへの移行)
3段階目 (まとめ/専門)	立ち投げ+グライド動作の移行局面 (つなぎ合わせる)	ウエイトトレーニングや投てき動作に類似したトレーニング中心 (専門的体力づくり)

1　砲丸投

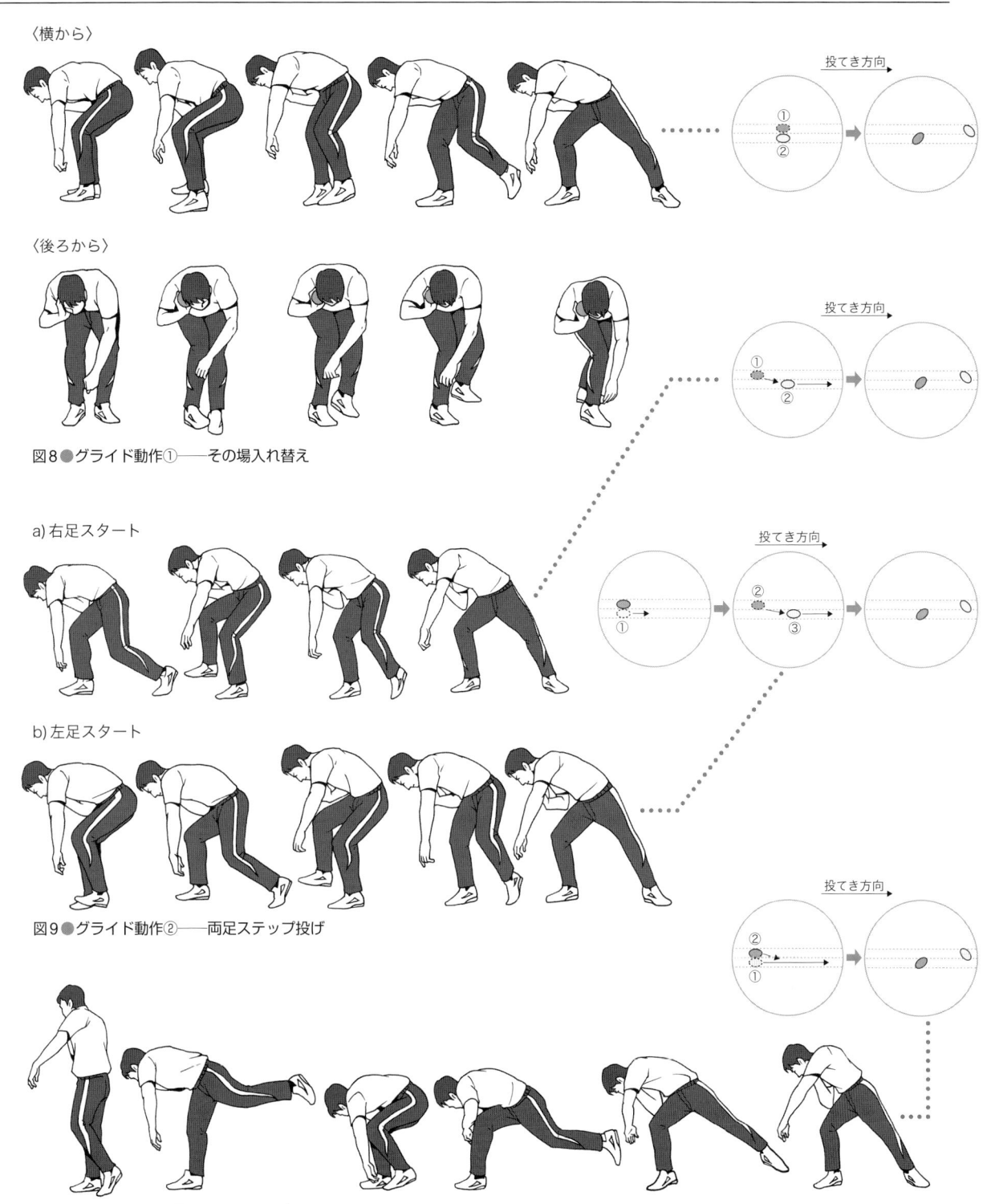

〈横から〉

〈後ろから〉

図8●グライド動作①──その場入れ替え

a) 右足スタート

b) 左足スタート

図9●グライド動作②──両足ステップ投げ

図10●グライド動作③──ショートグライド

投てき方向

表2●長期計画の参考例

内容	鍛錬期 月 火 水 木 金 土 日	シーズン期 月 火 水 木 金 土 日	調整期 月 火 水 木 金 土 日
W-up（快調走まで）	休養日 ● ● ● ● ● ●	休養日 ● ● ● ● ● ●	休養日 ● ● ● ● ● 試合
ラダー	● ● ● ● ●	● ● ● ● ●	● ● ● ● ●
SD（スタンディング）	● ● ●	● ● ● ○	● ● ●
変形ダッシュ	● ● ●	●	
走練習	○ ○	○ ●	●
バウンディング	● ●	● ●	
ハードルジャンプ	●	● ●	●
ボックスジャンプ			
投げまたは動きづくり	○	● ● ●	○
ウエイトトレーニング	● ●	●	●
サーキットトレーニング	●	●	●
その他　補強	● ●	● ●	●
C-down	● ● ● ● ● ●	● ● ● ● ● ●	● ● ● ● ●

※○は余裕があれば実施する。ウエイトトレーニングとサーキットトレーニングは交互に入れ替えてもよい。また，階段などを利用したトレーニングなども効果的である
W-up：ウォーミングアップ，SD：スタートダッシュ，C-down：クールダウン

術」と「体力」の目的意識を明確にします。注意したいポイントは、トレーニングのねらいだけではなく、砲丸投は身体に負荷を与えるトレーニングが多いことから、同じトレーニングを行う場合は48〜72時間（2〜3日）空け、疲労回復も考慮したメニューを作成することです（表2）。

4 回転投法について

回転投法（図11）は「ファーストターン」から、投てき方向に左足から右足へと両脚を用いたランニング系の動作で移動するのが特徴です。また、グライド動作よりファーストターンの動作範囲が大きいことから、全身の加速を生かした身体的不利を受けにくい投法として小柄な日本人競技者には可能性が期待できる投法といえます。ただ、回転投法は、投げ動作において砲丸に加える力の方向や角度を合わせることが難しいという問題点があります。回転投法に取り組みはじめる競技者は、あまり部分的な動作にとらわれず、回転動作中の砲丸の軌道や砲丸が投げ出される方向、そして全体の動きを止めないことなどに意識をもちましょう。

（野口安忠）

図11●回転投法

2──円盤投

円盤投は、ターンの前半で上半身と下半身のひねりをつくっておいて、それを後半で一気にひねり戻すパワーを利用して振り切り、飛距離を競う競技です。

また円盤の形状から、空気抵抗が記録に大きく作用するので、きれいに円盤を滑空させるのも大きな技術的要因となります。体力的要因として、敏捷性・筋力・瞬発力等が求められます。

実際の動作については、写真1に示した通りです。

❶円盤投の基本的な技術やポイント

1) ルール

円盤投は直径2.5mのサークルから約35度の角度線のなかに投げるという基本的なルールがあります。したがって円盤投の技術もこのルールに則って発展してきました。現在では1回転半のターンを利用して投げるのが一般的です。このルールを無視してサークルからはみ出して何回投げても、結果にはつながりません。

写真1●円盤投の動作と局面

2) スタンディングスロー

スタンディング、または立ち投げといわれる、ターンを用いない投げでは、振り切りの強さがそのまま記録となります。ターンで投げたときの約90〜95%の距離を投げることができるので、スタンディングスローもおろそかにできません。競技会で実際にスタンディングで投げないにしても、練習時のスタンディングの記録を向上させることが安定した記録につながります。

3) ターンの準備

まず、サークルに入る際にどちらの足で入り、何回円盤を振ってスタートするか、普段からパターン化しておきます。そうすることで緊張感も和らぎ、雨や風のことが気にならず、集中してスタートできます。

4) ターンの前半

円盤投のターンは前半でひねりをつくり、後半でそのひねりをひねり戻すときに、大きなエネルギーが生み出されます。これを利用すると、自分でも驚くくらい記録が伸びてきます。つまりターンの前半では後半に備えていかに円盤を残した状態、いいかえれば弓を最大限に引いた状態にもってこられるかがポイントとなります。加えてターンのスピードを上げるために右足を振り込んだり、重心を投てき方向に倒したり、円盤を残すために左手を開かないようにしてブロックしたりするなどもテクニックです。

5) ターンの後半

ターンの前半でひねりをつくることによって蓄えられたエネルギーを、パワーポジションで一転して一気にひねり戻します。具体的には左足がサークルに接地するタイミングで残した円盤を一気に振り切ります。このとき左足は一瞬ブロック動作を受け持つので、シューズをハの字に開き母指球で地面を蹴るようにします。たたきつけるといったほうが適切かもしれません。

6) リリースからリバース

リリース（円盤が離れる瞬間）はリリースポイントをしっかりと意識して行います。ここで注意したいのはリリースポイント以降もフォロースルーを怠らず、腕を伸ばしたままあごの下に右肩が来るようにし、右手はズボンの左ポケットの位置までもっていきます。

リバース（足の踏み替え）はやらなければならない技術ではありません。実際、世界大会でもノーリバースで投げる競技者はたくさんいます。ファウル防止とタイミングを合わせる目的ではやってみる価値はあると思いますが、リバースを行ってファウルしてしまっては本末転倒です。最後はその競技者に向くか向かないかですから、しっくりくるほうを選択してください。

7) 全体的なポイント

円盤投は長身の競技者が多いですが、2.5mのサークル内ですごいスピードで回って投げても、なぜファウルしないのでしょうか？　それは右足をサークル中央へ着く寸前に、膝を回し込んで少し後ろに戻すようにしているからです。そうすることでサークル端まで距離的に余裕ができ、ファウルをしないのです。また、その動作により時間的にも余裕ができ、相対的に左足が接地する時間が早くなり、円盤を素早く振り切ることができるのです。

〈円盤投の用語解説〉

円盤投に取り組むうえで知っておきたい主な専門用語を紹介します。

パワーポジション　投げの構えのこと。スタンディングで円盤を後ろに極限に引いた状態

リリースポイント　振り切りの際に円盤を離す位置のこと。腕を伸ばして肩の延長線上で離すと遠心力がフルに使えて有利である

切り返し　ターンの前半で上半身と下半身をひねっておいて、逆に後半そのひねりをひねり戻すこと

リバース　振り切り時にタイミングよく爆発的に脚のリフティングを使い、ジャンプするようにして円盤に最後の力を加える。また、左右の足を入れ替えることでファウルの防止にもなる

円盤の残し　ターンの途中からパワーポジションまで一貫して円盤を右の臀部よりも後方に残しておくこと。これにより、結果的に長い距離、円盤に力を加えることができる

2 7つの局面別トレーニング

円盤投のための技術トレーニングとして、円盤投の動作を7つの局面に分けて、そのトレーニング法を紹介します。

①スウィング：スウィングドリル（写真2）

下半身は両足の母指球で地面を押さえるイメージで、かかとを浮かしながら円盤を振り回します。上半身はリラックスして振り、遠心力で円盤が指の先にかかるようにします。

②スタート：スタートドリル（写真3）

左足に重心を移しながら、360度回ります。ポイントは左足のかかとと右足を連動させること。これによってスムーズな360度回転ができます。

③重心の移動と右足の振り込み：重心移動ドリル（写真4）

左足で最後まで地面を押すようなイメージで股関節を開き、右足を接地します。

④右足の振り込みと足の入れ替え：足の入れ替えドリル（写真5）

素早い足の入れ替えをすることで、スピード感あふれるターンを目指します。下半身と上半身のひねりを瞬間的につくるようにし、右足をつく位置は左足があった場所より後ろに戻すようにします。

写真2●スウィングドリル

写真3●スタートドリル

写真4●重心移動ドリル

写真5●足の入れ替えドリル　　　　　　左足があった場所

写真6●ピボットドリル

写真7●チューブ引き

写真8●リバースドリル　├─左足があった場所

⑤右足の接地からパワーポジション：ピボットドリル（写真6）

　右足のつま先をコンパスの針のようにして、左足と左足のかかとを連動させて動かします。

⑥リリースとブロック動作：チューブ引き（写真7）

　伸縮性のあるチューブを用いて、振り切り時のリリースポイントと左脚・足のブロック動作を習得します。何度チューブを引いても同じところにリリースポイントが来るようにします。

⑦リバース：リバースドリル（写真8）

　右肘を曲げて、振り切るつもりで顔の前まで右肘をもっていき、そのタイミングで左足のあった場所に右足を入れ替えます。リバースすることで瞬間的に円盤に力を加えることができ、またファウルの防止にもなります。

3 円盤投の練習計画

　円盤投は回転動作やタイミング、身体のコーディネートが重要な種目なので、技術練習を多く取り入れます。特に試合期は、身体がフレッシュなうちに技術練習を行います。

　一番多く取り入れる技術練習が、実際の円盤投です。ネットに向かって、2人組で向かい合って、サークルから数枚の円盤を連続してなど、なるべく多くの本数を投げることが技術の向上に結びつきます。平均して、1日に50〜100本投げることが可能ならいうことはありません。雨、風、低温、高温など物理的条件や、ほかの部活動との兼ね合いや、学校の実情等によって投げることのできない日は、その分、空ターンやタオル振りなどのイミテーションドリルを多用します。これなら場所と環境を選ばず手軽に行えます。

　大きく記録を伸ばすには、体力トレーニングも欠かせません。特に筋力アップに必要なウエイトトレーニング、瞬発力の養成にショートスプリントやジャンプ、さらに身体のコーディネートのためのサーキットトレーニングなどは必ず1日の練習メニューに組み込みます。

　鍛錬期と試合期の練習計画例を表1と表2に示しました。練習計画例を実践するにあたっては、鍛錬期では体力トレーニングの頻度を多くし、試合期には技術トレーニングの頻度を多くするということです。いずれの場合も心身ともにフレッシュなうちに投げることが重要です。

2　円盤投

表1 ●試合期の練習計画例

	技術練習	強度	内容	体力トレーニング	強度	内容
月	量を重視した投げ	強	・ドリル（ドリル8種類×10回×1セット） ・投げ（ネットまたは向かい合って、スタンディング20本、ハーフターン20本、ターン30本：計70本）	パワー系	中	・スタートダッシュ（30m×5本） ・ジャンプ（3歩バウンディング×5本）
火	質を重視した投げ	中	・ドリル（8種類×3セット） ・投げ（サークルから、試合形式の投げ3本×10セット：計30本）	筋力系	強	・ウエイト基礎種目（ビッグ3〈スクワット、ベンチプレス、クリーンまたはスナッチ〉各5回×3セット）
水	量を重視した投げ	強	・ドリル（8種類×10回×1セット） ・投げ（ネットまたは向かい合って、スタンディング10本、ハーフターン10本、ターン50本：計70本）	パワー系	中	・ショートスプリント（20m加速走×10本） ・ジャンプ（ハードル5台×5本）
木	質を重視した投げ	中	・ドリル（8種類×3セット） ・投げ（サークルから、試合形式の投げ3本×10セット：計30本	筋力系	強	・ウエイト専門種目（ラタラル10回×5セット、ツイスティング〈20～10kgのプレート保持〉10回×5セット）
金	調整	軽	・技術の確認（チューブやタオルを使って振り切り練習、円盤を持たずに空ターン）	身体ほぐし	軽	・ストレッチ（全身） ・マッサージ（全身）
土	競技会					
日	休養					

表2 ●鍛錬期の練習計画例

	投げ	器具	本数	形態	ウエイトトレーニング	サーキット	スプリント	ジャンプ
月	円盤（正規の重量）	円盤	70本	2人組で向かい合うか、ネットに向かって投げる	・ビッグ3（スクワット、ベンチプレス、クリーンまたはスナッチ）各5回×3セット	○		○
火	プレート投げ（5～10kgを両手で）	プレート	30本	向かい合って投げる	・ラタラル10回×5セット ・ツイスティング（20～10kgのプレート保持）10回×5セット		○	
水	円盤（少し重い重量）	円盤	50本	2人組で向かい合うか、ネットに向かって投げる	・ビッグ3（スクワット、ベンチプレス、クリーンまたはスナッチ）各5回×3セット	○		○
木	プレート投げ	プレート	30本	向かい合って投げる	・ラタラル10回×5セット ・ツイスティング（20～10kgのプレート保持）10回×5セット		○	
金	円盤（正規の重量）	円盤	70本	2人組で向かい合うか、ネットに向かって投げる	・ビッグ3（スクワット、ベンチプレス、クリーンまたはスナッチ）各5回×3セット	○		○
土	円盤（正規の重量）	円盤	30本	サークルから投げる	・コントロールテスト：毎週1RMの記録を測定することで筋力の状態を知る ・弱点の克服：自分の劣る部位の筋力トレーニングを行う		○	
日	休養							

表3●競技会当日のチェックシート

	チェック内容	Yes	No	対処方法
1	身体が十分ほぐれたか？			ジョグ、ストレッチを多めに行う
2	脚が思うように動くか？			ダッシュを数本入れる
3	思い切り振り切れるか？			タオルを使っての振り切り練習
4	ターンがスムーズか？			ドリルを行う
5	やる気になっているか？			水分補給、よく動いて汗をかく
6	落ち着いているか？			自ら進んで先生にアドバイスをもらう。人に話しかける

4 競技会に臨む

1) 小さな記録会は調整なしで

ジュニア期には記録会等の小さな競技会には、特に調整をせずに練習の一環として出場するようにします。記録を出すことよりも経験を積むことと、継続的にトレーニングを行うことが大事だからです。目標とする競技会には5〜3日程度の調整期間で十分です。この期間にファウルをせずに1投1投集中して投げるようにします。

2) 競技会当日のチェック事項

ジュニア世代では、競技会となると、ついつい平常心を保てなくなる競技者がよくみられます。これらは競技会に出場する経験が増えることで次第に解消されることでもありますが、競技会に出場する高揚感から確実に行うべきことができていないことが原因となっているケースがほとんどです。表3に示したようなチェックシートを用意して、自分の状態を冷静に把握してみましょう。できていないことがあった場合は、その対処方法に沿って行動することで状況を改善することができます。

3) 雨の日対策

投てき物を扱う円盤投においては、雨は大敵といえます。しかし、競技会は雨天の場合でも実施されますので、いかに雨天への対策ができているかがパフォーマンスを左右します。雨天の競技会では、次のような点に留意しておくとよいでしょう。

①炭酸マグネシウム

競技会では必ず備えつけのものがありますが、みんなが使うとなかに雨が入ったりして湿ってしまうので、必ず持参するようにします。

②かさとビニール袋

円盤と手を濡らさないために控えのテントからサークルまでかさを差し、ビニール袋に大切に円盤を入れて運びます。この2つは必需品といってよいでしょう。構えに入ったら素早く円盤を取り出し、雨に濡れないうちに投げます。練習時にこの予行練習をやっておくと、慌てずにすみます。

③高速サークルへの対応

近年、ハンマー投げ用にサークルの表面が研磨してある場合があります。こういうサークルの場合、雨に濡れると滑って最悪です。解決策としてはスローイングシューズではなくアップシューズを用いること。日頃から滑りにくいシューズを雨の日用に用意しておくことを勧めます。

4) 競技会を想定した練習を実施しておく

競技会になると突然練習の記録が出せなくなる競技者がいます。その理由は競技会を想定して練習していないからです。競技会ではとにかく3投で目標とする記録を達成しなくてはならないので1投目が非常に大切です。目標とする投てきを実現するための練習方法として、目標到達投げを紹介します。

〈目標到達投げ〉

①その日の調子によって、ベスト記録からマイナス1〜3mを目標記録に設定し、合計10本を超えたら終了する。10本で終了することを目指す。

②競技会での1投目を意識して、2回の練習（競技会では練習は2回）の後、目標記録を超えるように行う。5〜10セット行い、達成率を100％に近づける。

(山崎祐司)

3──ハンマー投

❶ ハンマー投を理解する

　ハンマー投は、サークル内を回転（ターン）することによって、ハンマーを加速させ、遠くへ飛ばします。まず、このターンの部分で、どのような力が働いているのかを理解しましょう。以下、右回転の例で話を進めます。

　図1に示したように、ターンの動作中には、回転軸に対して、①遠心力（ターンによってハンマーのヘッドに加わっていく力）と②求心力（遠心力に負けないように回転軸を保ち、ターンの構えを維持していく力）の2つの力が生まれ、その2つの力がつり合い、張り合った状態になっています。

　遠心力と求心力のバランスがとれていると、前傾・後傾することなくスムーズな回転が行えるため、その回転とともに回転軸は後方（投げる方向）へ移動していきます（図2）。

　この状態でハンマーをより加速させていくのに必要なのが、回転中のひねりと戻しの技術です。図3に示した①〜④の動作・意識を繰り返すことで、ハンマーのスピードを高めていきます。

①ターンのはじまり：ハンマーを後方から前方に出す（ひねりを戻す）

②ハンマーを振る：ひねりを戻すことによって生まれる力で左側に振り出す（加速させる）

③ハンマーを出す：ハンマーに後方まで力を加えていく（ひねり）

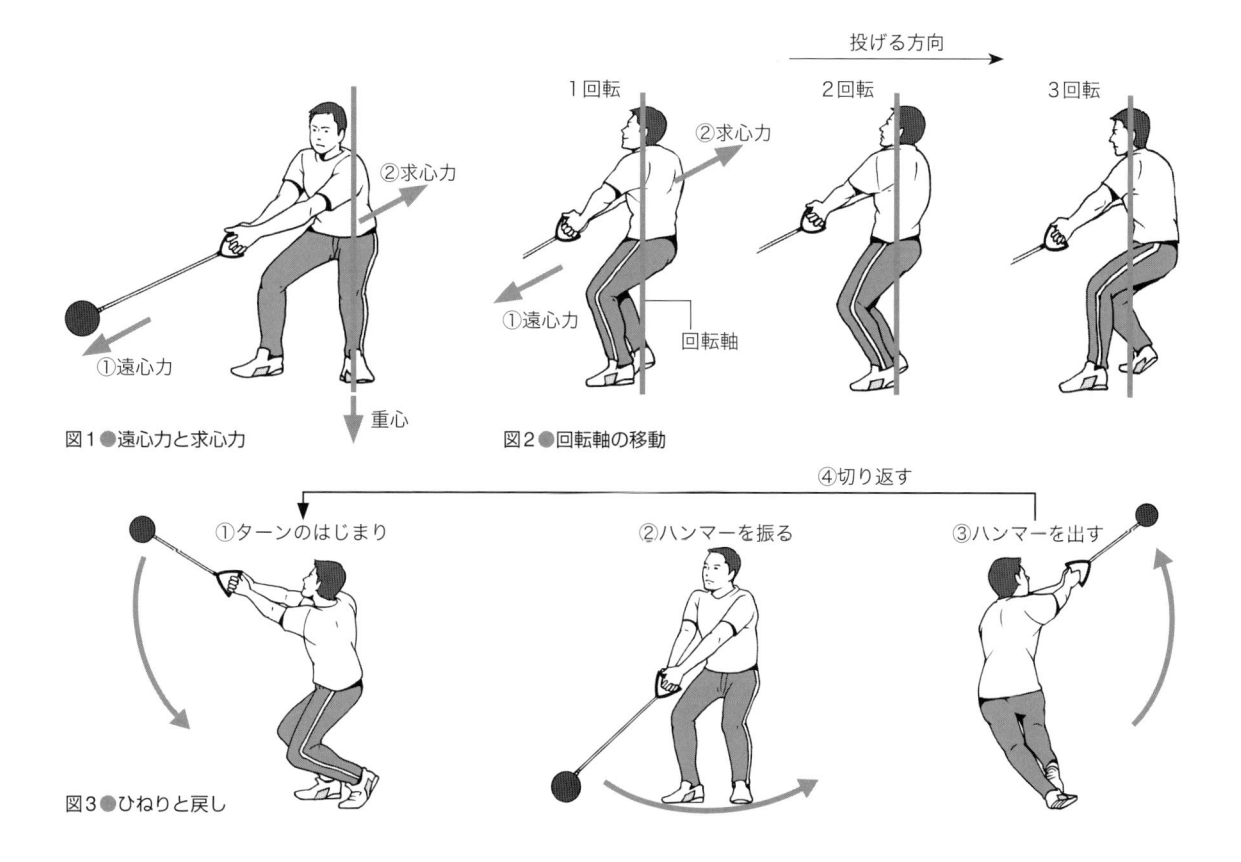

図1●遠心力と求心力

図2●回転軸の移動

図3●ひねりと戻し

④切り返す：下半身が上半身を追い抜く（ひねり）

❷ ハンマー投の技術

ハンマー投の動作は、スウィングからターンの入り、ターン、フィニッシュの3つに大きく分けることができます。

1) スウィングからターンの入り：右後方からターンの入りを意識して、ハンマーを左側に大きく送り出す局面です。
2) ターン：回転軸を保ちながら、ひねり・戻しの連続をスムーズに行う局面です。力を伝えるときに十分に加速して、力を伝えられないときは素早く切り返すことによって安定したターンを行うことができます。
3) フィニッシュ：回転動作で得た力をハンマーに伝える局面です。回転動作の延長線上にフィニッシュがあります。しっかりとしたターンを繰り返し行えれば、力強いフィニッシュができます。

以下に、各局面におけるポイントを紹介していきましょう。

1) スウィングからターンの入り（図4）

スウィングを終えた右後方からターンの入りを意識してハンマーを動かし（①）、右足つま先（○印部分）をしっかりと動かしながら、ハンマーを左側に大きく振り出していく（②～④）。①～④で腰のラインと膝の角度を同じに保つことでスムーズなターンができる。

〈うまくできていないと……〉
- 回転軸がつくれない。回転軸が傾いてしまう
- 右側に体重が乗った状態で、左側に重心が乗らない
- 腰のラインと膝の角度が崩れ、身体やハンマーの軌道が上下に動く
- ターンの入りが意識できず、ハンマーの動きに対して身体の動きが遅れてしまう

2) ターン（図5）

ハンマーを振り（①→②）、送り出す（②③④）意識をすることで加速していく。このとき、足のフ

図4●スウィングからターンの入り

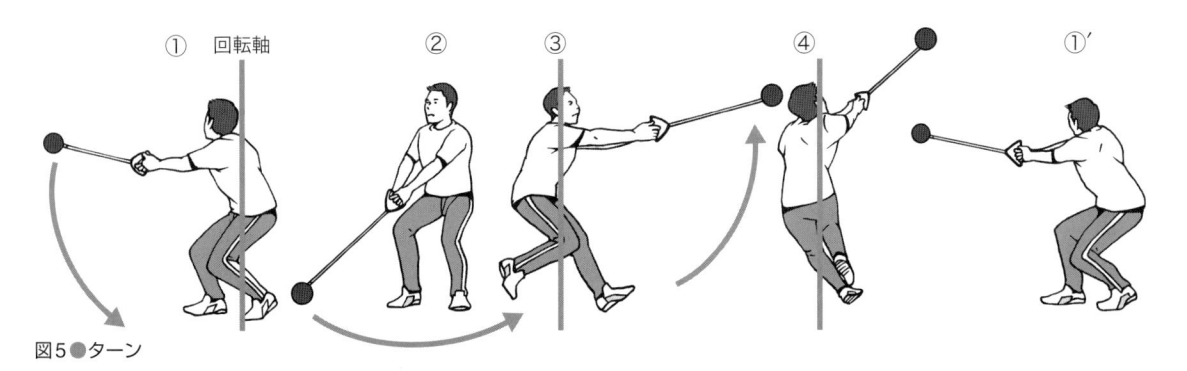

図5●ターン

ットワークの連続動作をスムーズに行うと、①②③④①´と動きがつながっていく。①〜④では腕を伸ばし、ハンマーを大きく動かしていくことで力が大きくハンマーに伝わる。④〜①´の局面で、ハンマーよりも、下半身が上半身を追い抜いて素早く回転する意識をもつこと。腰のラインと左足のかかとがしっかりと回転していることを注意する。

〈うまくできていないと……〉

- 足のフットワークがうまくできず、身体が遅れてしまい、ハンマーが先行していく
- ハンマーが先行していき、回転軸が傾くなどしてハンマーを送り出すことができない
- 腕が伸びず曲がってしまい、ハンマーとのバランスが崩れ、回転動作ができない
- 腕は伸びているが、速く回っているだけでハンマーのヘッドに力が伝えられていない
- 速く回転しようとする意識で、上半身が回っているだけで、下半身が回転していない
- 腰のライン、左足のかかとが回転不十分により、次の動作が遅れてしまう

3)フィニッシュ（図6）

ターンで加速したハンマー（①）を、②で身体をブロックすることで、地面からの反発を使って投げ

図6●フィニッシュ

図7●フットワーク──空ターン

出す（③）。①〜②のポジションをつくり、ここでハンマーが残っていることによって、後方からのフィニッシュを意識できる。さらに②で身体をブロックすることによって、フィニッシュで力を逃さずハンマーに伝えることができる。

〈うまくできていないと……〉
- ①でハンマーが前方に流れてしまうと、回転軸が崩れて十分なフィニッシュ動作ができない
- ②で身体のブロックができないと、身体が開き、ハンマーを引っ張ったり、ハンマーが抜けてしまったりしてしまう
- ①〜②のポジションがつくれないと、上体だけの手投げになってしまい、身体全体を使った力強い投げができない

3 ハンマー投の技術トレーニング

1）ターン練習
①足のフットワーク／空ターン（図7）
1回転を、スタートポジションから「イチ」・「ニイ」の2リズムでターンを行います。「イチ」で右足のつま先と左足のかかとの2点で、しっかりと後方まで動かし、「ニイ」で右足のつま先と左足のつま先で素早く回転して右足を着きます。このときに左足のかかとが浮いていると回転軸がつくりやすいですが、右足を素早く接地する意識が強くなりすぎて、左足のかかとが十分に回転しない場合があるので注意しましょう。

また、ターンの際には両腕で二等辺三角形をキープしながら回転動作を行います。ハンマーを持ってターンを行っている意識をしっかり感じながら、数十回または数十m繰り返しましょう。

②連続ターン（図8）
ハンマーを持って、連続してターンします。投げのリズムやハンマーを加速していくイメージを意識して行いましょう。

③スウィング・ターンの連続動作
2回スウィングから1回転をして、再び2回スウィングから1回転する動作を数十回繰り返します。これができるようになったら、2回スウィングから2回転の繰り返し→2回スウィングからの3回転の繰り返し→2回スウィングから4回転の繰り返しと、回転数を増やしていきます。

〈サークルを使う場合〉
2回スウィングからターンを行い、スウィングしながら再び元の位置に戻り、動作を繰り返します。3〜4回繰り返したら、最後はフルターンして投げます。段階的に、回転数を増やしていきましょう。

2）投げる練習
①スウィング投げ／1回転投げ／2回転投げ
競技レベルの向上とともに、投げの回転数を増やし、段階的に取り組んでいきます。1つ1つのターンがしっかりできなければ、回転数を増やしても加速することができません。また、かえってスピードダウンや投げのバランスを崩してしまいます。しっかりとした技術を身につけて、段階的に回転数を増やしていきます。

図8●連続ターン

図9●重さやワイヤーの長さを変えたハンマー 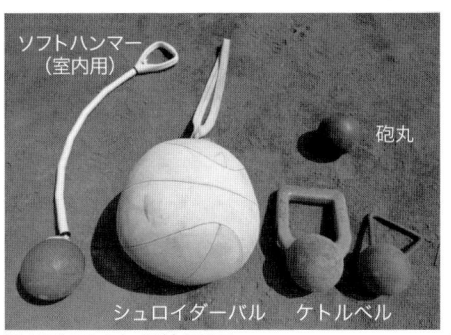　図10●ハンマー以外の器具 　図11●サイドスロー

② 3回転投げ／4回転投げ

最終的には、3回転投げか4回転投げに取り組んでいくことになります。

3回転投げは、少ない回転数でハンマーに加速を加えていきます。スウィングから1回転目に入る際に大きな力でターンに入っていくため、回転軸を崩して回転動作をしている選手やリズムをつくれない選手もいます。ただ、回転数が少ないことで、ターンが崩れる確率は低くなります。

4回転投げは、回転数が多いので、ハンマーにより加速を加えることができます。また、スウィングからターンの入りの力が少ないので、力みを抑えることもできます。しかし、十分な加速動作がつくれず、かえって投げに結びつかない場合があります。また回転数が多いので、バランスを崩す可能性も高くなります。

3) 専門的トレーニング

① ハンマーのワイヤーを短くする、ハンマーの重さを変える

ハンマーのワイヤーを、正規の長さより短くしたり（通常の長さより10cm、15cmなど）、ハンマーの重量を重くしたり（16ポンド、8kg、10kg）、軽くしたり（4kg、5kg）するトレーニングもあります（図9参照）。ワイヤーを短くしたり、重量の軽いハンマーを投げたりすることで、ハンマーが扱いやすく、ターンのスピード強化やターンの感覚を養うことができ、技術修正に取り組むこともできます。また、重量の重いハンマーを投げることで、筋力強化につながります。規格外のハンマーを投げることで、投げのバランスや感覚を身につけることができます。

注意したいのは、これはあくまでも技術向上のためのトレーニングという点です。本数を多く投げすぎるとバランスや感覚が崩れてしまうことがあります。5～10本前後にとどめてください。特に重量の重いハンマーを扱うことは、技術習得が不十分な選手や筋力の弱い選手の場合、技術が崩れてしまうので、取り入れないほうがよいでしょう。

② ハンマー以外の器具を使う

シュロイダーバル、ソフトハンマー、ケトルベル、砲丸（図10参照）を使って、投げや連続ターン、サイドスロー（図11）などを行い、投げのバランスや感覚を養います。ワイヤーの短いハンマーや重量の軽いハンマー同様に、コントロールしやすいので、技術向上や修正を行ううえで取り組みやすいはずです。ただ、投げる際は10～20本をめやすにしましょう。

4 ハンマー投のトレーニング計画

毎日の練習のなかでは、投げる練習が中心になると思います。「毎日どんな課題をもって投げるか」「今日はどんなポイントに意識をもって投げるか」をしっかりと確認して、投げる練習に取り組んでいきましょう。ただ投げているだけでは、どんなに投げても上手になりませんし、技術の改善につながりません。「投げる」という練習は、意識して投げることが

大切です。そして、目標・目的をもってトレーニングに臨みましょう。

1) 試合期のトレーニング計画（表1）

試合期（4〜10月）は、どうしても投げが中心の練習になりがちで、体力的要素（走る、跳ぶ、ウエイトトレーニングなど）を含んだトレーニングが不足しがちになります。体力的要素が充実しているからこそ技術的要素（投げ）がしっかりできることを再確認してください。バランスよく鍛えることが重要です。

2) 鍛錬期のトレーニング計画（表2、3）

鍛錬期（11〜3月）は、冬期練習といわれます。月ごとに区分けしてどのような目標・目的をもってトレーニングするかをよく考えてください。そうすれば、やるべき練習が見えてきたり、今取り組むべき練習は何であるかがわかったりします。また、どうしても気持ちが滅入ってしまうときがありますが、そういう場合は練習メニューに変化をつけて、苦しい練習も楽しくできる工夫をしていくことが必要です。この時期は、目標とする競技会がないので、その分じっくりと投げの修正に取り組むことができます。連続ターンや空ターンの反復練習を行い、理想とする投げに近づけるように投げの感覚を養っていきましょう。

表1に試合期、表2・3に鍛錬期のトレーニング計画例を示していますが、これらはあくまでも参考例です。基礎体力（走る、跳ぶ、筋力）と専門体力（投げ）との連携を図りながら、バランスよく身体を鍛えることを第一に考えてトレーニングしていきましょう。

表1●試合期のトレーニング計画例

月	投げ（課題をもって投げる）	WT（ウエイトトレーニング）
火	投げ（技術練習を中心に考える）	バウンディング
水	投げ（試合形式で投げる）	WT
木	投げ（前日の反省練習）	バウンディング
金	投げ（技術練習を中心に考える）	WT
土	投げ（本数をしっかり確保する）	バウンディング
日	REST（休養）	

※走トレーニングや体幹トレーニングを入れて、バランスよく鍛える

表2●鍛錬期の各時期におけるトレーニングの目的

11月	移行期・準備期
12〜1月	基礎体力への向上（筋肉の刺激を増やしていく）
1〜2月	基礎体力を継続させながら、専門的トレーニング導入（基礎体力の負荷を増やしながら、ハンマー投の動きづくり）
2〜3月	基礎体力と専門体力の連携を図っていく（基礎体力とハンマー投に生かせるような身体づくり）
3〜4月	仕上げ期（シーズンに向けての動きづくりの完成を目指す）

表3●鍛錬期のトレーニング計画例

月	快調走（100m×3、200m×2）、加速走（30m×10、50m×5）	WT（クリーン・スクワット・ベンチプレス）
火	階段（4種目×10×3セット）、坂上り走（80m×10）	バウンディング（交差跳び・ポッピング、両脚跳び）、補強
水	投げ（基本動作:連続ターン、スウィング&ターン、空ターン）	WT
木	ハードル補強（5種目×10）	バウンディング、補強（プレート・シャフトを使って）
金	投げ（技術修正：スウィング投げ、1回転投げ、2回転投げ、ケトルベル投げ）	WT
土	投げ（数投げ：100本投げ、50m以上△△本）	バウンディング、補強（メディシンボールを使って）
日	REST（休養）	

※表2を参考にして、練習メニューに変化をつける
（　）内は、参考練習メニュー

5 競技会に臨む

1) 投げの練習

試合当日に向けては、少しずつ投げの本数を減らしていきます。ポイントを絞って集中した投げができるように心がけます。ハンマー投はリズムが大切です。投げのリズムを大切にして、心地よい気持ちで練習が終えられるようにしましょう。特に試合前は、調子がよすぎて投げすぎることがあります。力が入りすぎてリズムを崩してしまう場合があるので注意しましょう。表4に、試合前1週間のトレーニング計画例をあげました。参考にしてください。

2) 投げの技術

短期間では、飛躍的な技術的向上は望めません。今もっている技術を最大限に発揮できるように努めてください。自分なりにチェックポイントをメモに書き留めておいて、練習前や試合前にメモを見ながら確認できるように工夫するとよいでしょう。

3) 投げ以外の練習

試合3日前くらいまでとし、負荷も1週間前には、軽い刺激を与える程度にします。ただし、逆に刺激が少なくなりすぎても、身体が緩んでしまって試合当日に力を発揮できなくなることがあります。自分のレベルに応じて筋肉に刺激を加えておきましょう。

4) 心（メンタル）

燃え上がる気持ちや不安になる心など、体調によって心の状態もさまざまです。ハンマー投は技術系の種目なので、心の状態はパフォーマンスにも大きく影響します。「勝つ」「○○m投げる」などのプラスイメージをもち続けるようにしましょう。自信をもって競技会当日を迎えることが大切です。試合当日は、表5に示した事柄を意識して、競技に臨みましょう。

（日渡勝則）

表4●試合前のトレーニング計画例

月	投げ（いつも同じ本数）	WT（中程度負荷）
火	積極的休養（軽いジョグ・ストレッチ等）	
水	投げ（ポイント確認、20本前後）	バウンディング
木	投げ（ポイント確認、20本前後）	WT（筋刺激程度）
金	REST（休みまたは身体ほぐし程度）	
土	投げ（10本前後、3本くらい集中して）	
日	試合当日	

※連続ターンや空ターンなどイメージトレーニングを入れる

表5●競技会当日の注意点

- しっかりとウォーミングアップをして、身体や心をリラックスさせる
- 競技場に入ったとき、サークルの状態を確認し、空ターンなどをして投げるイメージを高める
- 公式練習では、慌てず投げのリズムを崩さないように注意する
- 技術的なチェックポイントをメモなどで確認できるようにしておく
- 1投目の試技を落ち着いた気持ちでしっかり投げる準備をする
- 2～3投目を高まる気持ちのなかで臨めるようにする
- 試技の合間に、空ターンなど十分に身体を動かして投げに集中しておく

室伏広治（ミズノ）

4——やり投

1 やり投の技術ポイント

ここでは右手投げを想定して、技術ポイントを紹介します。

やり投は、やりを目線の高さに保持した姿勢から助走を開始した後、準備動作として上半身を横に向けながらやりを後方へ引き、最後に左脚の接地（ブロック動作）とともにやりを前方へ投げ出します。準備動作はその見た目からクロスステップと呼ばれています。したがって、やり投動作は助走局面→クロスステップ局面→投げ局面の3局面から構成されているといえます。ただし、技術ポイントの重要度（優先順位）は投げ局面→クロスステップ局面→助走局面の順になりますので気をつけてください。したがって、やり投にとって最も重要な技術ポイントは、図1に示した最後のクロスステップ（ラストクロス）から投げ局面の動作（①～⑪）にあるといえます。

1) やりをまっすぐに飛ばそう

まず最も基本的で重要なポイントは、やりをまっすぐに飛ばす（発揮した力をやり先の方向へ正確に伝達する）ことです。選手の目線でいえば、飛んでいくやりが点に見える状態が理想的であり、やりの側面が大きく見えるようであれば、まっすぐに飛んでいないことを意味します。やりをまっすぐに飛ばすためには、リリースするまでやり先に意識を集中させ、自分が飛ばしたい方向をしっかりとイメージしながら投げ出すことが必要です。特に、やり先がたどる軌跡とグリップの軌跡とが一致するようにグリップをやり先に向けて直線的に押し出すイメージで投げると、力が正確にやり先に伝達され、やりがまっすぐ飛びやすいでしょう。また、⑪のようにリリースした後も飛んでいくやりを身体全体で追いかけられる姿勢になっているかを確認することも重要なポイントです。

2) いかに大きな力を発揮するか

次に重要なポイントは、いかに大きな力を発揮するかということです。やりを遠くへ飛ばすためには、リリース時のやりの速度（初速度）を高めることが絶対条件になります。やりの初速度を高めるためには、腕をより速く振る（大きな力を発揮する）必要があり、そのためには⑧のように右半身が大きく"しなる"必要があります。大きな"しなり"をつくり出すためには、投げ出すぎりぎりまでグリップを身体の後方に残しておくイメージをもつことが大切です。また、大きな"しなり"ができたとしても、タイミングよく腕を振らなければ台なしになってしま

クロスステップ　　　　　　　　　　　　　　　　　ラストクロス
①　　　　　　②　　　　　　③　　　　　　④　　　　　　⑤

①やり先を目の近くに位置づけ、意識をやり先に集中させる。②左脚を前方から後方へ引き込む。③左脚でしっかりと後方へキックする（右脚が前方へ引き出される）。④低く斜め前方へジャンプするイメージ（両脚がしっかりクロスする）

図1● やり投の動作局面

います。腕を振るタイミングは、最後のブロック動作（⑧）と同時であることを意識しましょう。まとめると、後方に残しておいたグリップを左脚のブロック動作と同時に爆発的に前方に引き出すことが、より大きな力を発揮して、やりの初速度を高めるコツといえるでしょう。

3）クロスステップをしっかり行うために

やり投は助走からの一連の流れで行われることから、これまで示した最も重要な2つの技術ポイントを達成するためには、その前提となる準備動作がしっかりできなければなりません。ここでの準備動作とはクロスステップ局面に相当します。

クロスステップは、正面を向いて走り込んできた助走から、上半身を横向きにしてやりを一旦後方へ引く動作によって生じます。前方向により速くスムーズに移動するためには我々は自然に正面を向いて走るでしょう。したがって、理想的には上半身は横に向けながらも、下半身は正面に向けたままクロスステップを行いたいところです。しかし、この姿勢では体幹部が大きくひねられることから非常にきつい姿勢となり、上半身の動きにともなって下半身も横向きになってしまいがちです。この横向きになった下半身をより正面に向けるためには、前脚となる左脚の後方へのキックが重要なポイントになります。つまり、クロスステップでは左脚が先行した姿勢になりますが、その左脚を前方から地面をひっかくように引きつけ、接地とともに後方へキックすることによって、反対脚の右脚（右骨盤）を前方へ引き出すということです（②、③）。この左脚リードのクロスステップによって、1クロスステップごとに下半身がより正面を向いた状態をつくり出します。特に、ラストクロスでは左脚の後方キックを強調し、その結果、④のように両脚がしっかりとクロスした形になることを確認しなければなりません。初心者の場合、途中のクロスステップは上手にできていても、ラストクロスで両脚が揃ったり、右脚が左脚の後方に残ったままになったりする動作が非常に多く見受けられます。ラストクロスで両脚がクロスしない状態で投げ局面を迎えると、上体が前方へ突っ込んだり左肩が早いタイミングで開いたりするなど、右半身の大きな"しなり"動作がつくれなくなってしまいます。投げ局面に向けて左脚の後方キックを強調したラストクロスを心がけましょう。そのとき、左脚のキックによって上方向に高く跳び上がってしまうことがありますので、斜め前方へ低く跳び出すことをイメージして後方キックを行うことがコツといえるでしょう。

4）最後の3歩のリズムを意識しよう

ここではラストクロスからリリースまでの動きを取り上げましたが、脚のステップはラストクロスの左脚を含めると、左足接地、右足接地、左足接地となります。このときに、しっかりラストクロスを行

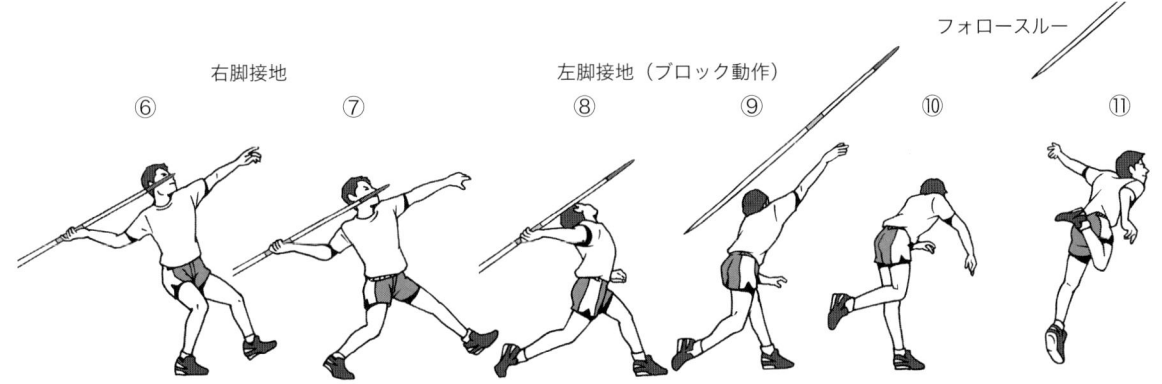

⑥下半身が前を向いた状態（特に右脚が外に開かない）。⑧〜⑨右半身の大きな"しなり"（ブロック動作と同時にやりを一気に前方へ引き出す）。⑩〜⑪やりから目線を離さず、身体全体でやりを追いかける

④〜⑤プレートの位置をキープする。⑥大きな"しなり"をつくる。⑥の姿勢から①へ戻り、何度も反復する
図2●プレートを使った潜り込みドリル（両手）

⑤〜⑥プレートの位置をキープする。⑦大きな"しなり"をつくる。⑦の姿勢から①へ戻り、何度も反復する
図3●プレートを使った潜り込みドリル（片手）

う意味で、最後の3歩のリズムが「ターン・タ・タン！」になるように心がけましょう。「ターン」で慌てることなく正確なラストクロスを行い、「タ」で右足接地、「タン！」で左脚のブロック動作とともにしなった腕を強く、速く振り出すという一連のリズムと動作になるので、全体の流れをしっかりイメージして技術練習に取り組みましょう。

2 やり投の技術トレーニング

1) 投げ局面

　投げ局面で重要な技術は、右半身に大きな"しなり"をつくり出すことです。そのためには、投げ局面の右足接地時から左足接地時までに、後方に引いたグリップの位置をできるだけ変えずに骨盤を回旋させ、右上半身の筋群に張りをもたせる（感じる）ことが必要です。このとき、上手な動きをすればやりの下に潜り込むような動作になるはずなので、鏡で確認したりチームメイトに確認してもらったりしながら行うとよいでしょう。ここでは、この大きな"しなり"を生み出すための潜り込みを意識したドリルをいくつか紹介します。

①プレートを用いた潜り込みドリル（両手、図2）
　プレートの重さ：5〜10kg、反復回数：10回×3〜5セット。プレート（直径の大きいもの）を両手で持ち、下方から後方へスウィングさせ、プレートが最も後方へ位置したときに、素早く右のかかと→膝→腰→胸の順に前方へ移行させながら左回旋させる。その結果、後方にあるプレートの位置が変わらず、身体が正面を向いた状態になっていることが重要。特に、図中の矢印をつけたあたりの動きを意識し、下から上へスムーズに"しなり"ができるように何度も反復する。

②プレートを用いた潜り込みドリル（片手、図3）
　プレートの重さ：0.5〜2.5kg、反復回数：10回×3〜5セット。①を片手で行う。基本的な動作は両手のドリルと同じだが、片手で行うことから左腕が自由になるので、できるだけ左肩が開かないように意識し、右上半身の筋群に張りを感じられるような動作を心がける。

③メディシンボールを用いた潜り込みドリル（両手、図4）
　メディシンボールの重さ：1〜3kg、反復回数：10回×3〜5セット。このドリルも、"しなり"をつくり出すまでの動作はプレートを用いたドリルと同じ。加えてボールを前方へ投げ出すので、左足接地と同時に"しなり"を一気に解放するイメージで

④〜⑤ボールの位置をキープする。⑥大きな"しなり"をつくる
図4●メディシンボールを使った潜り込みドリル（両手）

②グリップの位置をキープする。④大きな"しなり"をつくる
図5●立ち投げ

行う。
④立ち投げ（図5）
　目標距離：10〜30m、課題に応じて10〜30本。やりを用いた投げの最も基本的な動作。プレートやメディシンボールを用いたドリルを総合した動作となるので、後方にあるグリップの位置を変えず、右半身の"しなり"ができているか、しっかりとやりの下に潜り込めているかを意識して行う。投射する方向をイメージし、やりの先端に向けてロスなく力を加えようとすることも忘れないようにする。
⑤ワンクロス投げ
　目標距離：20〜40m、課題に応じて5〜20本。やり投の最後の3歩のリズム「ターン・タ・タン！」を刻んで投げるトレーニング方法。まず、左脚を前に出した姿勢から、身体が斜め前方へ投射されるように、左足を前方から引き込みながら後方キックする（ターン）。その結果、右骨盤が前方へ引き出されるので、重心の真下に右足を接地し（タ）、グリップを後方に残すことをイメージしながら、重心をスムーズに前方へ移動させ、左足接地（タン！）とともにやりを前方へ引き出して投げる。自分の足音が「ターン・タ・タン！」とリズムを刻むように意識して行う。立ち投げ同様に、やりの先端に意識を

図6●クロスステップ時のよい姿勢（上）と悪い姿勢（下）のイメージ

集中させ、やりが点になって飛んでいくように心がける。

2）クロスステップ局面
　クロスステップは、左脚の後方キックが主動になることを強く意識する必要があります。つまり、「左脚リードのクロスステップ」がキーワードです。まず、以下に紹介するドリルに共通するポイントを次に3つあげておきます。
- 図6上段のように左脚の前方から後方への引き込み動作と、それによる右腰の前方への引き出し動作によって、身体全体を前進させること（このと

き右腰の引き出しを意識するあまり、図6下段のように膝下が前に出てしまい、かえって骨盤は前を向かず、腰が落ちてしまうことが多いので気をつける）
- 進行方向に直線をイメージし、その直線上をなぞるように進むこと
- 重心の上下動を抑え、滑らかに進むこと

①やりを肩に担いだ姿勢（かかし姿勢、図7上段）からのドリル

かかし姿勢は、やりを肩に担ぎ、肩のラインを進行方向の直線上に合わせ、次に右腰を前方に向けながら、体幹が左右の脚の中心に位置するように、右脚を一歩前に出した姿勢。この姿勢では、体幹の捻りを強く感じることができるが、ドリル時に肩が左右にぶれやすくなるので、そのぶれを抑える（肩のラインをできるだけ直線上から外さない）ことが重要となる。

a) クロス歩行

30〜40m×5本。かかし姿勢から左足を前に踏み出し、左足を強く踏み込むことによって右腰を前に向かせ、再度かかし姿勢に戻ることを意識して歩行する。

b) 連続ラストクロス（図8）

30〜40m×5〜10本。かかし姿勢から左足を踏み出し、ラストクロスを連続して行う。そのとき「タ（右）・タン（左）、タ・タン、タ・タン、タ・タン、……」のリズムを刻みながら、左足の「タン」を強調して、身体を低く斜め前方へ投射することを意識する。

c) クロス走

30〜40m×5〜10本。かかし姿勢から左足を前に踏み出し、クロスを開始する。そのとき「タン（左）・タン（右）、タン・タン、タン・タン、……」のリズムを刻みながら、左足の「タン」を強調してクロスステップを行うことを意識する。

②やりを後方に引いた姿勢（保持姿勢、図7下段）からのドリル

保持姿勢から、上述したクロス歩行、連続ラストクロスおよびクロス走を行う。注意点は、かかし姿勢で説明した内容と同じ。この保持姿勢からのドリルでは、かかし姿勢の場合と比較すると体幹の捻りを感じにくくなるので、しっかりと右腰を前に向けながら、意識して肩のラインが開かないように気をつけ、ステップのたびに体幹がひねられることを実感することが重要となる。また、肩のラインが開かないようにするためには、クロス中にバランスを保

図7● かかし姿勢（上）と保持姿勢（下）のイメージ

①右足接地→②左脚の振り出し→③左足接地→④左脚の引き込みと右腰の引き出し→⑤身体の斜め前方への投射。⑤から①へ戻り繰り返す
図8● かかし姿勢からの連続ラストクロス

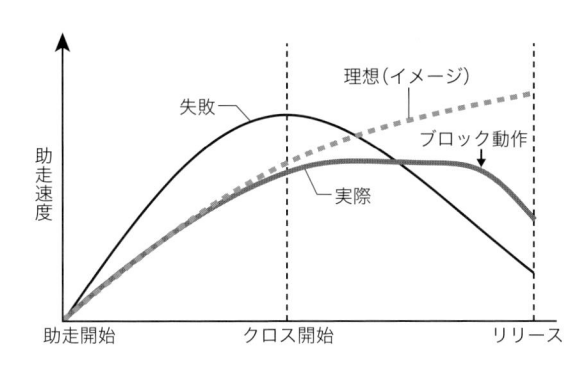

図9●助走速度の変化のイメージ

つために振っている左腕が、常に視界に入るように振ることを意識する。いずれのドリルにおいても、必ず最後には「ターン（左）・タ（右）・タン（左）」のリズムをつくり、軽くやりを放つことによって、リリースへの流れをつくる。

3）助走局面

やり投では、投げ動作を最適化することが最も重要で、そのためのクロスステップであり、そのクロスステップを最適化するための助走であると位置づけられます。したがって、助走におけるポイントはただ1つ「いかにスムーズにクロスステップに移行するか」です。特に初心者から中級者では、最初から助走速度を上げすぎるために、クロスに入ったとたん、速度が減速しはじめ、投げ動作開始時には立ち投げとほとんど変わらない状態になっているケースが見受けられます。これを防ぐためには、ゆっくりと助走を開始し、徐々に加速しながらリリースを迎えるイメージをもつことが大切です（図9：実際の助走速度は、クロスステップ時に一定になり、投げの直前のブロック動作によって急激に減少する）。いずれにしても投げ動作が最適に行える範囲内での最大の速度を見つけ、そのために必要な努力度で助走することがポイントとなるでしょう。

❸ やり投のトレーニング計画

やり投は、投てき種目のなかで唯一直線的な助走を利用して投げる種目ですので、投能力に加えて、

表1●試合期のトレーニング計画例

月	レスト
火	MBD、投げ練習（高強度）、補強
水	SD、トラックドリル、補強
木	MBD、バウンディング、60m走、補強
金	アクティブレスト
土	MBD、投げ練習（中～高強度）、補強
日	坂走、ボックスジャンプ、WT

【ポイント】　やりを用いた投げ練習は、レスト明けの身体がよりフレッシュな状態をねらって配置する。メディシンボールドリル（MBD）は、身体への負荷が小さいので、上半身に大きな"しなり"をつくり出すことを念頭に、1日おき程度で配置し、何度も反復して行う。走トレーニングはスタートダッシュ（SD）などの瞬発的な走りと坂走、150m走などの持続的な走り、跳トレーニングではバウンディングなどの水平方向へのジャンプとハードルジャンプ、ボックスジャンプなどの垂直方向へのジャンプがそれぞれあるので、それらをバランスよく配置する。ウエイトトレーニング（WT）は、高校生段階では挙上重量を追求するのではなく、低負荷でも正しいフォームで行えるように配慮し、頻度も週1回程度で配置するとよい

表2●試合前のトレーニング計画例

月	レスト
火	MBD、投げ練習（高強度）
水	SD、WT
木	アクティブレスト
金	アクティブレスト
土	軽い練習
日	試　合

【ポイント】　基本的な考え方は、試合前の4～5日前に試合を想定した高強度の投げ練習を配置し、その後は休養に当てる。上記の例では投げ練習の翌日に身体に強い刺激を入れるためにSDやWTを配置した。その後は休養を入れ、そのまま試合に臨むが、不安な人は前日に軽く投げたり技術練習などを行ったりして、体調のよし悪しを確認してもよい

表3●鍛練期のトレーニング計画例

月	レスト
火	MBD、投げ練習（低～中強度）、60m走、補強
水	SD、トラックドリル、ハードルジャンプ、補強
木	MBD、バウンディング、4歩ハードル走、WT
金	レスト
土	MBD、投げ練習（低～中強度）、60m走、補強
日	ボックスジャンプ、150mハードル走、WT

【ポイント】　体力トレーニングとしては、試合期ではできなかった長い距離の走り込みやジャンプなどは反復回数を多めに行う。また、WTも正しいフォームを身につけ、負荷を徐々に高められるように、週2回程度の頻度で設定してもよい。技術トレーニングでは、どのような技術を獲得するのか、またそのための課題は何なのかを明確にして、MBDや投げ練習に取り組むことが重要。技術トレーニングも体力トレーニングと同様に反復回数を多くし、自らの理想的な技術に近づくように集中して行う。なお、鍛練期だからといって、身体を酷使してばかりでは、いつかは壊れてしまう。休養もトレーニングの1つのメニューと位置づけ、しっかりと休養をとりながら継続的にトレーニングすることを心がける

走および跳能力も要求されます。したがって、やり投のトレーニング計画を立てる際には、技術練習や筋力アップをねらいとしたトレーニングだけでなく、走および跳トレーニングをバランスよく配置する必要があります。特に、高校生段階では、筋力アップをねらいとしたウエイトトレーニングよりも、走および跳トレーニングをたくさん行うことが大切です。

①試合期のトレーニング（表１）

試合期のトレーニングでは、走、跳、投トレーニングをバランスよく配置する必要があります。全体としては、トレーニング負荷を中〜高強度に設定し、トレーニングと休養のメリハリをつけましょう。

②試合前のトレーニング（表２）

試合前のトレーニングでは、とにかく身体をフレッシュな状態にすることが大切です。試合直前にあれこれトレーニングを行っても、体調を整えられなくなるだけでよいことはありません。直前までの実力が今の実力だと割り切って、１週間前になったら調整トレーニングに切り替えましょう。

③鍛練期のトレーニング（表３）

試合期では、試合のための調整として練習量を少なくしたり、量より強度を重視したトレーニングが多くなったりするなど、十分な練習量を確保できないことが多く、体力的にはシーズンを通して維持することがやっとで、多くの場合は低下してしまいがちです。したがって、鍛練期のトレーニングは、強度を低〜中に設定し、量を多く行うのが基本的な考え方です。

鍛練期のトレーニングの出来次第で、次のシーズンのパフォーマンスのよし悪しが決まります。ねらいとする重要な試合で大きな花火を打ち上げるために、鍛練期はじっくりと火薬を詰め込む作業をしているつもりで、計画したトレーニングを着実に実施していきましょう。

4 競技会に臨む

競技会では、ウォーミングアップから競技終了までの全体をどのように行動するか、あらかじめ決めておくことが大切です。

やり投に限らず、フィールド種目では招集後から試合開始までにかなりの時間があります。フィールド内に入ってからも十分に動くことができるので、招集前にウォーミングアップをしすぎて、肝心の競技の際に身体が疲れてしまっていないように気をつけなければいけません。そのために、ウォーミングアップの内容を招集前と招集後に分けて用意しておくとよいでしょう。また、競技直前のトライアルは、試合によって投げる本数が決められていることがあるので、できれば事前に確認し、その状況に応じたウォーミングアップを行いましょう。

いよいよ競技会の試技となりますが、当然普段の練習での投げよりも気合いが入り、全力で投げてやろうと意気込むと思います。しかし、やり投は力めば力むほど飛ばなくなることが多い種目です。その原因は、全力で力んだ結果、やりの飛ぶ方向と力の方向がずれてしまいがちだからです。どれだけ気合いが入った状態でも、やりの飛ぶ方向に力を加えるという意識はもち続けなければなりません。難しいことですが、普段の練習通りに投げようと平常心を保つことが重要です。そのために、全力の90〜95％くらいで力むことを心がけ、残りの10〜5％は、やりの飛ぶ方向と力の方向が一致しているかを意識することが重要です。気合いが入っていても、どこかで冷静に自分の行動をみている自分をつくり出すイメージをもつことが、平常心を保つ秘訣です。ぜひ試してください。

また、競技会では必ず意識すべき技術的ポイントをもって臨みましょう。そして、競技会後にそのポイントができたか否かを反省し、以降のトレーニングや競技会へ生かせるようにしましょう。ただし、競技会でたくさんのポイントをもっていっても、それらを１つ１つ意識していては、よいパフォーマンスは発揮できません。試合で意識するポイントは１つか、多くて２つまでです。あとは、思い切って、気合いもろとも投げるだけです。

（田内健二）

第5章 混成競技

❶ 混成競技の位置づけ

1) 専門性および総合的体力の追求

　最初に混成競技に取り組むうえで必要不可欠な考え方を述べておきたいと思います。欧米などでは十種競技のチャンピオンを「キング・オブ・アスリート」として認め、その人気と地位が確立されており、選手もスペシャリストとして高い意識のもと取り組んでいます。一方、日本では、ともすれば対校戦や選手権等で入賞しやすいから、単独種目では今一歩届かないからなどといった消極的な理由から取り組むケースも見受けられます。しかし、それでは世界で通用するような選手は生まれません。選手育成、混成競技の底上げ・発展には、混成競技における各種目の専門性の追求はもとより、総合的な体力の向上、世界と日本人選手のレベル差、および傾向・特徴などの検証（世界に通用する・しない種目の見きわめとその対策）、タレント（混成競技のスペシャリスト）の発掘、および指導者自身の価値観の見直しなどが不可欠といえるでしょう。

　また、ジュニア期においての混成競技は、そのスペシャリスト育成（トップレベルの混成競技選手）の土台づくりの期間であると同時に、短距離（スプリンター）や跳躍（ジャンパー）、投てき種目など、ほかの単独種目のスペシャリストを育てるのに役立てるという側面を合わせ持ちます。男子400mH日本記録保持者の為末大選手や女子やり投日本記録保持者の海老原有希選手などをはじめとして、世界へと羽ばたいた選手の多くが中学・高校時代のジュニア期に混成競技を通じて土台や基礎を築いた事実を見逃すことはできません。ついつい勝利にこだわり、単独種目の技術練習など偏った練習になりがちなトレーニングを見直し、オールラウンドなトレーニ

ングを実施することの重要性を、彼らの成長が示してくれています。全日本中学校選手権においてウィッシュマン賞（混成競技者から選出される優秀競技者賞）が設けられているように、ジュニア期、特に中学時代はオールラウンドな種目に取り組み、総合的な体力アップを図ることは、将来を見据えた選手育成において最も大切なことといえるでしょう。

2) 混成競技のシニア期における世界と日本の比較

　十種競技と七種競技における世界と日本の10傑、およびその平均値などから分析すると、世界と日本との間には種目によって大きな点数の開きがあることがわかります。男子では砲丸投、円盤投、次いで走幅跳や走高跳が特に低い値を示し、女子では走幅跳、走高跳、砲丸投、やり投に差があるのです。このことから、日本では体力的な要素なども含めパワー系の種目が世界に比べて劣っていることがわかり、世界で通用する選手を育成するという視点から考えれば、絶対的なパワーが必要不可欠といえます。

　しかし、ここで押さえておかなければならないことは、不得意種目の強化を行う際に、単にその種目の技術練習を多く取り入れておけばよいという問題ではないということです。やり投が不得意な場合に、やり投の練習を何回も繰り返すという一面的な練習方法では、偏ったトレーニングになってしまい、絶対的なパワーなどを養うことはできません。また、十種競技なら10個の種目の練習を1つ1つ個別に行うという考えではなく、どんな動きにも対応できる身体づくりを目指し、どの種目にも対応できるオールラウンドな身体をつくることが、将来を見据えたうえでも大変重要となってきます。パワーの強化にしても、単にウエイトトレーニングで筋力アップを図ればよいというものではありません。バランス

為末大（元400mハードラー）

海老原有希（スズキ浜松AC）

のとれた総合的な体力アップがポイントなのです。

　ジュニア期における混成競技の位置づけは、前項で述べた通りです。将来、単独種目で、世界をねらう場合でも、ジュニア期において混成競技に取り組むことはプラスに働きます。総合的な体力アップを図りつつ絶対的なパワーを養うという視点からも、技術に偏るのではなくトレーニングの根本を見直し、混成競技に取り組む必要があるといえるでしょう。

2 競技会に臨む

　混成競技の位置づけに基づき、混成競技の大会出場に向けたコンディションづくりおよび目標設定、試合のウォーミングアップやクールダウン、種目間のインターバルの過ごし方などを解説します。

1) メンタルコントロールと各種目の目標設定

　混成競技の試合のなかでポイントとなるのが種目ごとに出来不出来、得点の浮き沈みがあった場合のメンタルコントロールです。その対策としてはトータル得点の目標を設定することのほか、各種目の目標記録をコンディションなども考慮に入れ3段階で設定しておくとよいでしょう（例：七種競技の100mH……A：14秒5台、B：14秒7台、C：14秒9台など）。

　種目を混成競技のなかの1種目と考えるのではなく、あえて各種目を個別の種目（競技）と捉えるというのもよい方法です。例えば、風の条件が悪く、ある種目で得点が伸びず、トータルでも自己記録に届きそうにない場合でも、ほかの種目で自己記録が目指せるということになれば、モチベーションの維持や向上を図ることができます。特にジュニア期ではメンタル面が結果を大きく左右するので注意が必要です。試合前に指導者側の各種目の設定（目標）値と選手自身の目標とをすり合わせ、意見交換をしたうえで臨むとよいでしょう。

2) 最初の種目のウォーミングアップ

　混成競技では最初の種目の結果は、以降の出来（結果）に大きく影響します。ですからそのウォーミングアップも、トップ種目だけのものという考えでは

なく、その日全体のウォーミングアップとして捉えることが大切です。選手のタイプにより量や質、強度などは異なりますが、経験を積み重ねるなかで個々に合ったウォーミングアップを確立することが重要となります（表1参照）。

3) 種目間のインターバルの過ごし方とウォーミングアップ

各種目終了後のクーリングダウンも重要です。疲労を残さずできるだけフレッシュな感覚で次の種目に挑むため、回転系の動きや解緊的な動きなどを行いましょう。クールダウン後の過ごし方は、自動車にたとえるなら完全にエンジンを切ってしまうのではなくアイドリング状態を保ち、心身ともにすぐに動き出せる準備をしておくことがポイント。睡眠などは絶対に避けるべきです。

2種目め以降のウォーミングアップについては、表2に示したように、＊印の種目は招集後現地で助走やフォームなどを確認しつつ行い、★印の種目は刺激として表2に記載したように走練習を入れるとよいでしょう。

4) 走高跳の試技の設定について

筆者の経験では、混成競技においては、得意不得意に関係なく走高跳の記録のよし悪しが全体の得点を左右しているケースが多いように思われます。すなわち選手のコンディションが一番顕著にあらわれるのが走高跳であり、このため、試合前のコンディションづくりもこの種目を軸とした組み立てがポイントになると考えます。また、試技においてもかかる負荷を配慮すると跳躍回数はなるべく少なく抑えたいものです。自己記録マイナス10～12cmの高さから跳びはじめるのが望ましいかと思います。

3 大会前の調整の留意点

1) 心身ともにリフレッシュに努め、技術面は全体の流れのなかで点検

大会前の調整期間は、「刺激を入れる」とよくいわれるように、身体的負荷のかかる練習が入ってきます。試合の11～10日前に最終の強い負荷の刺激

表1●最初の種目のウォーミングアップ例

インターハイ七種競技（2006年大阪大会優勝：的場遥選手、添上高3年の例）

1日目	7:55～9:15	ウォーミングアップ [内容] 呼吸法→ウォーク→ジョグ→体操→回転系運動→動きづくり（バック歩行、サイドジャンプ、スキップ各種など）→テンポ走（コーナーから直線）120m×2→ハードル（高さ中学用、間隔8.3m）スタンディングから5台×2、スタートから1台×2・3台×1・5台×1
	9:30～9:40	招集
	10:00～	競技開始（100mH）
2日目	7:50～8:55	ウォーミングアップ [内容] 呼吸法～テンポ走1日目と同じ→40mビルドアップ走→全助走から跳び出し×2
	9:10～9:20	招集
	10:00～	競技開始（走幅跳）

表2●種目間のウォーミングアップ

八種競技	1日目	100m→走幅跳＊→砲丸投＊→400m★（150～180m・85～95%走）
	2日目	110mH→やり投＊→走高跳＊→1500m★（ジョグ+テンポ走の組み合わせ）
七種競技	1日目	100mH→走高跳＊→砲丸投＊→200m★（120～150m・85～95%走）
	2日目	走幅跳→やり投＊→800m★（ジョグ+テンポ走の組み合わせ）

＊：招集後、現地で助走やフォームなどを確認しつつ、身体を動かす
★：刺激として、（ ）内の走練習を行う

を入れ、動きなどをチェックするのがよいでしょう。「刺激」を入れた以降は余計なことはせず、集中して行うことで極力本数なども抑え、心身ともにリフレッシュに努めることがポイントとなります。

また、技術的にも最後のまとめを行う調整期間では、どの種目も踏み切りや投げ出しなど最後の局面に目が行きがちです。しかし、こうした細かな各部のみを気にすることは、そこまで培ってきた全体の流れを損なう危険性を秘めています。技術な点検の際には、細部ではなく全体の流れのなかからその原因を探るよう、広い視野で眺めることが重要です。

4 年間のトレーニングの進め方

具体的に1年間のトレーニング計画例について、高校生の場合で考えてみましょう。最大目標を8月上旬に開催されるインターハイとし、表3に示したように1年間の流れを考えるようにします。一番のポイントは、年間を通じて"流れ"を途切れさせずにつなげていくことです。

5 基礎体力を向上させる

特にジュニア期の場合は、どんな動きにも、どんな種目にも対応できるオールラウンドな身体をつくることが最も大切といえます。ここでは、その基礎体力を高めるための練習例を紹介します。個々の種目の専門的なトレーニングは、本書のそれぞれの種目のページを参考にしながら実施してください。

1) 基礎体力アップトレーニング

基礎体力を向上させるトレーニング計画例として、表4に5つのメニューを示しました。ウォーミングアップを兼ねる形でサーキットトレーニングを組み入れて、その後、走トレーニングなどに移っていく

表3●トレーニングの年間計画例（高校生・混成競技）

1.	夏季強化期	8月2～4週 （3週間）	全国インターハイ直後ということもあり、その反省に加えシーズン前半の体力低下の回復を図りつつ基礎体力強化および基本動作の確認、走り込みなどをポイントに実施。	量＞質
2.	試合期III	9月1週～10月4週 （8週間）	シーズン前半戦の反省などを生かしつつ競技会を通して実戦的な経験を積む（単独種目に積極的に参加）。それぞれの種目に"つながり"があることに気づくことが重要。	量＜質
3.	強化移行期	11月1～4週 （4週間）	オールラウンドな種目（水泳、球技などを含む）に取り組みつつ、心身両面でリフレッシュを図る。練習の意味や動きのポイントなどを頭と身体で整理する期間であり、メディカルチェックやコントロールテストなども実施し、冬季に向け現状を把握しておく。	
4.	強化期I	12月1週～1月4週 （8週間）	目的意識、モチベーションをしっかりと維持してトレーニングに取り組む。基礎体力アップを主目的とし、特に体幹部分の強化を図りながら"走る感覚"を大切に、動きづくりを実施。	量＞質
5.	強化期II	2月1～4週 （4週間）	強化期Iの流れを崩さず、それに各種目の基本練習、および動きづくりを加え、総合的な体力アップを図る。この時期のコンディションは春以降に大きく影響が出るため、やりすぎは禁物。	量＞質
6.	強化期III	3月1～4週 （4週間）	冬季の確認のためメディカルチェック、コントロールテストを行い、そのデータなどを参考にトレーニングメニューを再構築する。移行期とは捉えず、冬季の延長とし基礎体力づくりに専門的、技術的な要素を徐々に加え、走る感覚および各種目の技術的な感覚を養うことが、以降のスムーズな流れにつながる。	量≧質
7.	試合移行期	4月1～4週 （4週間）	競技会に向け、実戦的なトレーニングを行いながら心身ともにリフレッシュした感覚を取り戻すことが大切。記録会などに参加（単独種目）しつつ、各種目の課題を明確にしていく。	量＜質
8.	試合期I	5月1週～6月3週 （7週間）	各都道府県インターハイ予選を目指し、各種目の精度を高めていくことを目的としたトレーニングが中心となる。とはいえ部分的ではなく全体のバランスを大切に、「速く走りたい、跳びたい、投げたい」という意識を抑えることがポイント。特にケガや故障などには注意が必要。	量＜質
9.	試合期II	6月4週～7月4週 （5週間）	最大の目標である全国インターハイに向けより精度の高いトレーニングを実施。技術面・体力面はもちろんのこと、メンタル面、生活面にも重点を置くことがポイント。本番に向けたシミュレーション、イメージトレーニングなどを合わせて行い本番に備える。	量＜質

表4●基礎体力アップトレーニングのメニュー例

パターン1	サーキットトレーニングA×2〜3セット→ハイテンポ走120m×8〜10（90〜95％）→加速走60m×2〜3→補強運動（鉄棒、バウンディング、ロープ登り、メディシンボールなど）
パターン2	サーキットトレーニングB×2〜3セット→ハイテンポ走120m×2（直線）→ハイテンポ走120m×2（コーナー）→ハイテンポ走300m×1→ハイテンポ走120m×2（直線）→ハイテンポ走120m×2（コーナー）→スタートダッシュ30m×2・60m×2→補強運動
パターン3	サーキットトレーニングA×2〜3セット→ハイテンポ走120m×2→インターバル180m×5（100％・レスト5分）→鉄棒またはメディシンボール
パターン4	サーキットトレーニングB×2〜3セット→坂下り走＋坂上がり走60m×4〜5セット→加速走60m×2→鉄棒またはメディシンボール
パターン5	サーキットトレーニング（A＋B）×2セット→ハイテンポ走120m×2→500m×1（男子68〜70％、女子78〜80％）→ハードル走（5歩-3歩-5歩-3歩-5歩-3歩）×4〜5→種目練習

ものです。サーキットはいつも同じ内容にするのではなく、AとBの2パターンを用意して行うと、よりバランスがよくなります。すでにチームで実施しているものがあれば、それを活用してください。また、後述する「動きづくり・補強運動」を組み合わせて考案してもよいでしょう。

サーキットトレーニングは、偏った組み合わせでなくバランスを考えて種目を構成するのがポイントです。また、トレーニング系種目の間は走やスキップなど動きでつなぐことが望ましいでしょう。それぞれのトレーニング種目の意図（強化部位、動かし方、なぜその強化・動きを実施するのか、どう競技に結びつくのか）をしっかりと理解したうえで、集中して正確な動きで行いましょう。

右代啓祐（スズキ浜松AC）

2) 動きづくり・補強運動

動きづくりと補強運動を組み合わせて、毎日のトレーニングに取り入れることによって、鍛えた身体を思い通りに扱えるようになります。ここではその実施例を、1)腹筋系、2)背筋系、3)その他、4)ジャンプ系、5)動きづくり系の5つに分けて紹介します。

■動きづくり・補強運動のトレーニング例

1)腹筋系

①起き上がり腹筋1

②起き上がり腹筋2（ウェーブあり）

③足乗せ起き上がり腹筋1

④足乗せ起き上がり腹筋2（ウェーブあり）

⑤起き上がりブリッジ

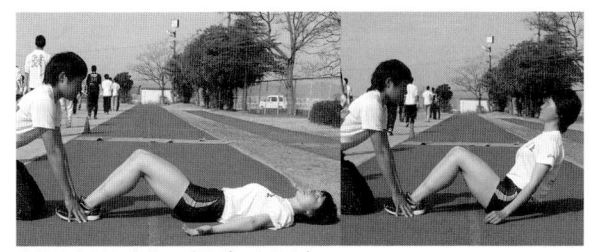

⑥起き上がり腹筋1（サポートあり）
⑦起き上がり腹筋2（サポートあり、ウェーブあり）
⑧Ｖ字腹筋

⑨クロス腹筋

⑩足上げ腹筋（サポートあり）

[ポイント]
- 回数：①〜④を5〜8回、⑤を1回、⑥〜⑩を10回行う
- 丹田部分を意識し、そこの力が抜けないよう注意する。反復することでそれが無意識に作用するようになることを目指す
- 実施例：①→②→③→④→⑤→ランニング→⑥→⑦→⑤→ランニング→⑧→⑨→⑩→⑤→ランニング

2）背筋系

①背筋1（サポートあり）小さいリズムでの上体起こし20回→ウェーブ→起き上がり

②背筋2（サポートあり）大きいリズムでの上体起こし20回→ウェーブ→起き上がり

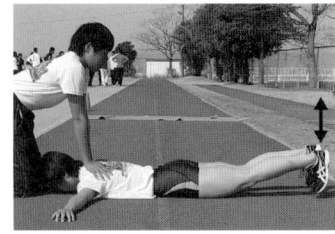

③肩持ち背筋20回 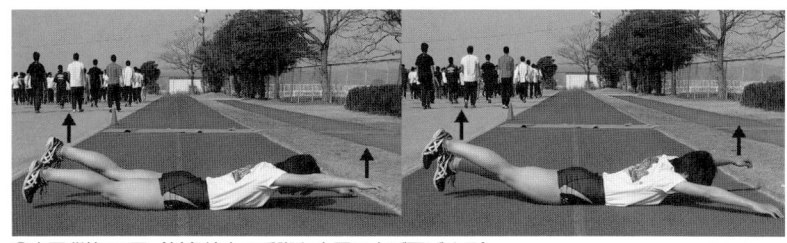　　　　　　　④交互背筋20回（対角線上の手脚を交互に上げ下げする）

3）その他

①腕立て伏せ（普通ⓐⓑ→横ⓒ→縦ⓓ→前後ⓔ→回転ⓕ）

②手押し車（コーンを置いてジグザグに） 　　　　　③肩車（コーンを置いてジグザグに）

4）ジャンプ系

①連続ジャンプ1（両脚＋ホッピングで前進：10m＋10m）

②連続ジャンプ2（小さく前後開脚→サイド開脚→回転→大きく前後開脚）

③ハードルジャンプ 　　　　　　　④ハードルホッピング

[ポイント]
・接地の瞬間以外は足首をリラックスさせる
・膝や足首を突っ張らない＝力まない
・各種目後にランニングを入れる

5）動きづくり系——基本的な動きを柔軟な動きへと変化させる

①四つん這い8の字

[ポイント]
・①②：歩行を確立させるための準備段階となる動き
・③：軸の発見、体幹の柔軟性を高めることをねらって行う

〈その他〉
・回転系の動き（前転、後転、横回り、側転など）——非日常的な動きで偏った動きをリセットすることを目的として行う
・各種歩行＆スキップ：バック歩行、大股歩行、サイドスキップ腕回し、サイドスキップターン、サイドスキップコンビネーション（前後スキップ）、スキップジグザグ、腕回しスキップ、ハードルスキップなど

②ワニ歩き8の字

③三点倒立→開脚

（瀧谷賢司）

第6章
各種トレーニング

　アンダー16およびアンダー19世代の中・上級競技者を対象とした体力トレーニングを検討するうえで、まずこの世代における身体的な発育の特徴を把握することが必要です。アンダー16世代の特徴は、粘り強さ（持久力）の向上が望めることです。詳しいことはここでは省略しますが、アンダー16世代の中・上級者を対象としたトレーニングとしては、ある程度の回数を繰り返して行う、またはある程度の時間を継続して行うことで、粘り強さ、つまり持久力の向上を目指す必要があります。一方、アンダー19世代の特徴は心身ともに成熟していることです。そのため、積極的な筋力トレーニングを行えるようになり、その効果も期待できます。

　さらに、専門的な体力トレーニングを行う際には、トレーニングとして用いる運動の分類についても理解しておく必要があります。それは、①地面や地面などに固定されたものに力を加えて自分自身の身体が動く運動であるのか、②自分自身は動かずに重量物などが動く運動であるのかという点です。なお、これらの分類と具体的な運動の種類について、表1に示しました。また、筋が短くなりながら力を出す（短縮性）運動であるか、筋が長くなりながら力を出す（伸張性）運動であるのかについても考慮が必要ですが、陸上競技にみられる動きのほとんどが両者の繰り返しです。つまり、疾走を例にとれば、接地後に一旦膝関節が屈曲する局面では筋は引き伸ばされながらつぶれてしまわないように力を発揮し、続く局面では筋は短くなりながら力を発揮しています。これを、ベンチプレスで考えると、バーベルを一旦下げる局面では筋が引き伸ばされながらその負荷に耐えるように力を発揮し、その後の押し上げる局面では筋は長くなりながら力を発揮します。

　注目したいのは、持ち上げる局面と同じ回数だけ、負荷に耐えるように力を発揮する局面があり、負荷に耐えることができなくなれば、そもそも持ち上げることはできなくなってしまうことです。トレーニングでは持ち上げる局面のみに注意が向きがちですが、実は耐える局面こそがトレーニングの核であるといえますので、ここをおろそかにするべきではありません。具体的にいえば、ジャンプ運動では、跳び下りてからその衝撃を受け止めるだけでもトレーニングになるということです（図1）。また、ベンチプレスでは、シャフトを下ろしてきてそれを受け止めるだけでもトレーニングになります（図2）。

　筋力トレーニングとは、自分の専門とする運動を繰り返しているだけでは負荷が足りなかったり、多くの回数をこなすことができなかったりするために、強化したい部位または強化したい局面のみを取り出

表1●運動の分類

	伸張性と短縮性の繰り返しによる運動		伸張性と短縮性との関係が希薄な運動	
	上　肢	下　肢	上　肢	下　肢
①地面や地面などに固定されたものに力を加えて、自分自身が動く運動	腕立て伏せジャンプ	各種ジャンプ運動 反動を用いたスクワット	腕立て伏せ	反動を用いないスクワット
②重量物が動く運動	各種メディシンボールスロー	軽量の重りで素早いレッグプレス	アームカール	レッグプレス レッグカール

図1●跳び下りるトレーニング
［留意点］低い高さから徐々に高くしていく。身長の半分程度の高さを上限とする。膝関節を使ってしっかりと受け止める

図2●ベンチプレスで負荷を受け止めるトレーニング
［留意点］受け止めることを主な目的としているために、持ち上げる際は補助者によって持ち上げてもらってもよい

してトレーニングを行うことです。取り出す部位や局面の分類を考慮したうえで、トレーニングする必要があるでしょう。

以下に、推奨される運動と、その留意点を示しますので、トレーニングに取り入れてみてください。

◼️ 筋の持久力を高めるトレーニング(図3～6)

筋の持久力と一口にいっても、その種類はさまざまで、具体的には、発揮する出力の大きさと、それを継続する時間との組み合わせによって無限に存在します。例えば、100m走の後半において速度の持久力という言葉を使いますし、マラソンの後半においても同じ表現が使われますが、実際の内容は異なります。したがって、筋の持久力を高めるためのトレーニングを考える際には、専門とする運動においてみられる持久力の種類を明らかにする必要があり、その特異性を反映したトレーニングを立案する必要があります。

ここで紹介する100mバウンディングやホッピングおよび上り坂でのバウンディングやホッピングは、100m走、200m走および400m走における後半の筋持久力の向上を目指しています。したがって、これらのトレーニングは、長距離種目における後半の失速を少なくするような効果には乏しいものと考えられます。長距離種目における後半の失速については別に考える必要がありますので、これについては「◼️ 走の持久力を高めるトレーニング」において考えます。

図3●100m(200m)バウンディング
［留意点］脚のみならず腕も大きく振る。前半で出力をセーブしない(セーブすると持久力のトレーニングではなくなる)

図4●100mホッピング
[留意点] 下腿だけを振り回さず、大腿部の前後スウィングを大きくする。前半で出力をセーブしない（セーブすると持久力のトレーニングではなくなる）

図5●上り坂バウンディング
[留意点] わずかな前傾姿勢を保ったまま行う。あまり傾斜の強い上り坂では行わない

図6●上り坂ホッピング
[留意点] わずかな前傾姿勢を保ち、大腿部を大きくスウィングさせる。バウンディングよりも傾斜の緩い坂で行うとよい。バウンディングよりも距離を短くするとよい

❷ 走の持久力を高めるトレーニング

　走の持久力を高める方法として、レペティショントレーニングとインターバルトレーニングが考えられます（表2）。インターバルトレーニングは、不完全な回復で繰り返し行うもので、持久力の向上が期待できます。インターバルトレーニングでは、疾走距離、その速度、繰り返し本数、休息時間の組み合わせで負荷が決まります。例えば、400m走に必要とされる走の持久力を高めるためには、200m程度の距離を自己記録の8割程度の速度で行い、2分程度の休息で10本程度繰り返すような設定が効果的です。また、長距離的な持久力を高めるためには、800m程度の距離を自己記録の7割程度の速度で行い、3分から5分程度の休息で5本程度繰り返すような設定が効果的でしょう。

　そのとき、休息時間の設定には注意が必要です。指導の現場ではインターバルトレーニングを行う際に休息時間を短くする傾向があるように感じます。これは、休息時間を短くすることで負荷を高くしようとしているものと推察されます。しかし、休息時間を短くしたことにより、疲労で疾走速度が著しく低下してしまっては、トレーニングの目的が異なってしまいます。むやみに休息時間を短くすることなく、目的に合った時間をとることが必要でしょう。

　レペティショントレーニングは、インターバルトレーニングとは異なり、全力に限りなく近い速度で行う代わりに、繰り返し本数を少なくするトレーニングです。例えば400mに必要とされる走の持久力を高めるためには、450mから500mの距離を全力で行い、ほぼ完全に回復することができる程度の休息で、1本から3本繰り返すような設定が効果的で

す。専門とする距離よりもわずかに長い距離で行うことが推奨され、しかも450mを行う際には、400mで疲労困憊を迎えるようなペースで行い、疲労困憊のまま残りの50mを行わせます。これを、450m走り切ったときに疲労困憊を迎えるようにペースをコントロールしてしまうと目的が異なるトレーニングになってしまいますので、注意が必要です。

　特に、アンダー16世代、いいかえると中学生期では持久力の著しい向上が期待できますので、この時期に持久力のトレーニングを積極的に取り入れることが推奨されます。

❸ 体幹の持久力を高めるトレーニング（姿勢保持トレーニング：図7～9）

　体幹周りの筋群には、投てき種目で必要とされるような積極的に投てき物の初速度を高める働きと、ある体勢での姿勢を保持する働きとに大別できます。姿勢保持トレーニングは、後者の働きについての持久力を高めることを目的としています。しかし、例えば、短距離疾走の接地の衝撃に耐えるような筋力およびその持久力の向上を目的とすると、姿勢保持トレーニングでは、短距離疾走の特性を反映していない部分もあります。

　それは、短距離走の衝撃が体重の何倍もの大きさで、さらに接地時間がきわめて短いにもかかわらず、姿勢保持トレーニングでは、比較的長い時間、姿勢を保持する持久力を高めることを目的としているためです。したがって、姿勢保持トレーニングは、専門的な体幹周りの筋力および持久力の向上というよりも、全ての運動にとってベースとなる筋力および持久力の向上を目的として行うべきでしょう。

表2●持久力を高めるトレーニング
■走の持久力を高めるトレーニングにおける負荷＝疾走距離×出力（速度）×繰り返し本数×休息時間

インターバルトレーニング	不完全回復で繰り返し行う 繰り返し本数は10本ほど	400m走の持久力向上：200m×10本、休息時間3分、全力の8割の速度 1500m走の持久力向上：800m×5本、休息時間5分、全力の8割の速度
レペティショントレーニング	全力に近い出力で完全回復 繰り返し本数は1～3本ほど	400m走の持久力向上：450m×3本、休息時間20分、全力

図7●姿勢保持トレーニング①──体幹前面
[留意点] なるべく身体を一直線にする（腰が落ちると腰痛の原因になりうる）。30～60秒程度持続する

図8●姿勢保持トレーニング②──体幹後面
[留意点] なるべく身体を一直線にする。30～60秒程度持続する

図9●姿勢保持トレーニング③──体幹側面
[留意点] なるべく身体を一直線にする。片足を上げると負荷が大きくなる

4 上肢および体幹捻転の筋力トレーニング（図10～14）

　ここでは、主に助走をつけたメディシンボールスローを紹介します。助走をつけて行うと、身体の反りを使うことが容易になり、筋の張りが大きくなります。したがって、助走をつけた場合のほうがその場で行う方法と比較して負荷が大きくなり、上級者向きといえます。

　ポイントは、大きな動きで行うこと、および身体の反りや大胸筋の張りを感じながら行うことです。

　この身体の反りや筋の張りは反動動作と呼ばれ、より大きな力を発揮するために非常に重要です。また、身体の反りを意識することで柔軟性の向上にもつながる可能性があり、反動動作を用いた力発揮では、この柔軟性が高いことが重要であるとの研究報告もあります。

　さらに、反動動作における筋の張りは、反動の衝撃に耐えるための重要な筋力トレーニングになります。特に投てき競技においては、この衝撃に耐えて大きな力が発揮できるようにしなければ、立ち投げでは飛ぶものの、助走をつけたり、回転をつけたり、グライドをつけたりしたときに、遠くに飛ばなくなってしまうので、筋の張りを感じながらトレーニングを行ってください。

（木越清信）

図10●助走つきオーバーハンドスロー
[留意点] サッカーのスローインと同じイメージで行う。肘関節を曲げると上腕周りの筋に、肘関節を伸ばすと脇周りの筋に負荷がかかる。投げ局面では、身体を先行させてボールを後ろに残すようにして大きな反りをつくる

図11●クロスステップつきオーバーハンドスロー
［留意点］やり投で用いるステップを入れる。肘関節を曲げると上腕周りの筋に、肘関節を伸ばすと脇周りの筋に負荷がかかる。投げ局面では、身体を先行させてボールを後ろに残すようにして大きな反りをつくる

図12●その場からの体幹捻転スロー
［留意点］助走またはステップを入れず、大きく振りかぶって投げる。肘関節を曲げると上腕周りの筋に、肘関節を伸ばすと脇周りの筋に負荷がかかる。投げ局面では、身体を先行させてボールを後ろに残すようにして大きな反りをつくる

図13●助走つきサイドスロー
［留意点］片腕で、肩のラインと投げ腕とが一直線になるように投げる。投げ局面では、身体を先行させて、ボールを後ろに残すようにして大胸筋に張りを感じるようにする

図14●体幹捻転トレーニング
［留意点］脚はクロスさせて横向きに構える。腕は大きく開いて、体幹が地面を向くまで捻り、その後体幹を起こす

理論編

第1章
コーチングスタイル

❶ 人間力を育てよう

　競技力はもとより、人間力に優れた競技者を育てていくことが指導者の役割といえます。では、競技者が有すべき人間力というのは、一体どのようなものでしょうか。図1は、鳥取大学の研究グループが示した人間力の定義です。ここでは、「知力」「実践力」「気力」「体力」および「コミュニケーション力」の5つの構成要素から成り立つ総合的かつ人格的能力を人間力と定義しています。これら5つの要素のそれぞれのかかわりを『知の実践を具現化するには、精神の力である「気力」と身体の力である「体力」が、「気力」のより高度な発展形態である「知力」を、「体力」のより高度な発展形態である「実践力」を、それぞれ、下支えする形をとる。同時に、最も基本的な、人間の相互理解を成立させる「コミュニケーション力」が、「気力」と「体力」を根底で繋いでいる』と示しています。

　この人間力を高めることを指導の根底に置きながら、競技における目標を達成するように的確な指導を進めていくことが望まれます。ややもすると、人間力の育成を無視し、競技力を高めることのみに強調をおく指導者も出てきます。これでは指導者失格です。特にアンダー16、アンダー19といったジュニアの指導においては、競技力と人間力を車の両輪と考え、指導にあたることが大切になってきます。

❷ あなたのコーチングスタイルは？

　競技力と人間力を同時にバランスよく高めていくためには、指導者がとるべきコーチングスタイルも重要になってきます。コーチングスタイルには、いろいろな分類の仕方がありますが、ここでは国際陸上競技連盟（IAAF, 1991）が示した「権威的スタイル」「協働的スタイル」「放任的スタイル」の3つの分類を用いて、よりよいコーチングスタイルについて考えてみます。

　まずは、自分自身のスタイルを判定することからはじめましょう。最初に、あなたの指導を振り返ってください。通常のトレーニングや競技会の場面、日常生活の指導の場面でとっているあなたの言動、行動、考え方などから、自身の指導にはどのような特徴があるか考えてみてください。次に、表1にあげられた9項目について、自己評価をしてみましょう。この結果から、あなたのコーチングスタイルを判定します。

　この判定の結果、極端な権威あるいは放任的スタイルであったという人は、コーチングスタイルを変

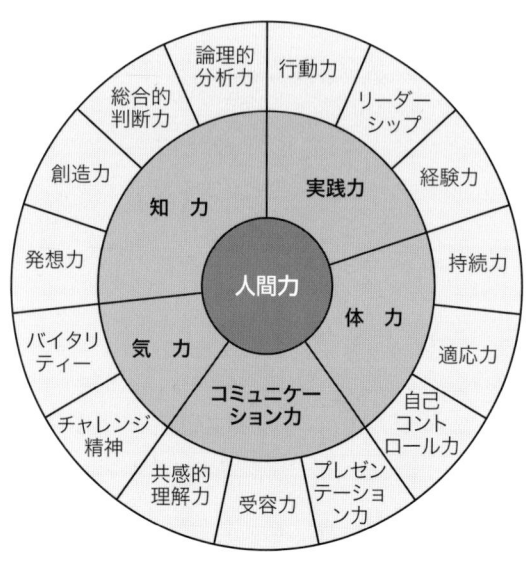

（鳥取大学ホームページより）

図1●人間力とは？

表1 ● コーチングスタイル判断のためのシート

項　目	コーチングスタイル		
	権威的	協働的	放任的
哲　学	勝利が中心	競技者が中心	哲学はない
目　的	コーチが課した目的のみ	課した目的および一緒に決めた目的	目的はない
決　定	すべてコーチが決定する	決定はコーチが導くがそれを共有する	競技者が決定する
コミュニケーションの形（指導者が競技者に対して）	話す	話す、尋ねる、聞く	聞く
コミュニケーションの発展	少しある、あるいはない	大いにある	ない
勝利の定義	コーチが判断する	コーチと競技者が判断する	示されない
アスリートの成長	わずか、あるいは期待できない	期待できる	期待できない
動機づけ	ときどき動機づけられている	いつも動機づけられている	動機づけはない
トレーニング構造	変わることはない	変わることがある	それ自体がない

(IAAF, 1991)

える努力が必要だといえます。これら2つのスタイルは、「人間力を高める」「競技力を高める」という2つの目標を同時に達成するには不向きだといわれています。

一方、協働的スタイルは、"Athlete First, Winning Second（アスリート・ファースト、ウイニング・セカンド）"という考えに基づき、競技者の身体、精神、社会性をバランスよく発達させるものといえます。また、協働的スタイルをとる指導者は、彼らのスタイルを対象者や状況などに応じて修正することができる柔軟性を持ち合わせています。こういった理由で、目指すべきは協働的スタイルだといえます。ただし、協働的スタイルではあるが、指導対象やもろもろの状況により、権威的スタイル寄り、あるいは放任的スタイル寄りになることは十分にありえます。

3 指導者に共通して求められる大切な考え方とは？

コーチングスタイルを変えるということは簡単ではありませんが、心のもち方を少しずつでも変えていくことで、望ましい方向に進んでいくことが可能となります。そこで、まずコーチングスタイルに関係なく、指導者に共通して求められる大切な考え方をあげてみることにしましょう。

■競技者の将来を思いやる

その競技者の現在を大切にするとともに、将来についても思いやることが大切です。いいかえると、指導の1本の流れを尊重し、自分の持ち場では、何を教えるべきかを考えることです。

我が国では、多くのスポーツが学校を中心に展開されており、中学、高校、大学と指導者が替わっていきます。そこで「自分の指導している間に勝たせたい」というのは指導者の心理であり、これが早期専門化ややらせすぎを招いていることが多いようです。このような我が国の現状では、1人の指導者が継続して指導するという一貫性を求めることはきわめて難しいと思われます。そこで、重視されるのは、各学校段階の指導者が「一貫性」の考え方を重視し、それぞれの段階において、やるべきことを確実に実践していくことで長期計画を遂行することです。

■アスリート・ファーストの考え方をもつ

指導者は、競技者をサポートするのが役割であり、決して主役になるべきではありません。あくまで主役は、競技者です。指導への思い入れが強くなればなるほど競技者を独占したくなり、自分の所有物の

ように思い込んでしまいます。その気持ちが強すぎると、指導者は絶対服従を競技者に求め、体罰に走る場合があります。体罰はいかなる場合も許されません。体罰は指導などではなく、単なる暴力でしかないことを強く認識しなければなりません。

■競技者の個人（個性）を尊重する

目指す目標は1つではありません。日本一を目指す者、全国大会出場を目指す者、県大会入賞を目指す者、自己記録更新を目指す者など、さまざまな目標を持った者が集まってきます。それぞれが真剣であり、それぞれの目標を尊重することが大切です。

目指す技術も異なります。体格や体力などによって、目指す技術（動き方）が異なるのは当たり前です。指導者は、自分の考える理想に完全にあてはめるような指導は避けるべきです。その子どもに合った技術を教えることを理想としたいものです。

■スポーツを文化として捉える

スポーツは手段ではありません。それを行うこと自体が尊いものであり、行うことで楽しさや生きがいを感じるものでなければなりません。スポーツに文化的要素を見いだし、スポーツを行うことによって人間力を育てていくといった気構えをもちましょう。

■常に新しい情報や知識を求める

指導者も常に成長を続けなければなりません。トレーニングや技術などに関する新しい情報や知識を集めて、それまでの経験と合わせて、常に競技者のためにベストな指導を考えていくことが求められます。学ぶことを放棄した指導者は、競技者たちからの信頼を得ることはできないでしょう。

（尾縣貢）

■参考文献

IAAF (1991) Introduction to Coaching theory. The Print House.

人間力の考え方/鳥取大学公式ホームページ，http://www.tottori-u.ac.jp/dd.aspx?menuid=2382

第2章 陸上競技の生理学

1 体内のエネルギー供給システム

運動時には人間は、筋を動かして活動をしており、そのエネルギーとして、筋内の微量に貯蔵されているアデノシン三リン酸（ATP）を利用します。筋肉はすべてこのATPがアデノシン二リン酸（ADP）とリン酸（Pi）に分解されたときに発生するエネルギーをもとに動いているのです。しかし筋内のATPはわずかな量しかないので、そのATPを再びつくり出す必要があります。そして、さまざまな生成過程を経てATPを再生成し、その動作を持続させるエネルギー供給システムがあるのです。いかなる運動であっても以下の3つのエネルギー供給系が同時に働いています。

1) ATP-CP系（ハイパワー）

筋にあるクレアチンリン酸（CP）の分解によるATPの再合成によるエネルギー代謝過程です。ATP-CP系はエネルギー供給が最も早い代謝系で、ハイパワー発揮時には主となるエネルギー供給系ですが、筋中のCPはすぐに枯渇し、持続時間が短いことが特徴です。

2) 解糖系（乳酸系：ミドルパワー）

筋や肝臓にあるグリコーゲン（糖質）を分解してATPを再合成するエネルギー代謝系です。この系は、酸素を使わずに乳酸に分解して、短時間でたくさんのエネルギーを生み出すことができる特徴があります。

3) 酸化系（ローパワー）

有酸素系は主に身体中にあるブドウ糖、脂肪などからATPを生成します。エネルギーの生成速度はゆっくりで、酸素が必要となりますが、長時間にわたり安定してエネルギー供給できる特徴があります。酸素を完全燃焼させるため水と二酸化炭素が生じるだけで、乳酸の生成もありません。

2 短距離走

短距離走では、エネルギー供給系からみるとATP-CP系、解糖系が主であり、短時間で高いパワー発揮能力が必要とされる競技です。これらの系は短時間でたくさんのエネルギーを生み出すことができ、酸素の介在なくエネルギーを供給することができる特徴があります。

スプリント走におけるエネルギー供給（ATP-CP系、解糖系、酸化系）の割合（図1）をみてみると、ATP-CP系、解糖系からの供給は100mでは80%（それぞれ40%）、200mでは66%（それぞれ33%）、400mでは50%（それぞれ25%）を示しており、やはりATP-CP系、解糖系が主であることがわかります。しかし、短距離走であっても摂取した酸素を利用している割合は、100mから400mまで順に

（八田, 2009）

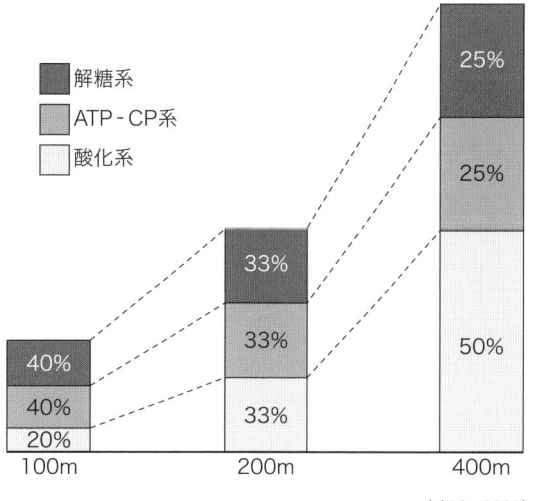

図1●スプリント走におけるエネルギー供給

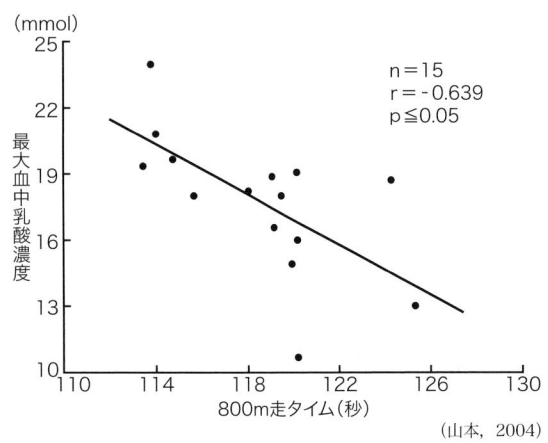

優れた選手ほど最大乳酸値は高くなる傾向がみられる
図2●800m走選手の記録と最大乳酸値との関係

20％、33％、50％もあるということも理解しておく必要があります。

短距離走中は、無酸素状態で糖を分解して乳酸を出して走るというイメージがありますが、実際にはわずかな量ではない酸素が活動筋へ供給されていて、体内は無酸素状態ではありません。短距離走中（後）に乳酸がたくさん出るというのは、基本的には酸素が足りないからではなく、糖を多量に分解するからです。生じた乳酸はエネルギー源として再び使うために心筋などで酸化されますから、乳酸はエネルギー源としても貴重な物質であるといえます。

短距離走においては、糖を多量に分解し、乳酸をたくさん産生する能力（エネルギー産生）と同時に、生じた乳酸をエネルギー源として再利用するための酸化する能力（エネルギー再利用）も大切となります。特に400mや800m走では、糖を多量に分解し、乳酸をたくさん産生する能力（エネルギー産生）が競技成績に大きく関係します（図2）。すなわち、レース後の最大血中乳酸濃度が高い選手ほど競技成績がよいとされています。

最近では、スプリント走中の後半時の疲労は、リン酸やカリウムなどによって引き起こされている可能性も指摘されており、乳酸でスプリント走の疲労を説明することはできないとされています（八田、2009）。こうした能力を高めるためには、トレーニングにおける走距離（時間）、強度、休息時間、本数などの設定にも気を配る必要があるといえましょう。

より詳しく知りたい方は文献（日本トレーニング科学会, 2009）をご覧ください。こうした能力をみるための体力測定として、自転車全力ペダリングによる最大無酸素パワーや40秒間全力ペダリングテスト、MARTなどがあります。

❸ 中・長距離走

酸化系の能力である有酸素能力が必要とされる競技として、中・長距離走があげられます。距離の短い中距離走では解糖系の貢献が大きくなりますが、レースにおいてエネルギーを発揮する能力ばかりでなく、発揮したエネルギーを無駄なく走速度に利用する技術も重要です。

有酸素能力の最大値は、運動中に体内に摂取できる酸素の最大量であらわされ、これを最大酸素摂取量（$\dot{V}O_2max$）といいます。ランニングやクロスカントリースキーでは大きな筋肉が使われるので、運動中の最大酸素摂取量は1分間に体重1kgあたり70～80ml/kg/分（女性60～70ml/kg/分）にまで達します。

最大酸素摂取量は、5～10分間しか維持できないランニング速度、例えば1500～3000mの距離のレース中に発現します。それ以上の長い距離の場合は、最大酸素摂取量の何％の水準（酸素摂取水準）でどれくらい走ることができるかが重要となります。優れたランナーの酸素摂取水準は、5000mでは90～95％、10000mでは85～90％であるといわれています。ですから、ランニングの速度は最大酸素摂取量の大きさと酸素摂取水準の高さの影響を受けるといえます。

有酸素能力は、脚や腕など活動している筋へ酸素をどれだけ運べるかという酸素運搬機能（呼吸・循環系）と、筋でその酸素をどれだけ利用できるかという酸素消費系（組織）によって決定される能力で

す。それは、肺での酸素の取り込み能力と酸素を必要な部位へと運搬する血液循環能力を決定する要素と、運ばれてきた酸素を筋へ取り込み、酸素を利用して筋収縮のエネルギーをつくり出す能力を決定する要素によるものです。さらに、活動筋における毛細血管の発達と、ミトコンドリアの数、大きさおよび分布が重要な要素となります。加えて、酸素消費能力を決定するミトコンドリア中の酸化系酵素の活性も大切な要素となります。

長距離走のレベルが向上した際には、運動生理学的には図3のような変化がみられます。すなわち、最大酸素摂取量の改善（①）以外に、ランニングエコノミーの改善（②）があります。これは、同じ速度で走っても必要とする酸素の量が減ることを示していて、効率的な動きができるようになったことを意味しています。そのため、長距離選手でも効率的な動きを身につけるための動きづくりのトレーニングは重要といえます。そして、乳酸性作業閾値(LT：Lactate Threshold)は、右側にシフト（③）しています。これはある運動強度を超えると急激に血中乳酸濃度が上昇するポイントを意味し、速筋線維が動員されはじめる運動強度であり、有酸素性代謝に解糖系などの無気的代謝が加わる点です。ややきついかなと感じるペースとほぼ一致し、主に主働筋でどれだけ酸素を利用できるかという酸素消費系の能

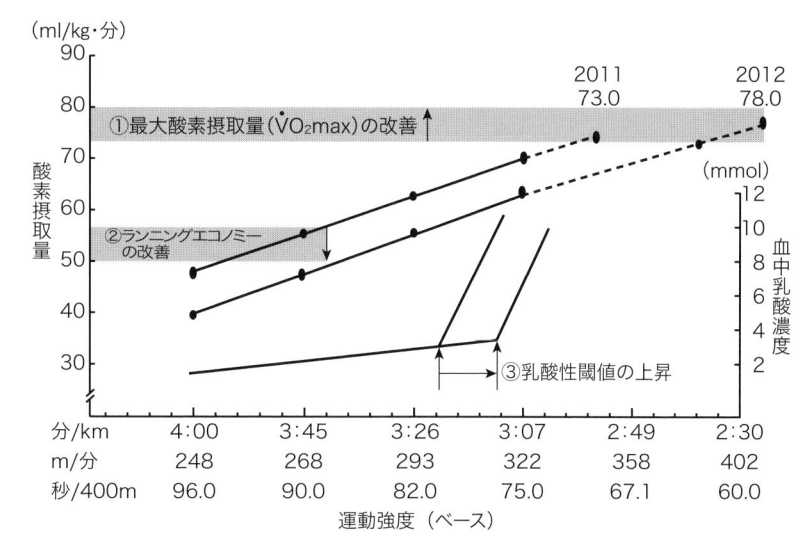

最大酸素摂取量の増加やランニングエコノミーの改善、乳酸作業閾値の向上
図3●走速度に対する酸素摂取量と血中乳酸濃度

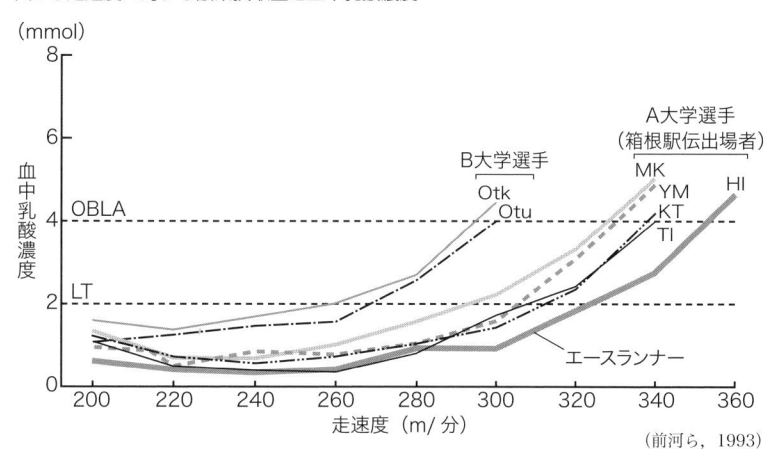

※OBLA：総血中乳酸濃度が4mmol/lの時点。長時間（20～30分）の運動が可能な最大強度に等しいとされる

トレッドミルで測定したA大学とB大学の長距離走選手の乳酸閾値。優れた選手ほど乳酸閾値は右側にある
図4●長距離選手の乳酸閾値

力を間接的にあらわしています。図4のように優れた選手ほどLTのポイントは右側にあることがわかります。

最大酸素摂取量のような水準のきついトレーニング、LTレベルで持続するようなトレーニングおよびLTよりも低い強度で長時間走るトレーニングを組み合わせて行うのが、総合的な持久的トレーニン

グといえるでしょう。

4 筋機能（筋力）と競技力との関係

陸上競技において高いスピードでの疾走を可能とするためには、膝関節および股関節の伸展、屈曲筋力は重要であり、加えて、疾走中の1歩ごとの接地はきわめて短時間（0.2秒以内）で遂行されるため、バネ能力も要求されます。

速筋線維（タイプⅡ）は筋収縮速度が速く、グリコーゲン貯蔵、ATPase活性（ATPをADPとリン酸に加水分解する酵素）、クレアチンリン酸の貯蔵も多いという科学的特性があり、短距離走に適した能力をもっています。優れた短距離選手では速筋線維の割合は高い（約70％以上）ですが、スプリントトレーニングによって速筋線維の肥大がみられることも明らかとなってきています。一方、優れた長距離選手では遅筋線維であるタイプⅠが占める割合が高くなります。これは遅筋線維がミオグロビンを多く含み有酸素的な代謝を促進するためです。

外側広筋の速筋線維（または遅筋線維）の割合は、50m走の平均速度（m/秒）と12分間走の平均速度（m/秒）の比（50m走/12分間走）をxとすると、次式で精度よく求められることが報告されています。

速筋線維の割合(％) ＝ 69.8×x － 59.8

（100からこの値を差し引いた値が遅筋線維の割合）

これは男子大学生を対象とした報告ですが、グラウンドでの計測により、手軽に筋線維組成を推定することができるので、大変有効な方法と思われます。

これまで多くの研究によって、筋力（等速性）と競技成績との関係について検討されてきており、短距離種目だけでなく競技力には膝関節および股関節の高い筋力水準が必須なことは明白となっています。そのなかでも特に、ハムストリングス、内転筋群、大臀部および大腰筋がランニングにおいて重要な筋群とされています（図5）。

一般的には等速性筋力測定機器を用いて膝および股関節の伸展と屈曲筋力の評価を行い、短距離選手では、高速度条件下でも筋力（ピークトルク）が伸展、屈曲ともに高い値を示すかどうかをみます。また、屈曲／伸展のバランスも重要です。この値が0.6より低いと、膝関節の伸展に対して屈曲筋力のバランスが悪く、高速度域（300度/秒以上）での

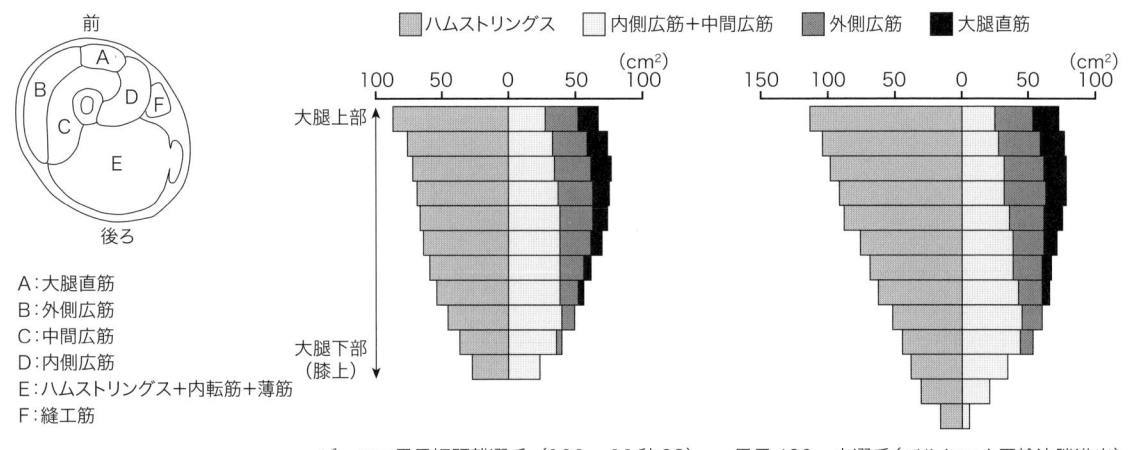

A：大腿直筋
B：外側広筋
C：中間広筋
D：内側広筋
E：ハムストリングス＋内転筋＋薄筋
F：縫工筋

スプリンターは大腿上部の筋量が多い

図5●短距離ジュニアおよびトップ選手のMRIによる下肢の筋横断面積

（久野, 1999）

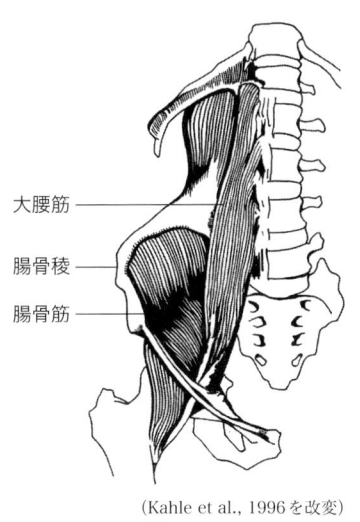

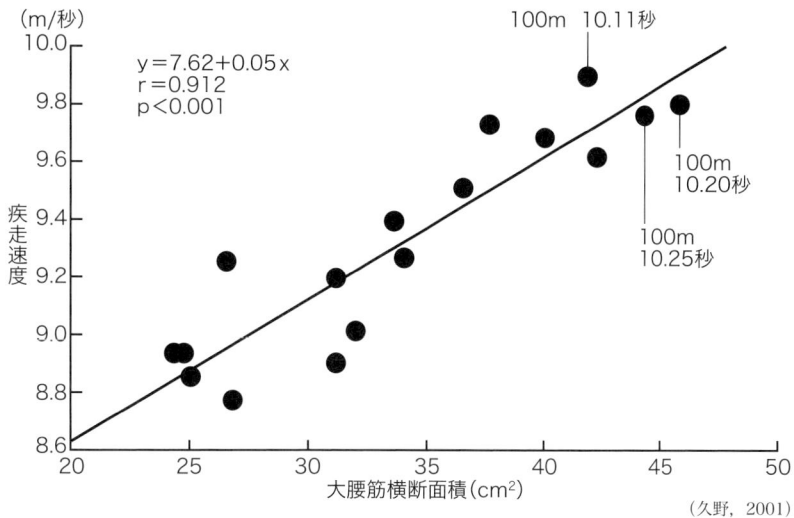

図6 ● 大腰筋 (Kahle et al., 1996を改変)

図7 ● スプリンターの大腰筋横断面積と疾走速度との関係 (久野, 2001)

$y = 7.62 + 0.05x$
$r = 0.912$
$p < 0.001$

このバランスが悪いと、大腿部の後面を肉離れしやすくなるとされていて、優れた選手では屈曲筋力の発揮水準が高いとされています。

大腰筋（図6）は深腹筋とも呼ばれ、お腹の奥深いところに位置する筋肉で、膝関節を屈曲したままで大腿部を引き上げる際に、大腰筋がより強く活動することが報告されています。直接的に筋力発揮をともなう形の測定を行うことは不可能なので、MRIでお腹の横断画像（輪切り）から大腰筋の面積を計測し、その大小で評価する方法が一般的です。短距離選手ではサッカー選手や一般人よりも大腰筋横断面積は大きく、そして大腰筋の横断面積と100mタイム（疾走速度）との関係をみると、正の相関関係が認められています（図7）。すなわち、大腰筋の面積が大きい選手ほど疾走速度が高いことが明らかで、これは疾走中の大腿部の動きの切り替えを促進することにつながるとされ、ピッチを高めることに役立つことを示しています。

本章において解説した内容を含む日本トップレベルのジュニア選手の形態および体力測定値を参考までに付記します（P124～127、表1・2）。これらは毎年12月に国立スポーツ科学センターで行われている測定結果の2006～2011年のデータを男女別、ブロック別に集計したものですので、ご活用ください。

（杉田正明）

■参考文献

Nachemson, A (1966) Electromyographic Studies on the Vertebral Portion of the Psoas Muscle Acta Orthp Scand, 37: 177-190.
勝田茂ら（1989）50m走と12分間走の成績による外側広筋の筋線維組成の推定．体育学研究34（2）: 141-149.
久野譜也（1999）トップアスリートの特性．勝田茂編，運動生理学20講第2版．朝倉書店, 134-140.
久野譜也（2001）体幹深部筋である大腰筋と疾走能力との関係．体育の科学51（6）: pp. 428-432.
日本トレーニング科学会（2009）スプリントトレーニング―速く走る・泳ぐ・滑るを科学する―．朝倉書店．
八田秀雄（2009）エネルギー代謝からみたスプリント走の正体．日本トレーニング科学会編，スプリントトレーニング―速く走る・泳ぐ・滑るを科学する―．朝倉書店, pp. 22-30.
前河洋一ら（1994）箱根駅伝出場選手の体力特性：AT, $\dot{V}O_2max$および脚筋力．国際武道大学研究紀要9, pp. 55-60.
山本正嘉（2004）乳酸を測る．鹿屋体育大学スポーツトレーニング教育研究センター編，スポーツ選手と指導者のための体力・運動能力測定法―トレーニング科学の活用テクニック―．大修館書店, pp. 43-49.

表1 ● 日本トップレベルのジュニア選手の形態および体力測定値（男子）

				100m (n=17) 200m (n=9) 110mJH (n=1)	110mH (n=11) 100m/200m (n=14)			400m (n=17) 110mH/400mH (n=4) 400m/200m (n=1)	400mH (n=8)		
				平均 (M)	標準偏差 (SD)	最大値 (max)	最小値 (min)	平均 (M)	標準偏差 (SD)	最大値 (max)	最小値 (min)
形態	基本的体格	身長 [cm]		174.7	5.2	184.0	162.3	176.3	5.1	188.9	167.9
		体重 [kg]		65.1	5.3	77.1	55.3	67.4	5.4	81.5	59.9
	体脂肪率・空気置換法 (BODPOD)	体脂肪率 [%]		8.4	2.1	12.5	5.0	8.6	1.7	12.9	5.0
		除脂肪体重 [kg]		59.7	5.2	70.4	49.9	61.6	5.1	75.9	54.1
	皮下脂肪厚（キャリパー）	上腕背部 [mm]		5.7	1.4	9.0	4.0	5.7	1.1	7.5	4.0
		肩甲骨下部 [mm]		7.9	1.4	10.5	6.0	7.4	1.3	10.5	6.0
		腹部 [mm]		4.5	1.3	8.0	2.0	4.2	0.7	5.5	3.0
		側腹部 [mm]		4.5	1.3	8.0	2.0	4.2	0.7	5.5	3.0
		大腿部 [mm]		6.4	1.9	12.0	4.0	6.7	2.1	11.0	4.0
機能	等速性筋力発揮 (Biodex)	膝関節 60deg/s	伸展 [Nm] 右	197.1	34.2	269.0	118.0	196.8	27.1	247.0	133.0
			伸展 [Nm] 左	192.8	38.1	280.0	99.0	190.3	23.0	233.0	130.0
			屈曲 [Nm] 右	116.2	25.1	174.0	52.0	116.1	24.1	201.0	86.0
			屈曲 [Nm] 左	107.1	25.1	160.0	53.0	107.2	15.4	141.0	81.0
			伸展／体重 [Nm/kg] 右	3.1	0.3	3.6	2.7	3.1	0.4	3.6	2.6
			伸展／体重 [Nm/kg] 左	3.2	0.5	3.9	2.4	2.9	0.3	3.5	2.6
			屈曲／体重 [Nm/kg] 右	1.8	0.3	2.1	1.3	1.8	0.3	2.2	1.4
			屈曲／体重 [Nm/kg] 左	1.7	0.4	2.2	0.9	1.6	0.3	2.1	1.3
			左／右比 [%] 伸展	98.3	10.6	124.8	70.0	97.6	11.8	120.0	76.0
			左／右比 [%] 屈曲	93.5	15.5	148.0	63.6	94.1	12.6	112.0	63.0
			屈／伸比 [%] 右	59.2	9.7	83.4	35.0	59.2	10.4	95.0	45.9
			屈／伸比 [%] 左	56.0	9.5	78.0	30.0	56.6	7.2	74.0	45.3
		膝関節 180deg/s	伸展 [Nm] 右	148.2	26.1	217.0	79.0	150.8	17.3	188.0	109.0
			伸展 [Nm] 左	143.4	25.2	212.0	97.0	145.4	17.7	184.0	113.0
			屈曲 [Nm] 右	98.2	20.4	136.0	44.0	103.7	20.9	175.0	66.0
			屈曲 [Nm] 左	91.9	20.9	135.0	47.0	97.4	13.3	126.0	68.0
			伸展／体重 [Nm/kg] 右	2.3	0.3	2.6	1.4	2.2	0.2	2.4	1.8
			伸展／体重 [Nm/kg] 左	2.3	0.3	2.8	1.5	2.0	0.2	2.3	1.8
			屈曲／体重 [Nm/kg] 右	1.6	0.3	1.9	1.0	1.5	0.3	1.8	1.0
			屈曲／体重 [Nm/kg] 左	1.5	0.4	2.0	0.9	1.4	0.2	1.6	1.1
			左／右比 [%] 伸展	97.6	9.5	136.7	81.0	97.0	10.6	116.0	76.0
			左／右比 [%] 屈曲	94.6	13.1	119.0	59.8	95.3	10.2	117.0	67.0
			屈／伸比 [%] 右	66.9	12.9	101.9	33.0	68.6	10.2	93.0	44.0
			屈／伸比 [%] 左	64.4	11.3	92.0	35.2	67.4	8.9	87.4	49.3
	最大無酸素パワーテスト (PowerMax)	最大パワー [W]		1,147.3	123.4	1,403.0	942.0	1,189.5	128.9	1,405.0	876.0
		最大パワー／体重 [W/kg]		17.4	1.3	20.4	14.9	17.6	1.5	20.8	14.5
		1kp最高回転数 [rpm]		234.1	11.8	259.0	210.0	235.5	12.4	256.0	207.0
		1kp10秒平均パワー [W]		200.5	9.9	217.0	184.0	200.2	12.9	225.0	180.0
		負荷 [kp]	1st	3.9	0.3	4.0	3.0	4.0	0.2	5.0	4.0
			2nd	6.9	0.3	7.0	6.0	7.0	0.3	8.0	6.0
			3rd	9.7	0.5	10.0	9.0	9.8	0.5	11.0	9.0
		回転数 [rpm]	1st	201.1	9.9	221.0	175.0	199.2	11.3	216.0	175.0
			2nd	159.8	10.4	181.0	140.0	161.9	12.0	181.0	140.0
			3rd	118.5	10.9	140.0	96.0	122.0	12.4	143.0	75.0
		ピークパワー [W]	1st	767.3	63.3	862.0	580.0	787.4	63.1	1,029.0	687.0
			2nd	1,077.2	88.8	1,240.0	883.0	1,104.7	98.3	1,276.0	931.0
			3rd	1,120.7	147.6	1,375.0	712.0	1,170.4	149.5	1,405.0	663.0
運動能力	垂直ジャンプ	腕振りあり [cm]		59.1	4.7	70.9	48.6	56.9	5.2	66.9	42.4
		腕振りなし [cm]		51.9	4.9	63.5	40.3	49.6	4.9	59.8	40.4
		腕振り反動なし [cm]		45.8	4.4	58.0	33.9	44.8	5.0	54.9	33.4
	リバウンドジャンプ 腕振りなし	跳躍高 [cm]		40.8	6.3	55.8	27.1	40.1	6.3	58.7	31.2
		接地時間 [msec]		152.7	15.6	199.0	129.0	148.8	13.6	174.0	124.0
		RJ Index[なし]		2.7	0.4	3.6	1.9	2.7	0.5	4.0	1.9
	水平ジャンプ	立ち幅跳び [m]		2.8	0.1	3.1	2.5	2.7	0.2	3.1	2.3
		立ち5段跳び [m]		14.2	0.8	15.8	12.8	14.0	0.9	15.8	11.9
	メディシンボール投げ	両手下手投げ（4kg）[m]	前方	13.3	1.3	15.9	10.3	13.4	1.3	16.0	10.0
			後方	13.1	1.4	16.1	9.0	13.3	1.5	16.9	8.7
	連続スクワットジャンプ（マットスイッチ）腕振りなし	跳躍高 [cm]		46.7	4.1	56.3	36.4	45.1	5.2	54.3	35.6
		パワー [W]		1,397.0	432.7	2,760.0	846.0	1,255.1	281.5	1,878.0	783.0
		パワー／体重 [W/kg]		21.3	5.9	37.7	14.0	18.5	4.3	28.2	12.2

	走幅跳 (n=13) 走高跳 (n=9) 三段跳 (n=7) 棒高跳 (n=12)				砲丸投 (n=3) ハンマー投 (n=5) やり投 (n=6) 円盤投 (n=8) 円盤投/やり投 (n=2) 砲丸投/円盤投 (n=1)			競歩 (n=4)			
平　均 (M)	標準偏差 (SD)	最大値 (max)	最小値 (min)	平　均 (M)	標準偏差 (SD)	最大値 (max)	最小値 (min)	平　均 (M)	標準偏差 (SD)	最大値 (max)	最小値 (min)
175.0	4.6	184.7	167.2	178.2	4.2	184.8	169.6	174.9	9.0	185.0	164.0
65.9	5.6	79.2	56.7	97.0	16.9	132.7	73.8	62.6	6.9	69.3	55.5
8.5	2.5	14.5	5.0	17.7	8.0	32.0	5.0	9.6	4.4	13.8	5.0
60.4	4.8	71.4	53.8	78.7	7.9	99.3	68.1	56.7	5.8	63.2	50.6
5.8	1.2	8.0	3.5	13.0	5.9	27.5	7.0	6.5	0.0	6.5	6.5
7.5	1.2	9.0	4.5	17.3	10.5	41.0	8.0	7.7	1.0	8.5	6.5
4.0	0.9	5.5	2.5	14.8	8.9	34.0	5.0	5.2	0.6	5.5	4.5
4.0	0.9	5.5	2.5	14.8	8.9	34.0	5.0	5.2	0.6	5.5	4.5
6.4	1.3	9.0	4.5	12.5	7.2	33.0	4.5	9.0	4.4	14.0	6.0
205.2	37.4	306.0	121.0	269.2	44.4	346.0	176.0	160.0	37.8	209.0	117.0
200.8	39.6	330.0	117.0	264.7	46.6	342.0	180.0	143.8	38.4	184.0	103.0
117.3	27.1	193.0	51.0	152.4	37.6	207.0	71.0	85.8	18.3	110.0	68.0
110.6	25.5	188.0	65.0	142.7	27.2	194.0	96.0	78.0	25.4	101.0	50.0
3.2	0.5	3.9	2.5	2.5	0.4	2.9	2.1	3.0	n=1	3.0	3.0
3.0	0.4	3.5	2.2	2.5	0.4	2.9	2.1	2.7	n=1	2.7	2.7
1.7	0.3	2.0	1.2	1.5	0.5	1.8	0.8	1.6	n=1	1.6	1.6
1.6	0.3	2.0	1.2	1.5	0.2	1.7	1.3	1.4	n=1	1.4	1.4
98.4	12.1	134.7	77.0	98.5	7.9	110.0	81.4	89.8	13.8	108.4	75.0
95.6	12.8	127.0	71.9	96.3	15.8	152.0	75.6	89.9	16.9	113.5	74.0
57.3	8.8	79.3	34.0	56.4	9.7	69.0	39.7	54.1	4.6	58.0	48.0
55.1	6.3	67.0	39.0	54.1	6.8	67.0	42.5	53.5	4.7	60.1	49.0
150.5	23.2	223.0	116.0	195.2	26.0	242.0	147.0	106.8	28.0	144.0	76.0
148.0	23.2	225.0	104.0	190.8	30.0	239.0	141.0	103.3	23.0	131.0	75.0
97.9	19.7	142.0	49.0	122.6	26.5	165.0	76.0	60.0	15.4	75.0	39.0
92.9	19.9	137.0	57.0	113.9	26.9	163.0	59.0	56.3	17.2	71.0	32.0
2.3	0.3	2.7	2.0	1.9	0.1	2.0	1.8	2.1	n=1	2.1	2.1
2.1	0.3	2.5	1.6	2.0	0.2	2.2	1.8	1.9	n=1	1.9	1.9
1.4	0.2	1.6	1.2	1.2	0.2	1.4	1.0	1.1	n=1	1.1	1.1
1.3	0.3	1.6	0.9	1.2	0.2	1.4	1.0	1.0	n=1	1.0	1.0
98.7	9.1	121.7	79.0	98.1	10.5	114.7	70.5	97.5	4.7	102.0	91.0
95.7	16.0	167.0	71.4	93.2	11.2	111.0	69.0	92.8	7.2	97.0	82.0
65.2	10.0	88.1	33.0	62.8	11.1	83.2	38.0	56.3	6.4	65.0	51.0
62.8	10.6	87.8	42.0	59.5	9.6	76.0	41.0	53.8	8.7	64.4	43.0
1,135.6	128.1	1,353.0	917.0	1,383.4	164.7	1,765.0	1,108.0	839.3	70.6	913.0	762.0
17.2	1.5	20.3	13.8	14.4	2.2	18.6	9.8	13.2	0.8	14.3	12.7
233.6	12.4	260.0	203.0	233.9	15.4	253.0	179.0	209.0	21.5	233.0	183.0
201.3	12.0	226.0	180.0	206.9	8.5	216.0	192.0	201.0	n=1	201.0	201.0
4.0	0.3	5.0	3.0	4.8	0.4	5.0	4.0	3.8	0.5	4.0	3.0
7.0	0.3	8.0	6.0	7.7	0.5	8.0	7.0	5.5	0.6	6.0	5.0
9.6	0.5	11.0	9.0	10.6	0.6	11.0	9.0	7.3	1.0	8.0	6.0
194.2	9.7	213.0	180.0	199.7	13.0	216.0	166.0	163.5	19.8	176.0	134.0
154.6	11.5	176.0	134.0	167.2	11.5	190.0	146.0	135.3	10.1	143.0	121.0
118.8	10.3	137.0	98.0	130.9	10.6	155.0	112.0	116.3	2.5	119.0	113.0
760.4	63.3	947.0	584.0	947.0	95.0	1,060.0	753.0	598.0	92.4	688.0	511.0
1,060.1	92.5	1,302.0	910.0	1,266.5	134.2	1,491.0	1,001.0	730.8	110.5	841.0	592.0
1,120.3	133.7	1,340.0	864.0	1,360.9	160.5	1,675.0	1,085.0	825.3	111.3	935.0	680.0
59.2	4.9	72.1	51.1	53.6	7.2	68.9	42.8	40.9	4.1	44.5	35.3
50.8	4.6	60.7	40.7	46.6	5.7	58.7	39.4	35.9	5.4	39.9	28.2
45.1	4.2	54.3	37.9	42.0	5.4	52.2	34.7	32.9	2.9	35.6	28.7
42.4	5.4	56.3	33.3	33.4	6.4	45.0	20.3	29.9	1.6	32.1	28.5
144.9	12.1	171.0	117.0	176.7	29.9	265.0	137.0	154.0	22.2	181.0	133.0
2.9	0.4	3.9	2.2	2.0	0.5	2.9	1.0	2.0	0.3	2.4	1.6
2.7	0.1	3.0	2.5	2.6	0.2	3.0	2.4	2.2	0.1	2.2	2.0
14.5	0.8	16.0	12.9	12.9	1.1	15.6	11.1	11.1	0.7	11.8	10.4
13.3	1.2	15.8	11.6	15.6	1.3	17.8	13.0	9.0	1.7	11.6	7.8
13.5	1.5	16.0	10.1	16.7	1.6	19.6	13.5	8.6	1.4	10.5	7.3
45.5	4.5	54.3	38.2	42.3	6.9	53.0	30.7	29.4	5.3	34.5	24.0
1,313.3	314.7	2,183.0	783.0	1,580.1	388.8	2,468.0	797.0	563.0	58.5	622.0	505.0
19.9	4.2	29.5	13.1	16.8	4.3	26.6	9.8	9.4	1.6	11.2	8.3

表2 ● 日本トップレベルのジュニア選手の形態および体力測定値（女子）

					100m (n=12) 200m (n=6)	100mH (n=9) 100m/200m (n=6)			400m (n=11) 400mH (n=2)			
					平均(M)	標準偏差(SD)	最大値(max)	最小値(min)	平均(M)	標準偏差(SD)	最大値(max)	最小値(min)
形態	基本的体格		身長 [cm]		162.2	5.2	171.0	152.7	160.7	4.7	170.7	153.3
			体重 [kg]		51.4	4.9	62.4	42.1	52.5	3.0	57.7	48.2
	体脂肪率・空気置換法(BODPOD)		体脂肪率 [%]		11.5	3.9	22.9	5.0	13.3	3.5	16.7	5.0
			除脂肪体重 [kg]		45.4	4.3	54.0	37.3	45.6	2.8	51.4	42.2
	皮下脂肪厚（キャリパー）		上腕背部 [mm]		9.3	2.1	12.5	5.5	7.5	1.5	9.0	6.0
			肩甲骨下部 [mm]		8.4	1.5	12.5	6.5	6.8	0.6	7.5	6.0
			腹部 [mm]		5.9	2.1	11.0	3.5	4.6	1.1	6.0	3.5
			側腹部 [mm]		5.9	2.1	11.0	3.5	4.6	1.1	6.0	3.5
			大腿部 [mm]		13.4	3.6	21.0	8.5	10.1	2.9	12.5	6.0
機能	等速性筋力発揮(Biodex)	膝関節60deg/s	伸展 [Nm]	右	141.6	25.8	194.0	93.0	143.6	21.5	180.0	109.0
				左	139.6	23.5	180.0	92.0	144.2	28.6	193.0	82.0
			屈曲 [Nm]	右	79.8	14.3	104.0	49.0	85.1	15.4	110.0	61.0
				左	75.4	14.4	105.0	40.0	77.4	16.8	102.0	40.0
			伸展/体重 [Nm/kg]	右	2.9	0.2	3.2	2.7	2.7	0.6	3.1	2.3
				左	2.5	0.3	2.9	2.0	2.8	0.8	3.3	2.2
			屈曲/体重 [Nm/kg]	右	1.5	0.2	1.8	1.3	1.6	0.3	1.8	1.4
				左	1.4	0.2	1.8	1.2	1.5	0.1	1.6	1.4
			左/右比 [%]	伸展	100.3	14.7	150.0	75.0	100.3	13.6	121.0	75.2
				屈曲	95.6	15.2	140.8	71.0	91.1	13.5	107.0	65.6
			屈/伸比 [%]	右	57.0	8.4	80.0	43.8	59.4	8.2	73.0	41.0
				左	54.3	7.9	70.0	42.4	54.0	7.5	64.0	42.0
		膝関節180deg/s	伸展 [Nm]	右	103.3	14.7	136.0	65.0	96.7	15.2	121.0	69.0
				左	99.9	14.7	132.0	59.0	102.0	16.5	131.0	72.0
			屈曲 [Nm]	右	63.2	10.2	80.0	35.0	64.5	12.2	81.0	45.0
				左	60.2	10.9	85.0	37.0	59.9	10.3	75.0	40.0
			伸展/体重 [Nm/kg]	右	2.1	0.3	2.5	1.8	1.7	0.3	1.9	1.5
				左	1.9	0.1	2.1	1.7	1.7	0.5	2.0	1.3
			屈曲/体重 [Nm/kg]	右	1.2	0.1	1.3	1.0	1.2	0.2	1.3	1.0
				左	1.1	0.2	1.3	0.9	1.1	0.2	1.3	0.9
			左/右比 [%]	伸展	97.6	11.0	130.8	80.7	105.7	8.4	117.4	91.0
				屈曲	95.6	8.1	110.0	77.0	93.8	12.2	121.0	78.4
			屈/伸比 [%]	右	61.4	8.7	81.3	48.9	67.4	11.7	85.0	43.0
				左	60.5	8.0	75.0	44.9	59.1	8.6	70.7	45.5
	最大無酸素パワーテスト(PowerMax)		最大パワー [W]		775.3	104.1	964.0	536.0	765.2	94.5	870.0	580.0
			最大パワー/体重 [W/kg]		15.0	1.3	17.6	12.5	14.4	1.6	16.1	11.3
			1kp最高回転数 [rpm]		203.3	13.8	227.0	170.0	195.8	15.5	222.0	166.0
			1kp10秒平均パワー [W]		176.8	11.2	189.0	154.0	163.3	22.7	189.0	140.0
			負荷 [kp]	1st	2.7	0.5	3.0	2.0	3.0	0.0	3.0	3.0
				2nd	5.3	0.7	6.0	4.0	5.2	0.4	6.0	5.0
				3rd	7.2	0.8	8.0	5.0	7.0	0.6	8.0	6.0
			回転数 [rpm]	1st	182.9	9.9	202.0	164.0	169.7	11.8	196.0	153.0
				2nd	138.1	8.2	152.0	118.0	137.1	10.2	147.0	112.0
				3rd	108.9	8.5	124.0	87.0	109.8	8.9	120.0	87.0
			ピークパワー [W]	1st	486.4	83.0	586.0	333.0	498.7	34.4	575.0	450.0
				2nd	723.6	97.6	879.0	499.0	694.6	83.3	852.0	546.0
				3rd	769.9	106.0	960.0	550.0	753.4	88.8	866.0	596.0
運動能力	垂直ジャンプ		腕振りあり [cm]		46.2	4.9	59.9	39.0	44.1	3.7	49.3	38.8
			腕振りなし [cm]		40.9	4.0	51.6	33.6	39.2	3.6	45.9	33.6
			腕振り反動なし [cm]		37.1	3.8	45.9	30.5	36.1	3.7	41.7	28.7
	リバウンドジャンプ腕振りなし		跳躍高 [cm]		35.6	4.2	48.0	28.9	35.7	3.0	40.7	30.6
			接地時間 [msec]		149.7	13.8	182.0	123.0	146.6	15.0	182.0	127.0
			RJ Index [なし]		2.4	0.4	3.4	1.8	2.5	0.3	2.9	1.7
	水平ジャンプ		立ち幅跳び [m]		2.3	0.1	2.5	2.0	2.2	0.1	2.4	2.1
			立ち5段跳び [m]		11.6	0.6	12.8	10.5	11.7	0.7	12.8	10.8
	メディシンボール投げ		両手下手投げ（4kg）[m]	前方	10.4	1.2	13.7	8.3	10.2	1.2	12.3	8.2
				後方	9.7	1.5	13.4	7.4	9.7	1.5	12.1	7.0
	連続スクワットジャンプ（マットスイッチ）腕振りなし		跳躍高 [cm]		35.9	3.3	40.9	30.0	37.3	4.3	46.4	29.8
			パワー [W]		776.6	159.6	1,033.0	536.0	764.2	147.0	1,036.0	580.0
			パワー/体重 [W/kg]		15.1	2.8	21.8	11.2	14.6	2.6	20.0	11.7

走幅跳 (n=9) 走高跳 (n=8) 三段跳 (n=3) 棒高跳 (n=2)				砲丸投 (n=4) ハンマー投 (n=3) やり投 (n=7) 円盤投 (n=6) 円盤投/やり投 (n=1) 砲丸投/やり投 (n=1) 砲丸投/円盤投 (n=1)				競歩 (n=5)			
平 均 (M)	標準偏差 (SD)	最大値 (max)	最小値 (min)	平 均 (M)	標準偏差 (SD)	最大値 (max)	最小値 (min)	平 均 (M)	標準偏差 (SD)	最大値 (max)	最小値 (min)
166.1	5.4	173.7	152.6	163.5	6.4	175.9	154.1	159.1	1.9	162.3	157.2
52.6	5.4	64.5	40.7	70.7	10.2	96.2	55.3	47.0	4.9	52.1	40.2
12.7	4.2	20.2	7.4	22.7	4.8	35.2	11.4	14.3	4.3	18.4	9.2
45.8	4.1	53.3	37.6	54.4	5.6	70.6	46.9	40.1	2.6	43.6	36.5
8.5	3.1	14.0	4.5	18.1	5.1	29.5	14.0	11.5	4.3	16.5	9.0
6.8	1.0	8.0	5.5	14.2	4.5	24.0	9.5	8.5	1.3	10.0	7.5
5.2	1.9	8.5	3.0	13.4	8.1	32.0	6.0	6.0	2.3	8.5	4.0
5.2	1.9	8.5	3.0	13.4	8.1	32.0	6.0	6.0	2.3	8.5	4.0
9.7	2.7	13.0	5.0	19.7	3.1	25.0	14.0	17.5	3.9	22.0	15.0
147.5	33.9	209.0	70.0	179.0	35.0	245.0	107.0	111.8	11.4	123.0	94.0
145.2	29.1	204.0	84.0	170.2	39.3	266.0	90.0	110.0	8.5	119.0	100.0
79.8	16.2	112.0	41.0	93.4	13.9	138.0	76.0	60.4	3.2	63.0	56.0
78.6	13.3	105.0	53.0	91.4	18.8	132.0	66.0	62.0	1.9	64.0	59.0
2.7	0.5	3.4	2.4	2.4	0.4	2.9	1.9	2.8	n=1	2.8	2.8
2.8	0.3	3.1	2.5	2.1	0.5	2.6	1.6	2.8	n=1	2.8	2.8
1.5	0.3	1.8	1.2	1.2	0.2	1.4	1.0	1.5	n=1	1.5	1.5
1.5	0.2	1.8	1.2	1.1	0.1	1.2	0.9	1.6	n=1	1.6	1.6
100.2	9.9	120.0	81.6	95.1	12.2	120.0	68.0	98.7	5.2	106.4	93.6
99.5	11.1	134.0	82.8	97.6	11.7	126.8	73.0	102.9	6.6	114.3	98.0
54.9	6.0	71.0	46.0	53.1	7.6	71.0	41.0	54.3	4.4	61.7	51.2
54.8	7.6	72.7	43.0	54.9	9.6	73.0	34.0	56.6	4.3	62.7	52.0
104.4	18.2	136.0	67.0	121.5	21.1	165.0	77.0	73.8	8.2	83.0	64.0
103.6	18.6	145.0	71.0	119.8	22.8	173.0	75.0	76.0	3.4	79.0	71.0
61.6	14.6	86.0	35.0	68.7	13.9	109.0	47.0	41.4	1.7	44.0	40.0
61.3	11.8	80.0	34.0	68.6	10.4	90.0	49.0	42.2	3.8	47.0	38.0
2.1	0.1	2.1	2.0	1.7	0.2	2.0	1.4	1.6	n=1	1.6	1.6
2.0	0.1	2.1	1.8	1.7	0.3	2.0	1.4	1.8	n=1	1.8	1.8
1.1	0.1	1.2	0.9	0.9	0.1	0.9	0.8	1.1	n=1	1.1	1.1
1.1	0.1	1.2	1.0	1.0	0.1	1.1	0.9	1.0	n=1	1.0	1.0
99.5	7.1	116.0	85.0	98.7	9.4	121.0	75.0	103.7	7.4	111.0	94.0
101.1	11.6	131.1	86.0	101.2	10.4	121.0	81.0	102.1	9.8	111.9	89.0
58.9	8.3	75.0	42.0	56.8	8.1	67.0	40.0	56.8	8.8	69.0	48.2
59.5	8.4	77.0	47.0	58.5	10.5	76.3	41.0	55.6	5.5	63.5	48.7
786.5	116.7	976.0	550.0	886.8	119.6	1,195.0	673.0	544.6	80.0	636.0	462.0
14.9	1.3	16.9	12.4	12.6	1.8	17.1	9.7	11.5	1.0	12.2	9.8
203.0	12.3	221.0	170.0	194.7	11.5	216.0	170.0	175.4	9.2	185.0	160.0
172.3	16.0	191.0	141.0	171.9	11.2	185.0	156.0	152.5	0.7	153.0	152.0
2.7	0.5	3.0	2.0	3.4	0.5	4.0	3.0	2.4	0.5	3.0	2.0
5.2	0.7	6.0	4.0	5.5	0.7	7.0	4.0	4.0	0.7	5.0	3.0
7.3	0.9	8.0	5.0	7.6	1.0	10.0	6.0	5.2	0.4	6.0	5.0
181.3	8.4	197.0	161.0	169.8	10.9	185.0	142.0	151.8	8.5	163.0	141.0
141.5	7.0	155.0	129.0	142.7	9.0	158.0	126.0	121.8	7.5	132.0	111.0
109.0	10.5	123.0	82.0	116.0	6.7	124.0	96.0	105.6	8.7	116.0	96.0
476.6	89.0	567.0	316.0	571.2	91.6	711.0	418.0	355.6	75.0	457.0	287.0
719.8	110.1	867.0	507.0	767.0	122.8	1,080.0	523.0	475.6	75.0	591.0	389.0
776.5	123.1	957.0	522.0	857.2	112.6	1,161.0	667.0	538.2	72.3	644.0	470.0
46.7	4.8	56.3	35.7	41.7	4.5	50.3	30.9	33.2	2.0	35.1	30.6
41.0	4.2	52.2	32.3	34.8	4.5	44.1	26.6	26.9	2.4	29.6	23.9
37.4	3.8	46.8	29.6	32.0	4.3	40.6	23.2	25.9	2.0	28.1	22.6
36.9	4.0	44.8	29.3	30.9	4.0	37.9	23.1	26.9	2.1	28.8	23.7
144.8	13.4	170.0	128.0	157.1	15.3	182.0	130.0	169.8	21.0	186.0	135.0
2.6	0.3	3.0	1.8	2.0	0.4	2.7	1.4	1.6	0.3	2.0	1.3
2.3	0.1	2.6	2.0	2.1	0.1	2.4	1.9	1.9	0.1	2.1	1.7
12.2	0.7	13.5	10.8	11.0	0.9	13.0	9.6	9.7	0.2	10.0	9.5
10.7	1.3	12.5	6.9	11.7	1.3	14.4	9.5	7.3	0.8	8.8	6.8
10.9	1.6	12.9	6.8	12.3	1.7	16.5	10.1	7.2	0.9	8.3	6.3
36.5	4.6	46.1	30.3	31.7	4.5	41.9	23.0	25.7	1.0	26.6	24.5
750.8	127.5	988.0	487.0	972.5	260.8	1,684.0	651.0	445.0	62.6	487.0	353.0
14.2	2.1	17.9	10.3	13.8	2.8	19.6	8.6	9.1	0.9	10.1	8.0

第3章 陸上競技のバイオメカニクス

1 陸上競技のパフォーマンスとバイオメカニクス

1）スポーツバイオメカニクス

　陸上競技のパフォーマンス（記録）は、サーフェイス（地面）や風などの環境要因にも影響を受けますが、身体の力やパワーの出力と、身体を操作する技術に強く影響されます。これらは一般的に体力と技術と捉えられますが、陸上競技は身体運動を介して直接的にパフォーマンスが発揮されるため、身体運動を捉えることはパフォーマンスを評価すること、また運動における体力と技術を研究することと考えられます。この身体運動を客観的に研究する方法と知見の蓄積がスポーツバイオメカニクスです。

　スポーツバイオメカニクスは、人間の生物学的条件を考慮しながら、スポーツにおける身体運動を力学的観点から研究するスポーツ科学の一領域です（阿江と藤井，2002）。生物学的条件とは、例えば、以下のようなことがあります。

①身体が体幹と四肢から成り、体幹部には身体質量の約50％がある。
②骨格筋が骨に力を作用し、関節を介して、身体の運動が生じる。
③骨格筋は、長さ―力関係、力―速度関係など、条件により出しうる最大力の大きさが変化する。
④人間は、さまざまな情報を感覚器から収集し、脳で処理し、判断し、筋へ指令を出して運動を発現している。

　大雑把に取り上げましたが、それぞれが研究領域となるほど、幅広く、深く研究されているので、専門的にはそれぞれの専門書などを参照してください。

　スポーツバイオメカニクスは科学であるため、人間の技術を、あたかもロボットが行っているかのように研究され、記述（表現）されることがあります。しかし、真のバイオメカニクス研究は人間の限界をよく吟味していることを理解し、その知見を運動感覚に置きかえるとどうなるのか、その技術を身につけるための効果的な指導法やトレーニング法はどのようなものかということを想像して役立てる必要があるのです。

2）スポーツ技術の最適化とバイオメカニクス

　陸上競技の技術の向上は、いずれも基本的な動作であるため、できるかできないかというものではなく、動作が洗練されていく過程といえます。どんな一流選手でも完璧な技術を身につけているわけではないと考えるべきです。つまり、陸上競技の技術は、パフォーマンスの向上に応じて最適化されるべきものであり、さらに選手は体調や環境によっても技術を最適化していかなければなりません。そのため、「よい技術とはこうである」とか「自分の走り方はこのようなもの」と決めつけるのではなく、運動を行い、常にフィードバックと改善（修正）を繰り返すことが求められるのです。このような改善の繰り返しを最適化ループといいます。よい技術を身につけている選手は、常に技術の最適化を繰り返している選手ともいえるでしょう。

　図1は、スポーツ技術の最適化ループとバイオメカニクスの役割を示したものです（阿江と藤井，2002）。スポーツ技術の改善は、現状を知り、目標を設定するところからスタートします。つまり、運動の観察からはじまります。動作を観察するためには、現在は、手頃なツールがたくさんあります。ビデオカメラは当然のことながら、ハイスピードカメラも市販のデジタルカメラの機能の1つとして備わっています。選手が自ら感じたりコーチが目で見たりするだけではなく、これらのツールを利用するこ

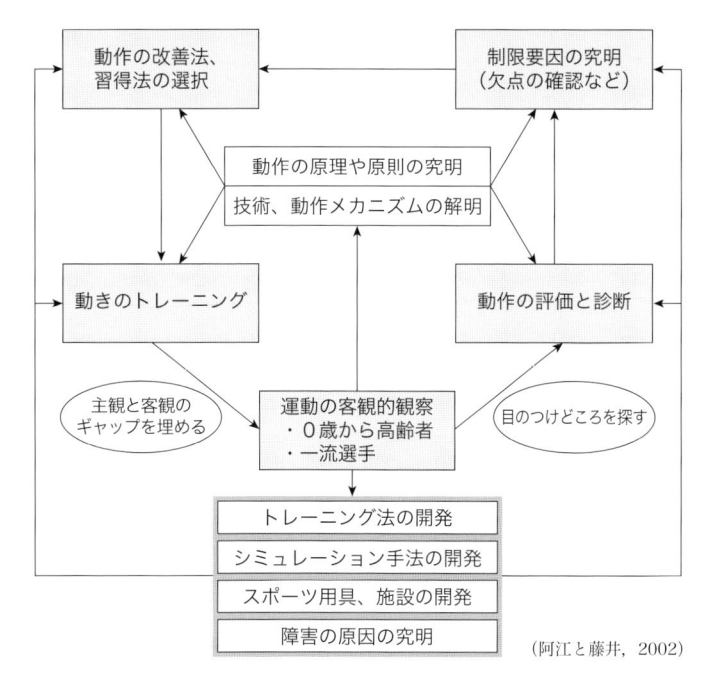

図1●スポーツ技術の最適化ループとバイオメカニクスの役割

（阿江と藤井, 2002）

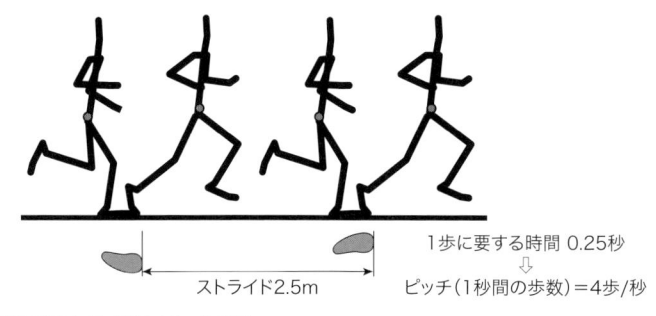

図2●ストライドとピッチの例

分の詳細な動きから全体的な動きの感じまで、前の動きが次の動きへどのように関連しているかなど運動学的な知識や感性が大変重要です。

改善点の決定や改善方法の選択、決定など実践的な過程においてはバイオメカニクスが果たす役割は小さくなります。しかし、今後の科学に基づくコーチングでは、より実践的な過程においてもバイオメカニクスのように、数値や文字などの情報を蓄積し、検証を重ね、より精度を高めていくことが望まれています。

2 走運動のバイオメカニクス

1) スピードとストライド、ピッチ

走動作では、2足を交互に前方に接地して、移動しているので、その1歩の歩幅（ストライド）と足を地面に着く頻度（ピッチ）が走スピードに直接的に関係します（図2）。ストライドとピッチの積は走スピードになるので、例えば、秒速10mで走るためには、ピッチが4歩/秒であれば、ストライドは2.5m必要ということになります。世界一流短距離選手では、最高疾走速度が12m/秒、ストライドが2.5m、ピッチが4.8歩/秒、高校生のトップ選手では、最高疾走速度が10.5m/秒、ストライドが2.2m、ピッチが4.8歩/秒というデータがあります。

2) 地面反力

走運動において走者に作用する外力は、空気抵抗と重力、そして地面から受ける力のみで、この地面から受ける力を地面反力といいます。図3は、ランニングにおける地面反力を示したものです。地面反力は方向により鉛直成分と水平成分に分けることができます（ここでは水平前後成分のみで左右成分は扱わない）。鉛直成分は接地後に素早く大きくなり、支持期中は正の値で、中間あたりでピーク値を示し

とも現代的なスポーツ技術の改善においては非常に重要です。

動作の評価と診断とは、動きのどこがよくて、どこが悪いのかを識別し、改善するための情報を整理し、どのように改善するかを判断することです。ここでは、何がよくて、悪いのかを判断するために、種目の技術の特徴やレベルに応じた技術などの知識が必要になります。さらに、見本となる動き、つまりモデルが役に立ちます。最近では、標準動作モデルが提案されており、有効に活用することが期待されています。観察や評価においては、手や足など部

ます。これは身体を上方向に持ち上げようとする作用を意味します。一方、水平成分は接地後に負の値を、中間以降は正の値を示します。このとき、負の値は身体を水平方向に減速する作用、正は加速する作用を意味します。

走速度が増大すると、鉛直成分は作用する時間が短くなり、素早く力が立ち上がり、ピーク値は大きくなります。一方、水平成分は、鉛直成分と同様に、作用する時間が短くなると、ピーク値が大きくなり、負から正への変化も急になります（図4）。

3）下肢の動き

下肢は、股関節、膝関節、足関節の3つの関節と、大腿、下腿、足の3つの部分で構成されています。これにより、さまざまな動作が可能となります。走動作は、膝関節と足関節を屈曲および伸展することによる下肢の屈曲伸展動作と、股関節の屈曲伸展による下肢全体のスウィング動作に大きく分けられます（図5）。

図6は、走速度の増大にともなう腰を中心とした足先の軌跡を示したものです。足が地面と接地している間は、足先は止まっていますが、腰が前方に押し出される分、足先が後方に送られたことになります。そして離地した後、さらに後方に送られ、上方に持ち上げられ、そして前方に振り出されます。最も前方では地面よりやや高くまで上がった後、振り戻されて再び接地します。ここで、走速度の増大とともに足の軌跡が大きくなっていることがわかります。特徴的なところは、支持期の上下動が小さくなっていることと、離地後に上方に大きく上がること、接地前の振り出しの高さが高くなることです。

ところで、スピードの増大とともに足先の軌跡は、

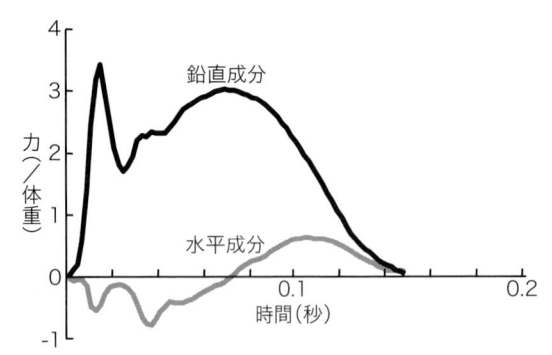

図3●ランニングにおける地面反力

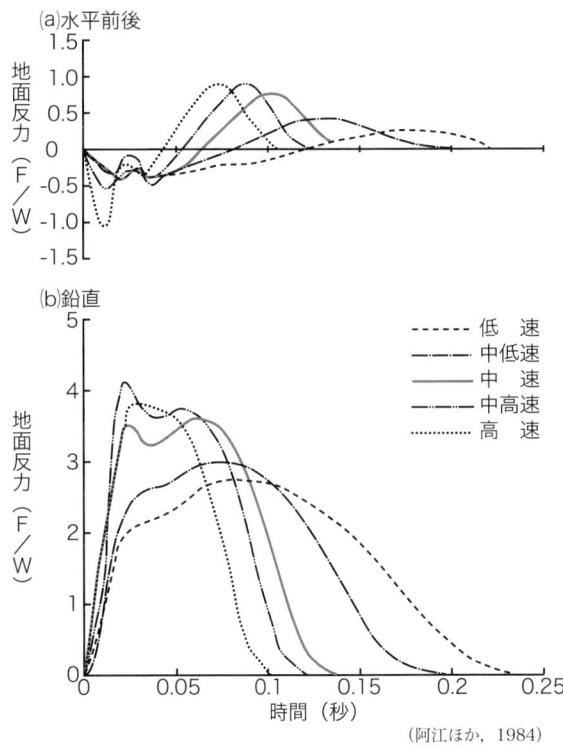

図4●走速度の変化と地面反力　　（阿江ほか, 1984）

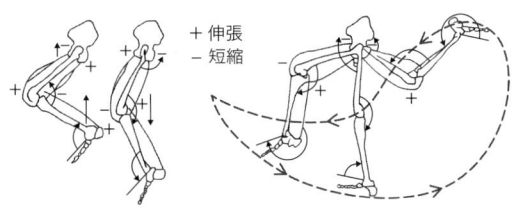

図5●下肢のピストン動作とスウィング動作　　（村木, 1982）

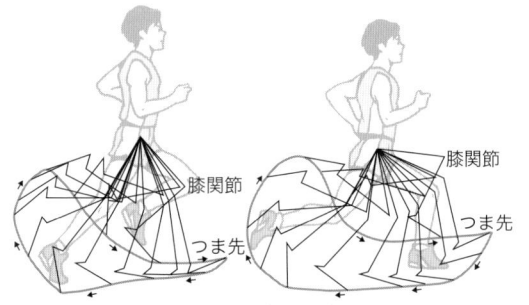

図6●走速度の変化と足先の軌跡　　（阿江ほか, 1983より改変）

大きくなり、速くなりますが、一方で軌跡の内側に強く引っ張られるようになります。これは、縄跳びを回すときを想像するとわかりやすいのですが、大きく速く回そうとすると、持っている手は縄を円周方向に動かそうとするのではなく、中心に向かって引っ張らなければなりません。同様に、足も地面から離れた後は、腰に向かって強く引きつける意識がないと、大きく速く回らないことを示唆しています。

4）下肢筋群の働き

バイオメカニクスでは、下肢筋群の働きは、関節周りに作用する回転力として算出し、これを関節トルクといいます。正は伸展トルク、負は屈曲トルクを示します。さらに、関節トルクと関節角速度との積を関節トルクパワーといい、正は主働筋のコンセントリックな筋収縮を、負はエキセントリックな筋収縮を示すと考えることができます。このような関節周りの力やパワーを算出することで、動きを生み出す筋の働きを推定することができ、さらに、これらの知見は技術のみならず、体力トレーニングにも役立ちます。

ここでは、走速度の増大とともに増大する筋の働きを概説してみましょう（図7）。

まず注目したいのは、支持期における足関節底屈筋群（腓腹筋、ヒラメ筋など）の働きです。足関節底屈筋群は支持期において空中から着地した身体を受け止め、前上方へ送り出す働きをしています。このとき、足関節底屈筋群は前半ではエキセントリックなパワーを、後半ではコンセントリックなパワーを発揮します（図8）。しかし、近年のトップスプリンターでは足関節や膝関節の角速度が小さく、底屈筋群は大きな力を発揮しているものの、足関節および膝関節を固定するような働きがみられます。

次に重要なのは、離地後の股関節屈筋群の働きです。キックした脚は後方へスウィングされますが、股関節屈筋群はそれを止めて、さらに前方へ大腿を素早く引き出すように働きます(図9)。このような股関節屈曲の働きは、腸腰筋が主働筋であり、スプリントにおいては特にその重要性が指摘されています。

最後に、前方に振り出した脚を後方に振り戻すときに膝関節屈曲筋群が発揮する大きなエキセントリックパワーも重要です。このとき股関節は伸展トルクを発揮しており、股関節伸展筋であるハムストリ

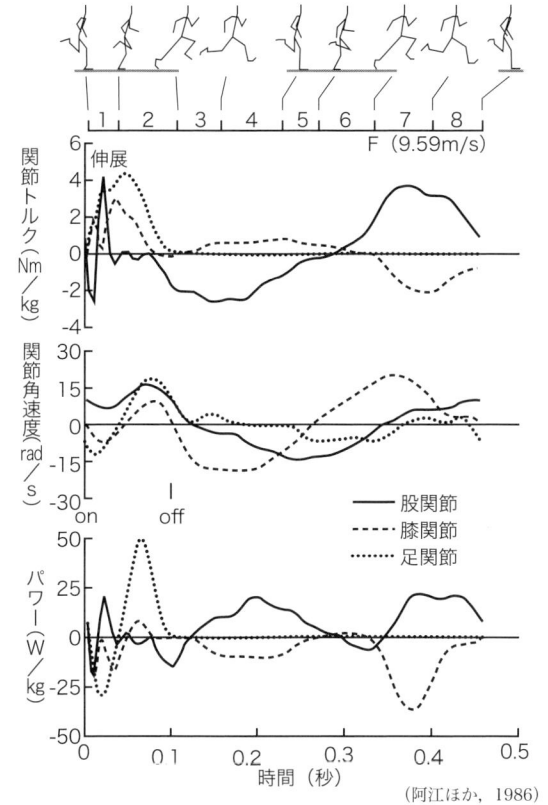

図7●ランニング時の筋の動き　（阿江ほか、1986）

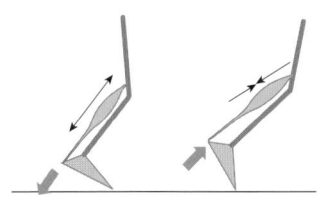

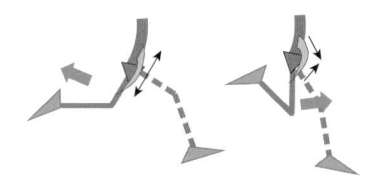

図8●足関節底屈筋群の働き　　図9●股関節屈筋群の働き　　図10●膝関節屈筋群の働き

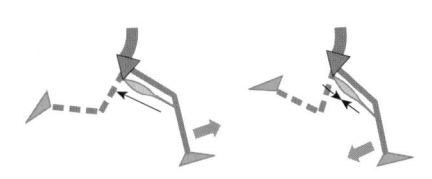

ングが膝関節にも作用することで、膝関節の伸展を減速する作用と股関節の伸展を加速する作用があります。ハムストリングは膝関節と股関節にまたがっているため、これらのパワーを大きく、タイミングよく発揮するためにハムストリングが重要な役割をもっているといえます（図10）。

3 跳運動のバイオメカニクス
1) 身体の上方向への運動量の獲得および反動動作と振り込み動作

跳運動は、地面反力によって身体の鉛直方向のスピードが大きくなり、重力に抗して上方向に跳び上がることといえます。地面反力に時間をかけたものを力積といい、運動量の変化を示します。運動量は速度と質量の積で算出できますが、人の運動の場合は質量が変化しないため身体の速度と考えることができます。つまり、大きな地面反力を鉛直方向に長い時間作用させることで、より大きな鉛直方向のスピードを得て、高く跳び上がることができるのです。

人の跳動作において、地面反力を大きくするための動作として、反動動作と振り込み動作があります（図11）。反動動作は、上方向ではなく、一旦下方向に動いて、その動きを止めるときに立ち上がる大きな地面反力を利用して一気に上方向に加速する動作のことで、力の立ち上がりが大きくなり、力積を大きくすることができます。また、筋も一度ストレッチされることで大きな力を出しやすくなるという利点もあります。

振り込み動作は、身体の一部を上方向に振り込むことによって下肢の伸展を抑える作用が生まれ、大きな地面反力を受ける時間を長くすることができるため、力積が大きくなります。腕の振り込みや踏切脚と反対脚の振り込み、前傾していた体幹を起こす動作など、大きな部分をタイミングよく振り込むことで、その効果が得られます。また、振り込んだ部分を素早く止めることも身体の上方向への運動量を大きく保ったまま空中に跳び出すことに役立ちます。

2) 遠くに跳ぶ跳躍

走幅跳および三段跳は、水平方向への跳躍距離を競っています。このとき、助走速度が重要となります。走幅跳および三段跳では、踏み切りで獲得した鉛直速度によって身体は空中に投射され、その間、助走により得た水平速度で水平方向の跳躍距離を得ることになります。水平速度が同じであれば鉛直速度が大きいほど、すなわち滞空時間が長いほど、反対に同じ滞空時間であれば水平速度が大きいほど、遠くに跳べることになります（図12）。

鉛直方向と水平方向の関係は、跳び出し速度と跳躍角とも置き換えて考えることができます。跳び出し速度（踏み切り時の身体重心速度）は、助走速度に強く影響を受けますが、踏み切り動作は水平速度を減速し、鉛直速度を得る動作であるため、最終的には踏み切り技術として水平速度の減速を最小にとどめ、効果的に鉛直速度を獲得することが重要です。さらに、その踏み切り技術の前段階では、踏み切りを効率的に行うための踏み切り準備が必要となります。これら一連の踏み切り準備、踏み切り動作によって跳び出し速度と跳躍角度が決まります。そして、跳び出し速度と跳躍角は跳躍距離、特に空中距離に強く影響をおよぼします。

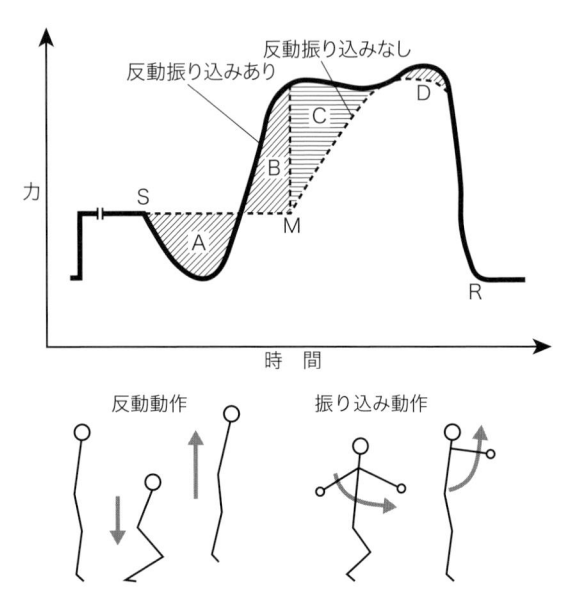

図11 ●反動動作と振り込み動作　　（阿江, 1992より改変）

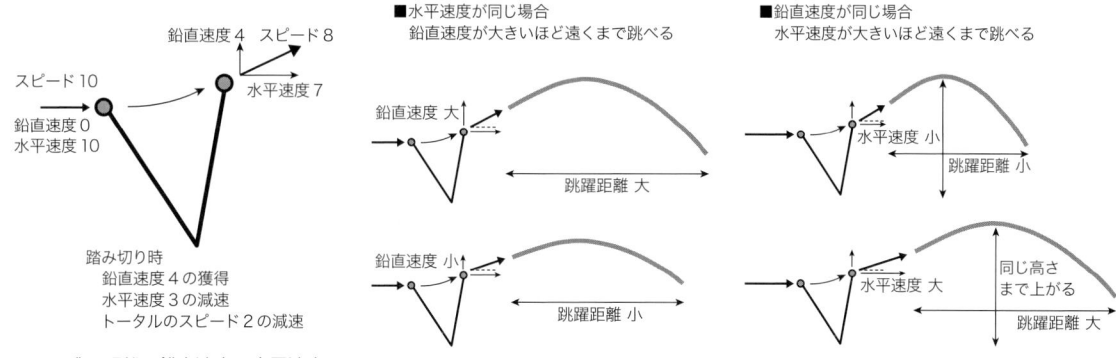

図12●跳躍距離と鉛直速度・水平速度

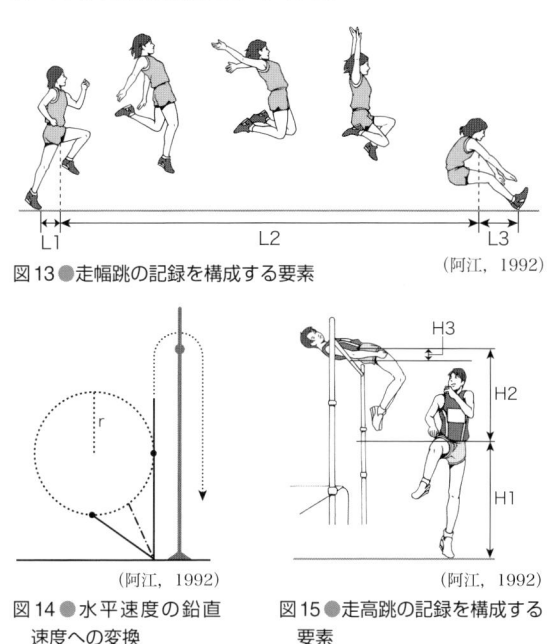

図13●走幅跳の記録を構成する要素
（阿江，1992）

図14●水平速度の鉛直速度への変換
（阿江，1992）

図15●走高跳の記録を構成する要素
（阿江，1992）

図13は、走幅跳の跳躍距離を分けて示したものです。踏み切り時の踏切板と重心の距離をL1、空中を重心が進んだ距離をL2、着地時の着地位置と重心との距離をL3としています。一流選手の跳躍ではL2が大きくなりますが、L1およびL3も勝敗に影響をおよぼすこともしばしばみられます。

3）高く跳ぶ跳躍

走高跳と棒高跳は、跳躍高を競う競技です。踏み切り時に鉛直速度を獲得することが直接記録につながり、それはすでに述べたように地面反力の鉛直成分を大きく、長く受けることで、鉛直方向の力積を増大することが必要です。しかし、高さを競う跳躍も助走は水平方向に行っているため、助走から効率よく鉛直速度を獲得することは簡単ではありません。

水平速度を鉛直速度に効率よく変換するためには、踏み切り接地時に身体の後傾を大きくすること、踏み切り接地時の速度の向きを下向きではなく、水平近くにすること、重心の軌跡を円軌道で上方向へとなめらかに変えていくことが大切です（図14）。実際の走高跳や棒高跳においてはさまざまな助走や踏み切りの技術が用いられています。

図15は、走高跳の跳躍高を分類したもので、踏み切り時の身体重心高をH1、身体重心が離地時から最高点まで上昇した高さをH2、最高点とバーの差をH3としています。H1は身長が高いほど有利なため、走高跳選手は長身選手が多くなります。しかし、離地時に、両腕を振り上げることや振り込み脚を高く上げて離地することなどもH1に影響します。H2は離地時の鉛直速度で決まります。踏み切り接地時の鉛直速度は、やや下向きかほぼ0m/sであるため、踏み切り中の地面反力の鉛直成分の力積で決まります。これは1）ですでに述べたように、反動動作や振り込み動作が重要であるとともに、大きな力がかかる踏切脚のつま先の姿勢や下肢3関節伸展筋群の負担割合、踏切脚の向きなども影響することになります。背面跳びでは空中で上手に反ることで重心の最高点よりも高いバーをクリアでき、H3はプラスとなることがあります。しかし、反るだけでなく、反るピークがバーの上にあることや、バー

を越える重心速度の方向がバーと平行に近づくほどバーの上を越える時間が長くなり、身体の部位がぶつかる可能性が増えることなども考慮する必要があります。また、選手によって、踏み切りにおいて水平速度が小さくなる者と、大きいまま踏み切る者とがいますが、踏み切りのタイプによって最適な踏み切り位置を考慮しなければなりません。また、高く跳ぶほど踏み切り位置を遠くにする必要があります。

4 投運動のバイオメカニクス

1）投てき物の投射

投てき種目は、投てき物の投距離を競います。この投距離は、投動作により投てき物に速度を与え、ある角度で投射することで決まります。しかし、砲丸投やハンマー投ではほぼ純粋な放物運動で計算できますが、やり投や円盤投は飛行中に重力以外にも空気抵抗による抗力や揚力の影響を受けます。

図16は、円盤に作用する抗力と揚力を示したものです。投てき物の飛行方向に対して姿勢が成す角を迎え角といい、進行方向に対して垂直上向きに生じる力を揚力、後ろ向きの力を抗力といいます。迎え角が小さいと抗力は小さくなりますが、揚力も小さくなります。一方、迎え角が大きいと揚力は大きくなりますが、抗力も大きくなります（図17）。揚力が比較的大きく、抗力が小さくなるバランスのときに飛距離が増大する効果を得られます。揚力を大きくするために、一般的には向かい風がよいとされていますが、飛行中に時々刻々と円盤の姿勢が変化し、かつ空気抵抗の影響が変化するため、詳しくはよくわかっていません。

2）投てき物の速度

投てき物に速度を与える方法は、動作がサークルに限定される砲丸投、円盤投、ハンマー投と直線助走を用いるやり投では大きく異なります。しかし、力学的にはいずれも運動量の伝達とみなすことができます。運動量とは、物体の質量と速度の積であらわされるもので、物体の勢いを示すものです。投てき物を遠くに飛ばすことは、投てき物に大きな運動量を与えることであり、これは投てき者の運動量が与えられている（伝達している）のです。すなわち、投てき物を押す（投げる）とき、投てき物に押し返されており、このとき、投てき物の運動量が増え、選手の運動量が減っているのです。

図18は、運動量の伝達の様子を模式的に示したものです。体重56kgの選手が4kgの砲丸をグライドで1m/sの移動速度をつけたとき、仮に投げ局面ですべての運動量が砲丸に伝わったとすれば、砲丸は15m/sで飛び出すことになります。体重の大きい者は、同じ助走速度を得られるのであれば、大きな運動量をもつことになり、投てき物を飛ばす可能性が大きくなります。一方で同じ体重でも助走速度が大きければ投てき物を飛ばす可能性が大きくなります（図19）。実際は、投げ局面において投てき者の運動量は減少しながら、投てき物に運動量を与えており、助走でつけた運動量を効果的に投てき物に伝えることは簡単ではありません。ここに、各投てき種目の投技術があるのです。

3）並進運動と回転運動

投てき物に投射時に速度を与えるためには、直接加速している手や腕が速く動いていなければなりません。力学的には、投てき物および手の速度は並進運動と回転運動をしているとみなすことができます。すなわち、投てき物の速度は、投射されるときの並進速度が投距離につながりますが、投動作では回転

図16●円盤に作用する抗力と揚力

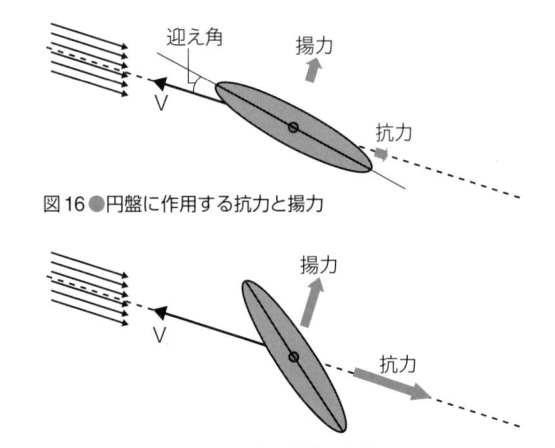

図17●迎え角が大きい場合の抗力と揚力

図18 ●砲丸投における運動量の伝達

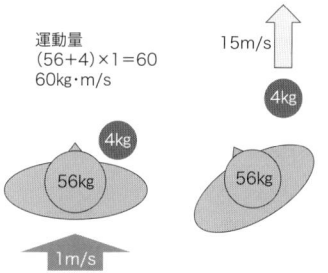

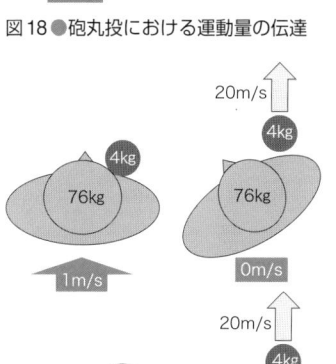

運動量
(56+4)×1=60
60kg·m/s

図19 ●さまざまな条件での運動量の伝達

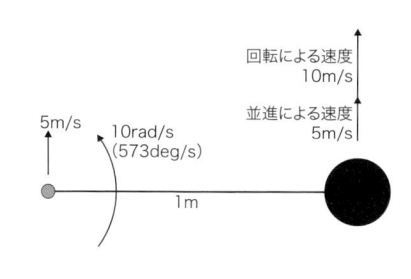

図20 ●並進運動と回転運動による投てき物の速度

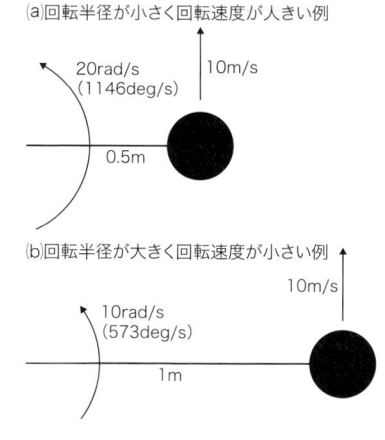

図21 ●さまざまな条件での投てき物の速度
(a)回転半径が小さく回転速度が大きい例
(b)回転半径が大きく回転速度が小さい例

運動と並進運動で生み出されています。

図20は、並進運動と回転運動による投てき物の速度を模式的に示したものです。回転中心が5m/sの並進速度で移動し、さらにその周りで回転運動をしているとすると、投てき物はその合計の並進速度をもつことになります。ここでは、1mの回転半径で回転速度（角速度）が10rad/sだとすると、10m/sの並進速度となり、この合計の15m/sが投てき物の並進速度となります。例えば、回転中心を腰、回転半径を腰から手までの距離とすると、腰を前方に移動しつつ、手を腰から遠いところで、できるだけ速く振ることが投てき物の速度につながり、腰が止まっていたり、手を速く振ろうとして腰からの距離が近くなったり、あるいは腰が後方へ移動しながら手を振ったり（回転半径が非常に小さいことになる）すると、投てき物の速度を高めることにつながりません。

図21は、投動作における投てき物を模式図で示したものです。(a)は回転半径が小さく回転速度が大きい、(b)は回転半径が大きく回転速度が小さい例を示しています。結果的にどちらも同じ並進速度をもっており、このまま投げ出されれば、同じ距離を飛ぶことになります。しかし、(a)は肩周りの回転速度が速く、(b)が遅いことを示しているとすると、(a)では(b)と比較して肩の筋群が大きな力を発揮しなければなりませんが、筋は速度が高いときに大きな力を発揮できなくなる特性があるため、うまく加速させるのは難しくなります。一方で、砲丸投では、砲丸に対する回転半径を大きくすることは回転中心で大きな力が必要となり、砲丸を加速するための力を十分に発揮できない場合も生じます。このように、投てき物を加速するためには、助走の利用と投動作の回転半径と回転速度との関係を理解し、現時点での最適な組み合わせと加速経路を検討する必要があるでしょう。

（榎本靖士）

■参考文献
阿江通良（1992）陸上競技のバイオメカニクス．日本陸上競技連盟編，陸上競技指導教本—基礎理論編—．大修館書店，pp. 33-53.
阿江通良・藤井範久（2002）スポーツバイオメカニクス20講．朝倉書店.
金子公宥・福永哲夫編（2004）バイオメカニクス—身体運動の科学的基礎—．杏林書院．
村木征人（1982）現代スポーツコーチ実践講座2陸上競技（フィールド）．ぎょうせい．
Knudson and Morrison：阿江通良監訳（2007）体育・スポーツ指導のための動きの質的分析入門．NAP．

第4章
陸上競技のコンディショニング

心身の健康状態や体力、つまりコンディションを目的に向けて適切に整えること、またその手段をコンディショニングといいます。特に競技現場では、トレーニングを適切に行うための日々のコンディショニングとともに、競技会に向けて心身の状態を最適に調整する過程そのものをコンディショニングと呼んでいます。

1 コンディショニングの基礎は日々のトレーニングと回復

トレーニングの効果は、負荷に負けないよう身体が強くなる反応（適応）によって生まれます。つまり、大きなトレーニング効果を得るためには、強い疲労・ダメージが起こるようなトレーニング負荷が必要になります。その一方で高い負荷は傷害の原因にもなりうるものです。しかし傷害がトレーニングの負荷量に比例して発生するとは限りません。傷害の原因としてあげられる要因は、急激な負荷の増加と疲労蓄積がかなりの部分を占めますが、トレーニングの負荷が高い場合でも、長期間にわたる積み重ねと適切な回復が確保されていれば、必ずしも傷害の発生につながるとは限らないのです。逆に、準備が不十分ならば、さほど強いトレーニングでなくても身体には大きな負担となり傷害につながりやすいことも事実です。

休養も大切な要素です。トレーニングの効果は、続く休養中に出てくるものです。しかし休むべきときに適切な休養をとらないなど、トレーニングと休養の量的なバランスや、時間的な関係を誤ると疲労がとれなくなり、オーバートレーニングの状態に陥ることもあります。トレーニングで生じた疲労が回復していない状態は、筋肉、腱や骨も負荷に対して弱い状態です。このような状態で起こる精神的な疲労も、集中力を低下させるなど傷害の要因となるものです。特に長期にわたる負荷と休養の不均衡の結果生じる慢性疲労は徐々に傷害を引き起こし、回復にも時間を要することが多いようです。

傷害を防ぎながら最大の効果を得るためには、トレーニングを常に休養とセットにして考え、高い負荷にはそれに見合った休養を確保する必要があります。まずは日々の回復を確保しつつ、トレーニングを進めていきましょう。練習の疲労が次の練習までに回復できなくなってしまったときは、負荷が大きすぎるか回復が不十分と考え、迷わず対処しましょう。

2 トレーニング後のケア

トレーニング後の身体は、適切な回復によってト

表1●トレーニング後のケア

局面	目的	緊急度	背景	主な手段
1. トレーニング直後のダメージケア	強い負荷による筋腱へのダメージの拡大を防ぐ	高	炎症や痛みのコントロール	アイシング
2. クーリングダウン	トレーニングによる疲労の持続を防ぐ	中	筋腱のリラックスと精神的なリラックス	ジョグ、ストレッチング、軽運動
3. 生活の中での回復促進	組織の修復や枯渇したエネルギーの補充	中	休息と血液循環の促進	睡眠、栄養補給、入浴、マッサージ、ストレッチング

レーニング前よりも強くなる準備ができている状態といってよいでしょう。ここで適切な回復を行えば、トレーニングは効果としてあらわれます。しかし、回復が不十分、不適切な場合は、効果が出ないばかりでなく慢性的な疲労を残すことにもなりかねません。トレーニング後のケアを3つの局面に分けて整理します（表1）。

1) トレーニング直後のダメージケア

　素早い対応が求められるケアです。例えば、練習後、高い負荷によって筋肉や腱が大きなダメージを受け、炎症が進行しているような状態を素早くとり除くための手入れです。慢性的に障害を抱えている部分に高い負荷がかかったような場合も、同様の対応が必要となります。まず、熱をもっている、あるいは炎症が強い部位がある場合は、練習直後の休養とともにアイシングが効果的です。アイシングの時間はごく短時間（最大20分程度をめやすに）で行い、暑い時期は長めにします。炎症が広がって慢性的な障害に移行することを防いだり、すでに慢性化している障害の悪化を防いだりする効果があります。氷が手に入りにくい場合は、冷やしたい部位に軽く水分を含ませた包帯を巻くなどしてもよいでしょう。ただし、過剰なアイシングには注意が必要です。時間が長すぎるアイシングや回数が多すぎるアイシング、すでに回復が進んでいる部位に対するアイシングは慢性的に筋肉や腱の血液の循環を阻害して、回復にマイナスに働く可能性があります。

2) クーリングダウン

　トレーニングで緊張した筋肉や精神をほぐし、疲労の持続を防ぐためのケアです。具体的な内容としてはストレッチングやジョグなどの軽い運動が一般的ですが、ダイナミックなストレッチングとして軽い負荷のウエイトトレーニングや補強運動が効果的な場合もあります。身体を動かしながらトレーニングで高ぶった気持ちを平常に戻すことで、精神的な疲労（中枢疲労）の回復にも重要です。

3) 生活のなかでの回復促進

　まず、全身の回復においては何にもまして睡眠と栄養が大切な要素です。睡眠中には成長や回復にかかわるホルモンの分泌もさかんになるだけでなく、習得した技術の、記憶への確実な定着も行われるからです。そういう意味でも十分な睡眠は不可欠といえるでしょう。また、トレーニングによる筋肉や腱、骨などへのダメージの回復には、まず材料となる栄養素が必要です。トレーニングで使い切ってしまった燃料の補給も食事によって行われます。翌日に疲労をもち越さないためにも、十分な材料で身体を修復し、確実な燃料補給で元気をとり戻す必要があります。

　基本要素としては、栄養補給や睡眠、入浴などのリラクセーションが最も大切な要素になります。ダメージを受けた身体の回復のためには、まず、身体のすみずみまで酸素や栄養素が行き届く必要があります。そのために最も重要なのはそれを支える交通網となる血液を循環させることです。血液の循環を確実にするためには、まずは十分なリラクセーションの時間を確保することです。必要に応じてストレッチングやセルフマッサージで筋肉をほぐすことは、血流の回復に有効です。入浴の際、シャワーだけではなく湯船につかることも大切です。湯船につかることで、一時的に全身が重力から解放される機会になりますし、シャワーで局所的に温めた場合と比べて血液の循環の改善が長続きするようです。全身の温熱刺激とリラクセーションの組み合わせが同時に行える入浴の機会を大切にし、効果的な回復につなげましょう。

■ストレッチングの特徴と注意点

　ストレッチングは、こわばった筋肉や腱をほぐし、組織をしなやかに保ったり、筋肉への血液のめぐりをよくしたりする作用から、トレーニング後の回復に有効です。しかし、タイミングや方法を間違えるとマイナスに働くこともあります。特に注意が必要なのは、ウォーミングアップでの使い方です。

　特に動作の制限になっている筋腱を伸ばしたり、傷害の予防として活用したりすることは大切なのですが、伸ばしすぎには十分な注意が必要です。時間

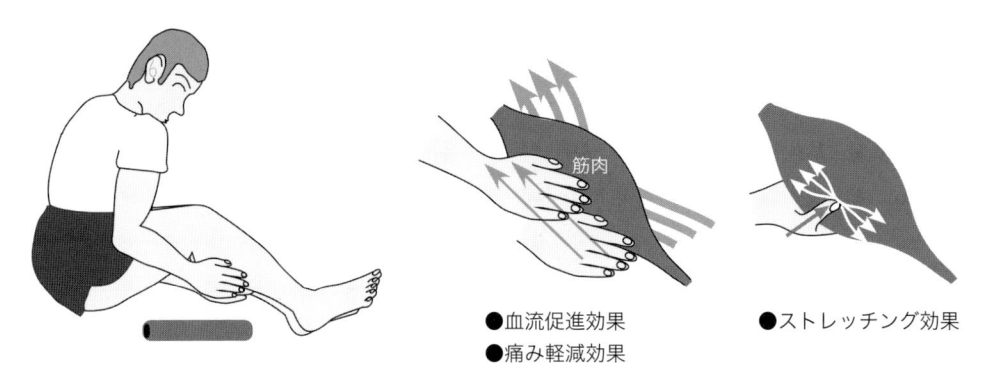

図1●マッサージの効果

●血流促進効果
●痛み軽減効果
●ストレッチング効果

を長く、しっかりストレッチングを行うと、筋肉の伸びに対して反射をつくり出すセンサーの感度が落ちます。さらに腱の組織も少し緩んだ状態になります。これが筋腱のバネを弱めることにつながり、瞬発力や最大筋力を低下させてしまう可能性があるのです。ウォーミングアップのストレッチングは、必要な部位に適度に行うことを心がけましょう。

■マッサージの特徴と注意点（図1）

マッサージについては、単に断続的に圧迫を繰り返すだけでも筋肉中の血液を押し出し、回復に役立ちます。さらにマッサージ自体がストレッチングの効果をもっているため、ストレッチングでうまく伸びない部位についてはしっかりマッサージを行いましょう。また、マッサージによる皮膚への刺激には痛みを軽減する効果もあります。

ただし、ストレッチング同様、強いマッサージを行いすぎると、筋肉が緩みすぎる恐れがあります。さらに、いわゆる「もみ返し」と呼ばれる筋肉の感覚が鈍ったような状態、あるいは腫れが生じることもありますので、適度な刺激を心がけるようにしましょう。

3 競技会中のコンディショニング（短時間の回復）

1日に予選と決勝が行われるような競技会においては、ラウンド間の回復も重要な要素になります。全力に近い運動後の回復として、筋肉、腱へのダメージを炎症として残さない、余分なエネルギー消費を抑える、適切なエネルギー補給、適切な水分補給などが重要になるでしょう。以下に、具体的な方法ごとの注意点をまとめます。

1) アイスマッサージ、アイスバス

特に酷使した筋肉や腱が熱や痛みをもっている場合に行います。夏の暑い時期や、次のラウンド前にあらためてウォーミングアップが確保できるくらいの時間的余裕がある場合は、しっかりと行います。一旦、筋肉・腱を冷やすことでリラックスを生み、組織に起こる腫れや、余分なエネルギー消費を抑え、リフレッシュに効果があります。

アイスマッサージ（図2）は手軽に準備できる方法で、氷のうやナイロン袋に氷とともに水を入れて、軽くマッサージをするように動かしていきます。アイスバスは、氷と水を入れたバケツなどに身体を浸す方法です。効果は大きいですが、大がかりな準備が必要なうえ、冷やしすぎる恐れもあります。いずれの方法も冷やしすぎるとパフォーマンスの低下につながるため注意が必要です。

2) 水分補給

発汗の多い種目や、暑い時期にまず何よりも重要なのは、水分の補給を適切に行うことです。脱水は全身の運動機能、精神活動を大きく低下させます。のどが渇く前に、少量の水分を複数回に分けて飲むようにします。特に発汗が多いときはスポーツドリンクや果物など電解質（塩分などのミネラル）を含んだものを摂るようにします。また一度に多量の水

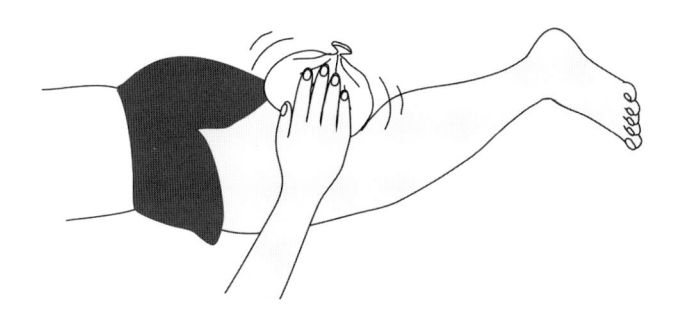

図2●アイスマッサージ

分を摂取することは、胃や腸に負担をかけるだけでなく、たとえ電解質を含んだものであっても体液を薄めてしまうため、筋肉の収縮を阻害することがありますので注意しましょう。

脱水状態を把握するためには、運動前後の体重変化を観察することが有効ですが、それができない場合は尿の色に注意すると判断することができます。脱水が進むと尿が濃縮され、濃い色になります。

3) 栄養補給

主に脳の活動や筋肉の燃料となる糖質の補給が中心になります。脂肪分や塩分を多く含んだものや、甘すぎるものは胃での貯留時間が長いため、試合当日の食事としては不適切です。少しずつ食べることができるもの、消化のよいもの、食べ慣れたものを摂るようにしましょう。

4 競技会前のコンディショニング（試合前調整）

競技会前の調整は、トレーニングで蓄積してきた体力や技術を試合でうまく発揮できるように準備する局面です。トレーニングの負荷量を徐々に落として（テーパーをつけて）準備していくイメージからテーパリングと呼ばれることもあります。

1) マイナス要因の排除（ケガや体調不良の防止）

数カ月、場合によっては数年にわたるトレーニングの過程を適切にパフォーマンスにつなげるうえで、試合前ほんの数日間の過ごし方は、特に大きな意味をもちます。基本的にはパフォーマンスに対してプラスの蓄積というよりも、マイナスとなる要素を極力排除していく過程を第一に考えるようにするとよいでしょう。

原則となる考え方は、まず蓄積してきた力を落とさず試合を迎えるということです。パフォーマンスを促進する特別な方法を考えるよりも、傷害や感染症（風邪、食中毒等）への配慮を怠らないことが重要です。特に十分にトレーニングされた状態は、競技者自身も経験したことのないようなスピードや動きを生じ、突発的な傷害につながる危険は大きいといえるでしょう。

具体的に、競技会前の傷害発生を防ぐ注意点としては、

- 急激な負荷上昇を避ける
- 疲労がとれた状態での最大スピードや最大出力のトレーニングは最小限にとどめる
- 特別な練習内容よりも慣れ親しんだ動きづくり
- 疲労蓄積や筋肉の異常に迅速に対応する

などをあげることができます。例えば、突発的な外傷として特に発生頻度の高いハムストリングの肉離れは、競技者本人が好調と感じていたり、何らかの前触れが認められたりするケースが多く見受けられます。

さらに、感染症への対策としては、

- 食事前の手洗いを欠かさない
- 生ものの摂取を極力避ける
- のどの痛みなど感染症の兆候に注意し、素早く対処する

といった注意事項があげられます。

2) 調整期間と負荷の工夫

まず、試合前の調整期間はどの程度が適切なので

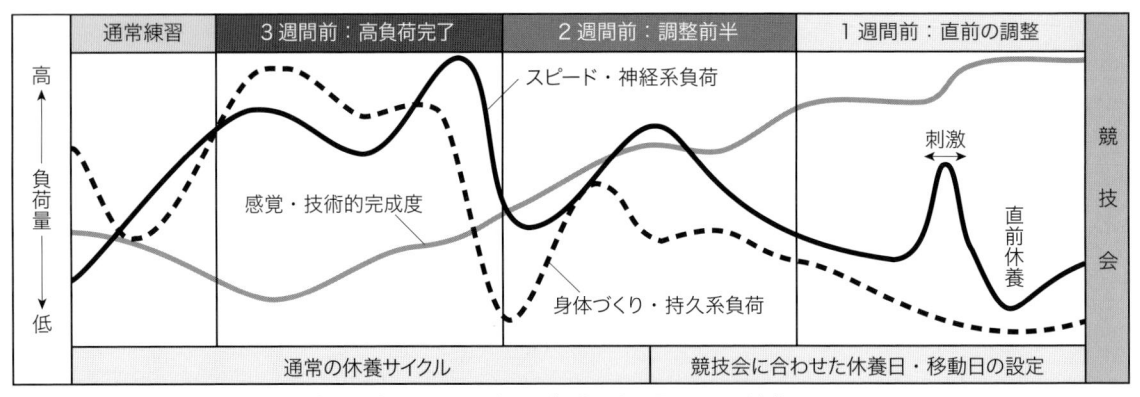

図3 ●試合前調整の負荷変動模式図（負荷を軽減するテーパリングの期間を2週間とした事例）

しょうか。この期間を決めるうえで重要になるポイントとして、

- 強化を中止してもパフォーマンスが落ちない期間はどれくらいか？
- 身体をつくり変えるような大きな負荷からの回復にはどの程度の期間が必要か？

という視点があげられます。試合前に力をためるために、負荷を落とした結果、体力も落ちてしまうようならば、この調整は失敗です。逆に試合直前まで負荷をかけ続けた結果、疲労を蓄積したまま試合に臨まざるを得なくなった場合もよい調整とはいえません。つまり、疲労からの回復には十分だが、蓄積した力を落とさない期間がどの程度か把握し、試合前に落ち着いて休養がとれる体制を整えることが重要なのです。複数の競技会が近接するような場合は、さらに工夫が必要となってきます。中学・高校生の場合、シニアに比べて回復は速いため、短期の調整で試合に臨むことも多いことでしょう。

試合直前までなるべく負荷をかけ続けたい場合は、刺激と回復を短期で繰り返す方法が安全で、状態の把握も行いやすいといえます。ここでは調整のためのテーパリングを2週間に設定した負荷変動のモデルパターンを模式図で示しました（図3）。調整期間中は、「出力の維持や技術の確認微調整」を常に継続していく、つまりこの期間の活動の基礎となるものと捉えます。そこに変化をつけるものとして、計画的な休養や刺激があげられます。実際に計画をする段階では移動日や直前の休養日から決定し、刺激の日程、その他の練習というふうに設定していくとよいでしょう。

3）競技会前の刺激

試合前にトレーニングの負荷が小さい時期が増えると、疲労回復は進みますが、競技会で要求される最大出力から遠ざかったり、スピードを出す能力が鈍ったりする可能性があります。一般的に「刺激」と呼ばれる、競技会の2日から数日前に行う強度の高い練習は、筋肉や神経系を刺激し、高い出力・スピード発揮のリハーサルとなります。実施にあたっては、競技会までの期間と負荷の強度や種類を工夫して、疲労を残さない注意が必要です。

◆

自分の思い通りにコンディションを整えるための第一歩は、コンディショニングを決して人任せにしないことです。最終的に自分の心身の状態を、自分自身で十分に把握することこそが、よいパフォーマンスにとって不可欠なことなのです。

また、事前に会場の注意点や備品の種類を確認しておくことは、不安を取り除き試合当日の予期せぬトラブルを防ぐことにもつながります。正確な情報把握と適切な準備で、競技環境を自分の管理下に置くことが重要といえるでしょう。

（大山卞圭悟）

第5章
アンチ・ドーピング

1 ドーピングとは

　病気を治すために使われるべき薬物を、競技力を高めるために不正に用い、またそれらの使用を隠蔽することが、スポーツにおけるドーピングです。ロンドンオリンピックでは、陸上競技女子円盤投の金メダリストにドーピングがありました。ドーピングは(1)薬物による副作用が選手の健康を損ね、場合によっては死に至らしめる危険性があること、(2)スポーツを行う際の基本的精神であるスポーツマンシップやフェアプレーに反し、スポーツそのものを否定すること、(3)スポーツ界におけるドーピングが一般社会の薬物汚染へと広がり、一般社会や将来ある若者に悪影響をおよぼすこと、のため厳しく禁止されています。

　健全なスポーツの振興と発展、また薬物汚染のない社会形成のために、ドーピングをなくす運動（ドーピング防止活動）は欠かすことができません。ドーピング防止活動の目標は、スポーツ固有の価値観を保全することです。ドーピング防止活動は主に、(1)関係者への教育・啓発および情報提供、(2)ドーピング検査の実施、(3)禁止物質流通の制限、の3つから成り、ドーピング検査はドーピングの害を選手に理解させ、クリーンな選手の権利を守るために行われます。

2 ドーピングの歴史的背景

　スポーツにおける最も古いドーピングは1865年のアムステルダム運河水泳競技大会で行われ、その後、自転車、サッカー、ボクシング、陸上競技など多くの競技で広がりました。1896年には興奮薬乱用による自転車競技中の死亡事故がありましたが、ドーピング規制の直接のきっかけとなったのは、1960年ローマオリンピック自転車選手の興奮薬使用による競技中の急性心不全死でした。国際オリンピック委員会（以下、IOC）は禁止薬物リストを作成し、1968年に開催されたグルノーブル冬季大会、メキシコ夏季大会からドーピング検査を実施しました（表1）。東西冷戦時代の東側諸国は、国威発揚のため国家施策として競技者にドーピングを行っており、当時の陽性率は2.5％と高値でした。1989年のベルリンの壁崩壊以降、陽性率は1％以下になりましたが、その後徐々に増加し2011年は2.0％となっています。最も多く検出されてきた禁止物質は蛋白同化男性化ステロイド薬で、全体の6割を占めています。

　1998年夏のツールドフランスで、複数チームのサポート部隊の車や選手の部屋から禁止物質が多数発見されるというスポーツ界全体を揺るがす大事件がありました。フェアなスポーツが危ぶまれたため、IOCは1999年2月に各国政府、国際機関、国際競技連盟、各国オリンピック委員会などと「スポーツにおけるドーピング世界会議」を開催しました。

　そして会議で発せられたローザンヌ宣言に基づき、世界ドーピング防止機構（World Anti-Doping Agency：WADA）が1999年11月に発足しました。WADAはIOC、国際競技連盟、国際パラリンピック委員会、国際機関と各国政府で構成され、オリンピック参加不参加、アマチュアプロフェッショナル、健常者障害者を問わない、すべてのスポーツで構成される組織です。

3 世界ドーピング防止規程および日本のドーピング防止体制について

　日本においては、1985年から三菱化学BCLが

表1 ● 世界におけるドーピング防止の歴史

1928年	国際陸上競技連盟　興奮薬を禁止物質に指定
1937年	IOCワルシャワ総会　ドーピングについて言及
1938年	IOCカイロ総会　ドーピング非難決議
1961年	IOCアテネ総会　医事委員会発足
1964年	国際スポーツ科学会議（東京）ドーピングの定義
1966年	国際サッカー連盟　ワールドカップにてドーピング検査開始
1967年	IOC　禁止物質リスト作成
1968年	メキシコ、グルノーブルオリンピックでドーピング検査開始
1976年	蛋白同化薬を禁止物質に加える
1981年	IOC認定分析機関制度
1984年	ロサンゼルスオリンピックでガスクロマトグラフィー質量分析計（GCMS）導入
1988年	禁止物質リスト大改訂　薬効分類、禁止方法
1995年	IOC医事規程発効
1999年	炭素同位体比質量分析法（CIRMS）導入 スポーツにおけるドーピング世界会議「ローザンヌ宣言」、世界ドーピング防止機構（WADA）設立
2000年	オリンピックムーブメントドーピング防止規程発効、シドニーオリンピック競技会外検査、EPO（血液）検査実施
2001年	日本アンチ・ドーピング機構（JADA）設立
2002年	ソルトレイクオリンピックで持久性競技者全員に血液検査実施
2003年	遺伝子ドーピングを禁止方法に加える
2004年	世界ドーピング防止規程（WADC）、国際基準発効、アテネオリンピックWADC履行、成長ホルモン検査実施
2007年	ユネスコ　スポーツにおけるドーピング防止国際規程、文部科学省「スポーツにおけるドーピングの防止に関するガイドライン」、スポーツにおけるドーピング世界会議「マドリッド宣言」
2008年	北京オリンピックでHBOCs検査、輸血検査実施
2009年	改訂世界ドーピング防止規程発効、改訂国際基準発効
2011年	世界陸上競技選手権テグ大会で全選手に血液検査実施、スポーツ基本法発効
2013年	スポーツにおけるドーピング世界会議「ヨハネスブルク宣言」
2015年	改訂世界アンチ・ドーピング規程発効、改訂国際基準発効

表2 ● ドーピング防止規則違反（日本ドーピング防止規程第2条）

2.1　競技者の検体に、禁止物質またはその代謝物若しくはマーカーが存在すること
2.2　禁止物質若しくは禁止方法を使用することまたはその使用を企てること
2.3　適用されるドーピング防止規則において認められた通知を受けた後に、検体の採取を拒否し、若しくはやむを得ない理由によることなく検体の採取を行わず、またはその他の手段で検体の採取を回避すること
2.4　検査に関する国際基準に準拠した規則に基づき宣告された、要求される居場所情報を提出しないこと及び検査を受けないことを含む、競技者が競技会外の検査への競技者の参加に関する要件に違反すること
2.5　ドーピングコントロールの一部に不当な改変を施し、または不当な改変を企てること
2.6　禁止物質または禁止方法を保有すること
2.7　禁止物質または禁止方法の不正取引を実行し、若しくは不正取引を企てること
2.8　競技会または競技会外において、競技者に対して禁止物質若しくは禁止方法を投与若しくは使用すること、または投与若しくは使用を企てること、またはドーピング防止規則違反を伴う形で支援し、助長し、援助し、教唆し、隠蔽し、若しくはその他の形で違反を共同すること、またはこれらを企てること

表3 ● 禁止表に物質・方法を掲載する基準（世界ドーピング防止規程）

下記3要件のうち、2要件を満たしているとWADAが判断した場合、禁止表への掲載が考慮される。
1. 物質または方法によって競技能力が強化され、または強化され得るという医学的その他の科学的証拠、薬理効果または経験が存在すること
2. その物質または方法の使用が競技者に対して健康上の危険を及ぼす、または及ぼしうるという医学的その他の科学的証拠、薬理効果または経験が存在すること
3. その物質または方法の使用が世界ドーピング防止規程の概説部分にいうスポーツ精神に反するとWADAが判断していること

IOC認定分析機関として活動し、2001年10月に日本アンチ・ドーピング機構（Japan Anti-Doping Agency：JADA）が国内調整機関として設立されました。2003年4月には日本スポーツ仲裁機構（Japan Sports Arbitration Agency：JSAA）が発足し、ドーピングによる処分、禁止物質使用などに関する紛争などの仲裁を申し立てることが可能となりました。WADAとJADAはドーピング防止活動において協力関係にあるものの、それぞれが独立した存在であり、JADAはWADAの下部機関ではありません。

WADAによる世界ドーピング防止プログラム（World Anti-Doping Program）は、世界ドーピング防止規程（WADC）、国際基準、実施にあたっての具体的プログラムから成っています。WADCによるドーピング防止規則違反は、禁止物質および禁止方法の存在、使用、所持のみならず、検体採取拒否、不出頭、改ざん、不法取引、禁止物質の投与などです（表2）。競技会外検査未了、居場所情報不提出も規則違反となります。競技者のみならず競技者支援要員についても取り決めがあり、競技者に対して禁止物質、禁止方法を投与、使用すること、規則違反をともなう支援、助長、援助、教唆、隠蔽することなどを禁止しています。

国際基準には禁止表、治療目的使用にかかわる除外措置（Ther-apeutic Use Exemption：TUE）、検査、分析機関、個人情報の5つがあります。禁止表に物質・方法を掲載する基準がWADCに示されています（表3）。

4 ドーピングコントロールの全体像

ドーピングコントロールは、検査対象の選定・立案、検体採取、検体の取り扱い、分析機関への検体の搬送、分析機関での分析、結果管理、聴聞会、および上訴を包括的に含んだプロセスをいいます。検査は対象の選定・立案、検体採取、検体の取り扱い、検体の搬送が関係するプロセスから成ります。

1) 検査の種類

検査の種類として、「競技会検査」と「競技会外検査」（OOCT）があります（表4）。検査の手続きはまったく同じですが、実施する場所、時間、対象競技者層、検査対象物質が異なります。競技会検査は、競技終了後に、競技場内もしくは近くの施設で実施され、競技会に参加したすべての競技者が検査対象となっています。OOCTは、競技会検査以外のすべての検査を指し、通常は予告なしに検査員が練習中や合宿所などに出向いて検査対象者登録リスト競技者や資格停止中の競技者に検査を行うものです。検査対象者登録リスト競技者を、国際陸連は各種目世界ランキング10位までおよび世界ベストパフォ

表4 ● 競技会検査と競技会外検査

	競技会検査	競技会外検査
対象	競技大会参加者全員	検査対象者登録リスト競技者
検査場所	競技場もしくはその近くのドーピング検査室	60分枠の場所と時間
検査時間	競技終了後	60分枠の場所と時間
検査対象物質・方法	常に禁止される物質と方法及び競技会（時）に禁止される物質と方法 特定競技において禁止される物質	常に禁止される物質と方法
検査員	日本国内においてはJADA認定ドーピングコントロールオフィサー（DCO）	国際水準の競技者の場合はWADA、国際陸連またはそれらの指定するDCO、国内水準の競技者の場合は、JADA認定DCO
居所情報提出	検査対象者登録時リスト競技者の場合は必要	検査対象者登録時リスト競技者の場合は必要

※検査員については、日本国内で検査が実施される場合とする

ーマンス10位までの競技者とし、JADAはオリンピック強化指定競技者、競技団体強化競技者にしています。

2）競技者の注意点

ドーピング検査の通告を受けたら、通告書類に自分の名前が書かれていることを確認し、サインをします。その後、シャペロンと呼ばれる検査係員と一緒にドーピング検査室に速やかに到着しなければなりません。このとき、同伴者1人を一緒に連れていくことができます。OOCTの際には検査員は身分証明書を明らかにし、競技者も顔写真つき証明書で自らを証明します。検体が尿であれば、競技者は尿を90ml以上提出し、A瓶とB瓶に分けて保存します。採尿カップにわずかに残った尿で、比重が1.005以上であることを確認します。これらに合わない場合には、再度尿採取が行われることもあります。使用薬やサプリメントなどすべてについて申告し、名前、検体番号などを確認したうえで、公式記録書にサインします。

3）血液検査

エリスロポエチン（EPO）検査、成長ホルモン検査などが競技会前に血液検査で実施されています。血液ヘモグロビン、ヘマトクリット、網状赤血球も測定され、これらの検査結果は競技者生物学的パスポートとして用いられます。その他、ホルモンや輸血などについて分析を行います。

5 結果管理

採取された尿検体は冷蔵便でWADA認定分析機関へ搬送されます。分析機関は最初にA瓶に入ったA検体を分析します。A検体に禁止物質、その代謝物またはマーカーの存在、禁止方法の使用が認められることを、違反が疑われる分析報告といいます。日本陸連が実施するドーピング検査でA検体に違反が疑われる分析結果があった場合、WADA認定分析機関よりJADAへ検体番号と分析結果が通知されます。JADAは最初の検討（書類記入の誤りの有無、TUEの有無）を行ったうえで、競技者へ書面でA検体に違反が疑われる分析報告があった旨を知らせます。競技者はB瓶に入ったB検体分析を要求でき、適切な時期に競技者立ち会いのもと、実施されます。B検体分析結果がA検体分析結果を追認しなければ、検体は陰性とされ、それで終了します。B検体分析結果がA検体の違反が疑われる分析結果を追認すれば、JADAはドーピング防止規則違反があったと主張し、競技者、国際競技連盟、国内競技連盟、WADAに書面にて通知します。

JADAは日本ドーピング防止規律パネル（JADDP）にドーピング防止規則違反があったことを通知します。これに応じてJADDPは聴聞会を非公開に開催し、JADAは証拠を提示し、競技者は説明をする機会を与えられます。そしてJADDPはドーピング防止規則に対する違反の結果を決定し、その決定は、競技者、国際競技連盟、国内競技連盟、日本オリンピック委員会（JOC）、WADAに書面にて通知されます。

6 制裁、上訴

聴聞会の開催希望がない場合や聴聞会で違反ありと判断された場合には、ドーピング防止規則違反と判断されます。競技結果は自動的に失効し、メダル、賞金などは剥奪されます。制裁措置として、蛋白同化男性化ステロイド薬の乱用の場合、資格停止期間

表5 ● 個人に対する制裁（日本ドーピング防止規程第10条）

---

1. ドーピング防止規則違反が発生した競技大会における結果の失効
2. 禁止物質および禁止方法に関する資格停止措置
　表2の1、2、3、5、6の違反に対して
　　1回目の違反：2年間の資格停止、2回目の違反：
　　8年から一生涯にわたる資格停止
　表2の7、8の違反に対して
　　最低4年から一生涯にわたる資格停止、競技支援
　　要員は一生涯にわたる資格停止
　表2の4、の違反に対して
　　最低1年から最長2年間の資格停止

改訂WADCでは重大性により延長、告白や調査協力により短縮される

は1回目の違反で2年間、2回目の違反で8年間から一生涯、と定めています（表5）。特定物質も禁止物質であるため、競技成績、メダル、賞金などは自動的に失効しますが、資格停止期間は軽減されることもあります。2009年の改訂WADCでは悪質性を考慮し、制裁期間の延長、短縮が可能となりました。

7 禁止物質と使用可能物質

禁止物質は国際基準の禁止表で定められ、少なくとも年に1度は修正されるので、WADAウェブサイトで確認する必要があります。禁止表の禁止物質S1、S2、S4.4、S4.5、S6.aおよび禁止方法M1～M3を除いて、すべての物質が特定物質扱いとなりました。特定物質とは医薬品として広く市販されているため、不注意でドーピング防止規則違反を起こしやすい薬物のことで、制裁が軽減されることがあります。

2013年禁止表には、常に禁止される物質と方法（競技会（時）および競技会外）、競技会（時）で禁止される物質と方法、特定競技において禁止される物質、が記載されました（表6）。また、薬物の乱用のパターン、程度を監視するため、監視プログラムが設けられていて、一部の興奮薬と麻薬性鎮痛薬が対象となり、分析機関からWADAに報告されることとなります。これらは禁止物質ではないためドーピング違反にはなりません。

汚染されたサプリメント使用によってドーピング陽性となっても、釈明は認められないため、口に入るものすべてに選手自身に責任があるといえます。

しかし、禁止表で定められた禁止物質や禁止方法をどうしても使用せざるを得ない競技者も存在しま

表6 ● 2013年禁止表（日本アンチドーピング機構ウェブサイト）

```
常に禁止される物質と方法（競技会(時)および競技会外）
    禁止物質                                    禁止方法
    S0. 無承認物質                              M1. 血液および血液成分の操作
    S1. 蛋白同化薬                              M2. 化学的および物理的操作
        1. 蛋白同化男性化ステロイド薬            M3. 遺伝子ドーピング
        2. その他の蛋白同化薬
    S2. ペプチドホルモン、成長因子および関連物質
    S3. ベータ2作用薬
    S4. ホルモン調節薬および代謝調節薬
        1. アロマターゼ阻害薬
        2. 選択的エストロゲン受容体調節薬
        3. その他の抗エストロゲン作用を有する薬物
        4. ミオスタチン機能を修飾する薬物
        5. 代謝調節薬
    S5. 利尿薬および他の隠蔽薬

競技会(時)で禁止される物質と方法   S0～S5、M1～M3に加え、競技会(時)において禁止される
    禁止物質
    S6. 興奮薬
    S7. 麻薬
    S8. カンナビノイド
    S9. 糖質コルチコイド

特定競技において禁止される物質
    P1. アルコール
    P2. ベータ遮断薬
```

注：禁止表は毎年10月1日に改訂され、翌年1月1日より発効する

表7 ● 治療目的使用に係る除外措置（Therapeutic Use Exemption：TUE）申請

(1) 競技レベルによる申請手順の違い

	(A)国際水準の競技者および国際競技会出場競技者	(B)国内水準の競技者
競技者の届出先	日本陸連（もしくは国際陸連）	日本陸連（もしくはJADA）
日本陸連の届出先	国際陸連	JADA
TUE審査機関	国際陸連	JADA
TUE審査機関の連絡先	ADAMS経由　競技者、WADA、JADA、日本陸連	ADAMS経由　競技者、WADA、国際陸連、日本陸連
上訴機関	スポーツ仲裁裁判所（CAS）	日本スポーツ仲裁機構（JSAA）

ADAMS：WADA作成のウェブ上でのドーピング防止管理運営システム

(2) TUE申請について

	TUE申請
申請書式	TUE書式
記載する言語	(A)の競技者はすべて英語、(B)の競技者は日本語
提出および審査	出場する競技会の30日前までに、日本陸連から国際陸連またはJADAに届ける。審査され、許可が出た場合のみ、使用可能
申請する物質・方法	すべての禁止物質と方法
提出物	医療記録のコピー、医師による詳細な診断書 血液検査結果コピー、画像検査結果コピー、病理検査結果コピー

TUE書式を、国際陸連、日本陸連、JADAのウェブサイトよりダウンロードできる。

(3) TUE申請にあたっての注意点

―吸入ベータ2作用薬
　サルブタモール、ホルモテロールとサルメテロールの吸入製剤はTUE申請も使用の申告も不要。それら以外の吸入ベータ2作用薬を使用する場合、事前にTUE申請を行う。申請書を日本陸連もしくはJADAのウェブサイトよりダウンロードできる。申請書に下記項目を記載する。
　1　全ての病歴、　2　呼吸器系を中心とした診察所見、　3　1秒量を含むスパイロ検査結果
　4　気道閉塞性障害ある場合は気道可逆性試験、　5　気道閉塞性障害がない場合は気道過敏性誘発試験
　6　担当医師の氏名、専門、連絡先
―糖質コルチコイド非全身投与（皮膚、耳、鼻、目、口腔内、歯肉、肛門周囲の疾患、吸入、関節内注入、腱周囲への投与など）　TUE申請も使用の申告も不要。
―静脈内注入及び／または6時間あたりで50mlを超える静脈注射は禁止される。但し、医療機関の受診過程（救急搬送中の処置、外来および入院中の処置を含む）、または臨床的検査において正当に受ける静脈内注入は除く。
　運動によって引き起こされた脱水に対する静脈内注入は禁止される。
―腎不全の血液透析については、TUE申請が必要になる。

す。そのような競技者は治療目的使用にかかわる除外措置（Therapeutic Use Exemption：TUE）の申請を行うことが可能です。申請のための書式は、日本陸連およびJADAウェブサイトよりダウンロードできます。主治医に必要事項を記入してもらった後、日本陸連医事委員会に提出します。日本陸連医事委員会は、競技者の競技レベルに応じて、申請書式を国際陸連もしくはJADAへ提出します（表7）。

8 スポーツ指導者の役割

　日本体育協会は1990年、1991年に実施した国体参加選手の減量方法についてのアンケート調査で、禁止物質である利尿薬を使用していた選手が1.0%いたと報告しました。JOCは1997年にアンケート調査を実施し、興奮薬、利尿薬、筋肉増強薬を使用した選手が2.1%、興奮薬、利尿薬、筋肉増強薬を選手に使用させた指導者が3.3%いたと報告しています。このように、指導者が競技者に対して禁止物質使用を勧めることがあり、身近なところでドーピングが行われている実態が浮き彫りにされました。

　指導者は「なぜドーピングはいけないのか」という説明を、自分の言葉で選手に伝えなければなりません。ドーピングに手を染めるハイリスクグループであるトップを目指す選手に、教育の重点を置く必要があります。「ドーピングをしてでも勝ちたい」「何をしても見つからなければよい」と考える選手やコーチがいる限り、スポーツ界からドーピングを根絶することはできません。

　未成年競技者のドーピング検査では、成人の立ち会いが求められます。ドーピング検査に立ち会う場合は、正しい手順でなされたか、使用した薬剤申告に間違いがないか、公式記録書記入に間違いないかを確認し、サインをします。疑問があれば、その旨をコメント欄に記載します。OOCTでは、検査員が正しい身分証明書を持っていることを確認のうえ、検査に協力しなければなりません。検査の拒否はドーピング防止規則違反と判断されてしまいます。また、国際陸連、日本陸連、JADAからOOCT対象と指示された競技者が正確な居場所情報を絶えず更新していることの確認も指導者の役割です。

（山澤文裕）

第6章
知っておきたいルール

　陸上競技では、競争を公平・平等に行うこと、記録の信頼性を確保することを目的として、さまざまなルールが詳細に決められています。ここではトラック、フィールド、混成、リレー、ロード・駅伝の5項目に分けて、それぞれで必ず知っておくべきルールを紹介します。

　もっと詳しくルールを知りたい場合は、日本陸上競技連盟のホームページ（http://www.jaaf.or.jp/）、もしくは日本陸連が毎年発行している『陸上競技ルールブック』を参照しましょう。

■ トラック競技
1) レースの規則
①レーンを走る

　800mまでの競走でレーンを割り当てられている場合は、そのレーンを走り通さねばなりません。800mではブレイクライン通過後はトラック上のどこを走っても問題ありません。同一レースであればどのレーンを走っても均一の距離になるように計測されてスタート位置が決まっています。1レーンは縁石外側300mmの位置、2レーンから外側は左側レーンラインの外側200mmの位置で計測されているからです。このため、レース中にラインを踏むようなことがあれば、競走すべき距離を走っていないということで失格となる場合もあります。

②妨害行為

　ほかの競技者の身体や衣類をつかんだり、斜めに走行して進路をふさいだりした場合は妨害行為として失格となる場合があります。また妨害を受けた競技者は次のラウンドがある場合は被救済者として次のラウンドに進むことができる場合もあります。これらはいずれも審判長の判断により決定します。

③助力

　外部の人の力を借りてレースを有利に進めることは禁じられています。通過時間（スプリットタイム）や周回時間（ラップタイム）を読み上げたりフィニッシュ予想時間を述べたりするのはアナウンサーにだけ許されていることです。しかし、スタンドから大声で時間を読み上げた場合は、多くの競技者に聞こえるということから厳密に取り締まってはいません。

　また、ペースメーカー自体は認められていますが、同一レースに参加していない者によってペースを得ること、周回遅れか周回遅れになりそうな競技者がペースメーカーとして競技すること、あるいはその他の技術的な装置によってペースを得ることは許されていません。

④ハードルの越え方

　ハードル競走ではきちんと踏み切りをしてハードルを跳び越えていかなければなりません。しかし、踏み切りに失敗してかかとからバーにあたった、踏み切ったが抜き脚の膝がバーにあたってハードルが倒れたなどの行為はきちんと踏み切りをして跳び越えようとしていれば失格の対象とはなりません。というのもこれらは決して有利にはならないからです。ただし、抜き脚が外側にはみ出てバーの位置よりも低いところを通った場合は失格となります。なお、3000m障害物においては、競技者は障害物に手をかけて登り越えてもかまわないとされています。

2) 着順の決め方
①着順の決め方

　着順を決めるときはフィニッシュライン上に胴体（トルソーと呼び、頭・首・手・腕・脚・足を含まない部分）が到達したときをもってフィニッシュと

みなします。これは時間を計測するときも同じです。

②時間の計測

手動計時の場合、スターターの号砲（ピストルのフラッシュまたは煙）で時計をスタートさせ、トルソーがフィニッシュライン上に到達したときに時計を止めます。公式には3個の時計を用いて計時します。3個のうち2個が一致していればその時間が公式であり、3個とも違えば中間の時間が公式となります。また、2個しか時計が動作しなかった場合は、より長い時間が公式計時となります。時間は100分の1秒が「0」で終わる以外は100分の1秒を切り上げて10分の1秒単位で表します。

写真判定の場合は、スターターのピストルの引き金がスイッチとなり号砲とともにタイマーが始動します。フィニッシュライン上をスリットカメラが1/2000～1/100秒というシャッタースピードで連続撮影し、競技者とタイマーの時間を撮影します。

③予選の通過

次のラウンド（準決勝・決勝）がある場合は、3組2着＋2とか2組3着＋2というように着順優先で進出者を決め、レーンの端数となる＋αは3着以下（4着以下）時間の上位者で決めます。この時間の上位者に同じ時間の競技者がいた場合は、レーンに余裕があれば同時間の競技者も次ラウンドに進出させます。レーンに余裕がなければ写真を拡大して1/1000秒単位で読み取り2/1000秒以上の差があれば、より速い競技者が次ラウンド進出者となり、差がなかった場合は抽選で進出者を決めることになっています。

2 フィールド競技

1) 競技場内での練習

競技者は競技開始前に競技場所において練習を行うことが許されています。投てき競技では、あらかじめ決められた試技順で、常に審判員の監督のもとで練習を行うことになっています。勝手に練習することは危険防止の意味でも許されていませんので注意してください。

表1 ●フィールド競技における試技に許される時間

■単独種目

残っている競技者数	走高跳	棒高跳	その他
4人以上	1分	1分	1分
2～3人	1分30秒	2分	1分
1人	3分	5分	—
連続試技※	2分	3分	2分

※走高跳・棒高跳では、残っている競技者が2人以上で、同一の高さのときのみ適用する

■混成競技

残っている競技者数	走高跳	棒高跳	その他
4人以上	1分	1分	1分
2～3人	1分30秒	2分	1分
1人または連続試技※	2分	3分	2分

※残っている競技者数に関係なく適用し、走高跳では高さが変わった場合にも適用する

競技が開始されたら、競技者は練習の目的で次のものを勝手に使用することはできません。(a)助走路や踏切場所、(b)棒高跳用ポール、(c)（投てき）用具、(d)用具を持つ持たないに関係なく、サークルや着地場所。

棒高跳用ポールは審判長が特に認めた区域では使用可能です。また、投てき種目においては、ほうきや棒、旗など手から放れたときに危険なものは場内で使うことはできません。

2) 試技に許される時間

前試技者の記録表示が終わり、着地場所の整備や計測器具のセッティングがされるなど、試技の準備が整った後、審判員に呼び出されてから通常、次の時間以内に試技を開始しなければ無効試技となります（表1参照）。表1で「残っている競技者数」とは、実際に「その高さを跳躍している競技者の人数」ではなくて「跳躍する権利を持っているすべての競技者の人数」のことです。

注意を要する点がいくつかあるので、以下に述べておきましょう。

● 審判員に番号を呼ばれた（旗で合図された）時点で、制限時間タイマーが始動する。競技者自身が認識していなくても始動することは可能

● 制限時間以内であれば、助走やターンなどのやり

直しは可能。投てき競技ではサークルや助走路を出ることも可能であるが、規則に則った出方をしなければならない
- 制限時間タイマーがない競技場では審判員が時計によって計測し、残り時間が15秒を切ると黄旗を上げ続けることになっている

3) 助力

競技は競技者自身の力で行うことが基本です。外部の者の力を借りて勝ちとった勝利や記録にいかほどの価値があるでしょうか？　このあたりはドーピング違反と同様に強い規制があります。以下、競技規則第144条2に沿って解説します。

①助力とみなされて許されないこと

(a)ペースメーカーについてはP148「助力」を参照。

(b)ビデオ装置、カセットレコーダー、ラジオ、CD、トランシーバーや携帯電話もしくは類似の機器を競技場内で所持または使用すること。

(c)第143条に規定された靴を除き、規則で規定された用具では達成できない有利さを使用者に提供する装置の使用。

②助力とはみなされず、許されること

(d)競技区域外にいる監督・コーチとのコミュニケーション。コミュニケーションを容易にし、競技の進行を妨げないようにするためにフィールド競技が行われる近接の観客席にコーチ席が設けられることもある。

(e)すでに競技区域にいる競技者が理学療法や医療処置を必要とした場合、主催者に任命された公式医療スタッフが腕章、ベスト等の識別可能な服装で行うことができる。しかし、招集所以降、競技者に対して、ほかの人によるこのような介添えや手助けは助力となる。

(f)保護あるいは医療目的のいかなる種類の身体保護具（例えば、包帯・絆創膏・ベルト・支持具等）。使用する場合は審判長または医務員の確認を受ける。

(g)ほかの人と連絡に使用できないことを条件に、心拍計・速度距離計・ストライドセンサーのような、競技者が個人的にレースに持ち込む機器。

③助力違反による警告と失格

競技中、競技場内で、助力を与えたり受けたりしている競技者は、審判長によって警告され、さらに助力を繰り返すとその競技者は失格になります。競技者がその種目から失格させられる場合、そのラウンドの記録は無効となりますが、前のラウンド（失格が決勝で起こったならば予選）の記録は有効となります。

（注釈：第144条ならびに第145条でいうラウンドとは、予選や決勝などのことであり、走高跳、棒高跳でのある高さ、他のフィールド競技における試技回数とは異なる）

④その他の助力

- 風の情報……競技規則第144条3「競技者がおおよその風向と風力を知ることができるように、すべての跳躍競技と円盤投・やり投においては、適切な場所に一つ以上の吹き流し状のものを置く」となっています。トラック競技でもホームストレート中央、インフィールドに定時観測用の吹き流しを設置し、観客におおよその風の情報を知らせています。

- 給水・スポンジ……5000m以上のトラック競技で、主催者は気象状況に応じて、競技者に水やスポンジを用意することができます。これは、3000m競走、競歩、3000m障害物でも行うことがあります。

⑤マーカーの設置

棒高跳・走幅跳・三段跳・やり投では助走路外に、走高跳では助走エリアに2個までマーカーを置くことができます。サークルから行う投てき競技ではサークルの直近に1個までマーカーを置くことができます。いずれも主催者が準備あるいは承認したものに限ります。

3 混成競技

1) 特別なルール

混成競技については、競技特性上、単独の種目と

異なる特別なルールを設けている場合があります。
① 競技順序が決まっており、その順番に行わなければならない。
② 1つの種目の終了から次の種目の開始まで最低30分おかなければならない。2日間連続して行われる競技では前日の最終種目から翌日の最初の種目までは最低10時間おかなければならない。
③ 不正スタートについては、すべての競技会で国際ルールを適用する。すなわち、各レースでの不正スタートは1回目のみとし、その後に不正スタートした者はすべて失格とする。
④ 距離を競うフィールド競技では3回の試技しか認められない。
⑤ 高さを競う跳躍競技では1人になってもバーの上げ幅は変えられない。
⑥ 最終種目では上位得点者で最終組を編成する。
⑦ 風の強さを計る必要がある種目は、それらの風速の平均が2.0mを超えなければ公認となる。
例：100m（＋4.2m）、走幅跳（−2.2m）、110mH（＋1.6m）の場合
[（＋4.2m）＋(−2.2m)＋（＋1.6m）]/3＝＋1.2mとなり、公認となる。

2) 順位の決め方

風力を計る必要のある種目でも風の強さに関係なく、各種目の最高得点の合計によって順位が決まります。合計得点が同じ場合は次の手順によって優劣を決めます。
① 同得点者の同じ種目を比較して、より多く勝っている者を上位とする。
② ①で決まらない場合は同得点者のなかで最高得点の高い者を上位とする。
③ ②で決まらない場合は最高得点に次ぐ得点の高い種目を比較し上位を決める。それでも決まらない場合は3番目、4番目と順次比較して決める。

4 リレー競走

1) メンバー構成

国内では一般に6名以内でエントリーし、そのな

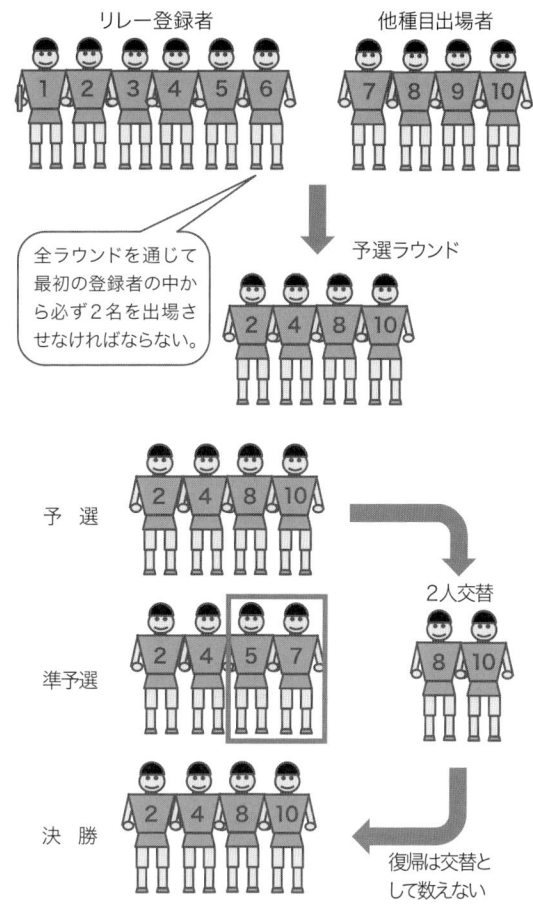

図1 ● リレーにおけるメンバー構成

かから、どのラウンドにおいても必ず2名以上を用いてメンバーを編成しなければなりません。

最初のラウンドにおける4名は、エントリーしている競技者のみ、あるいはエントリーしている競技者から2名以上とリレー以外にエントリーしている競技者を加えて編成します（図1：上）。

次ラウンド以降は、最初のラウンドの出場者を基準に2名以内に限り交替できます。一度レースに出た競技者が次ラウンドで他の競技者と替わり、さらに次のラウンドでリレーメンバーに復帰した場合は交替とみなされません（図1：下）。

2) オーダー（走順）の提出

リレー競技では競技前に出場メンバーのオーダー

の提出が求められます。提出期限は競技会によって異なるので注意が必要です。通常は招集完了時刻の1時間前ですが、招集開始時刻としている競技会もあります。競技注意事項をよく読みましょう。

3) バトンパスの方法

バトンパスはテーク・オーバー・ゾーン内で開始され、完了しなければなりません。バトンパスの開始とは次走者の身体にバトンが触れた瞬間を指し、バトンパスの完了とは前走者の手がバトンから離れ、次走者の手のみに完全に把握されたときを指します。

パスの最中にバトンが落下した場合はどちらの走者が拾って継続してもかまいません。また、拾うためにレーンを離れてもよく、レースの距離を短くしないように戻れば継続することができます。ただし、レーンを離れた際にほかのチームを妨害した場合は失格となります。

このほか、4×100mRと4×200mRでは、テーク・オーバー・ゾーンの手前10m以内から走りはじめてよいことになっています。

5 ロードレース・駅伝

1) ロードレースに関するルール

道路を使用するため、左側通行が基本となります。ただし、これは道路の規制の仕方で変化するので大会要項や競技注意事項で確認することが必要です。

規制された道路が競技区域となるので、そのなかには主催者に許可された者しか入ることは許されません。また応援のための旗や幟も警察との取り決めで規制されることがあります。

チームメイトやコーチが歩道を伴走することや、許可されていない外部の者から飲食物を競技者が受けることは違反となるので注意が必要です。

2) タスキの受け渡し

中継所にはタスキの受け渡し区域があります。リレーのテーク・オーバー・ゾーンと同様に区域開始の線（中継線）の手前側から20m先の区域終了の線の手前側までにタスキ渡しを完了しなければなりません。リレーのテーク・オーバー・ゾーンと違う点は、区間の距離が駅伝は中継線の手前となるのに対して、リレーではゾーンの中間までとなることです。

次走者は中継線の前方に立って待機しなければならず、前走者側（受け渡し区域外）に入り込んでタスキを受け取ることはできません。

3) 中継不成立の場合

レースの途中でアクシデントがあり、当該競技者のレースが続行不可能となったときは、そのチームの総合成績は認められなくなり、棄権した競技者の記録も残りませんが、それ以外の各区間の競技成績については成立させることができます。この場合、棄権した競技者の後の区間から繰り上げスタートとなります。

（鈴木一弘）

北海道ハイテクACチーム（右）、甲南大学チーム（左）

MEMO

[著者紹介]

小池　弘文
宇治山田商業高等学校教諭、実技編 第1章－1

清水　禎宏
日本陸上競技連盟強化委員会強化育成部U19統括、松江北高等学校教諭、実技編 第1章－2

杉井　將彦
日本陸上競技連盟強化委員会強化育成部U19短距離・ハードル部主任、浜松市立高等学校教諭、実技編 第1章－3

両角　速
日本陸上競技連盟強化委員会男子中長距離マラソン部委員（長距離担当）、強化育成部U23中・長距離部委員、東海大学特任准教授、実技編 第2章－1

松元　利弘
諫早高等学校教諭、実技編 第2章－2

小坂　忠広
日本陸上競技連盟強化委員会競歩部副部長、小松特別支援学校教諭、実技編 第2章－3

坂井　裕司
太成学院大学高等学校教諭、実技編 第3章－1

福間　博樹
日本陸上競技連盟強化委員会強化育成部U19跳躍部委員、希望ヶ丘高等学校教諭、実技編 第3章－2

田中　光
日本陸上競技連盟強化委員会強化育成部U19跳躍部委員、前橋市立第三中学校教諭、実技編 第3章－3

野口　安忠
日本陸上競技連盟強化委員会強化育成部U19投擲部委員、福岡大学講師、実技編 第4章－1

山崎　祐司
日本陸上競技連盟強化委員会投擲部委員、土浦湖北高等学校教諭、実技編 第4章－2

日渡　勝則
真岡工業高等学校教諭、実技編 第4章－3

田内　健二
日本陸上競技連盟強化委員会投擲部幹事・科学スタッフ、中京大学准教授、実技編 第4章－4

瀧谷　賢司
日本陸上競技連盟強化委員会女子短距離部長、大阪成蹊大学教授、実技編 第5章

木越　清信
日本陸上競技連盟強化委員会幹事、筑波大学助教、実技編 第6章

尾縣　貢
日本陸上競技連盟専務理事、筑波大学教授、理論編 第1章

杉田　正明
日本陸上競技連盟科学委員長、三重大学教授、理論編 第2章

榎本　靖士
日本陸上競技連盟科学委員会副委員長、筑波大学准教授、理論編 第3章

大山卞圭悟
日本陸上競技連盟医事委員会トレーナー部委員、筑波大学准教授、理論編 第4章

山澤　文裕
日本陸上競技連盟理事・医事委員長、丸紅東京本社診療所長、理論編 第5章

鈴木　一弘
日本陸上競技連盟競技運営委員会副委員長、足立高等学校教諭、理論編 第6章

（執筆順）

陸上競技指導教本アンダー16・19［上級編］ レベルアップの陸上競技
©Japan Association of Athletics Federations, 2013　　　NDC 782 / 153p / 24cm

初版第1刷————2013年4月15日
　第2刷————2014年9月1日

編　者————————公益財団法人 日本陸上競技連盟
発行者————————鈴木一行
発行所————————株式会社 大修館書店
　　　　　　　　〒113-8541　東京都文京区湯島2-1-1
　　　　　　　　電話 03-3868-2651（販売部）　03-3868-2298（編集部）
　　　　　　　　振替 00190-7-40504
　　　　　　　　［出版情報］http://www.taishukan.co.jp

装丁者————————中村友和（ROVARIS）
本文レイアウト————加藤　智
イラスト————————イラストレーターズモコ
写真提供————————SHOT、フォート・キシモト、ロイター／アフロ
印　刷————————横山印刷
製　本————————ブロケード

ISBN 978-4-469-26748-8　　Printed in Japan

Ⓡ本書のコピー、スキャン、デジタル化等の無断複製は著作権法上での例外を除き禁じられています。本書を代行業者等の第三者に依頼してスキャンやデジタル化することは、たとえ個人や家庭内での利用であっても著作権法上認められておりません。